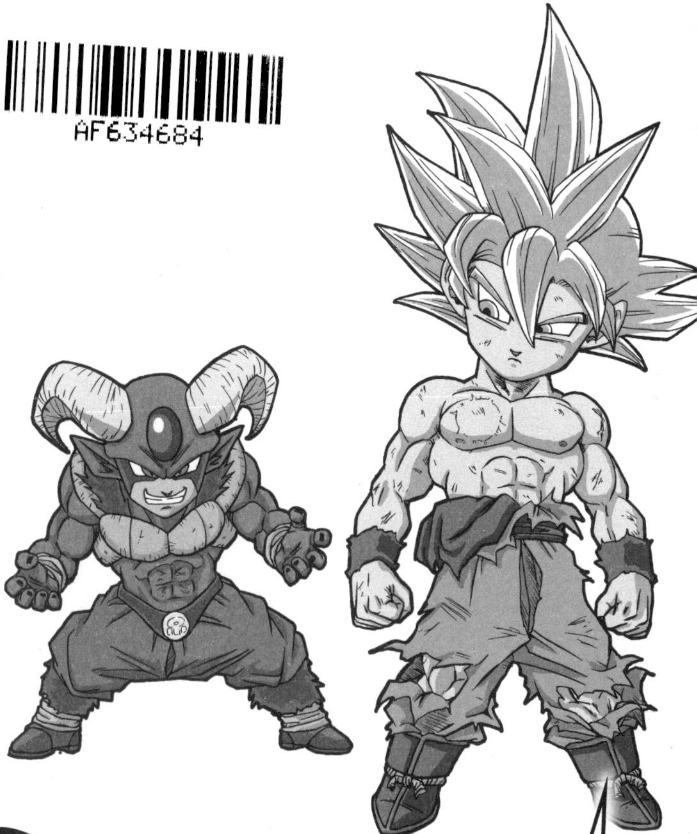

DRAGON BALL SUPER

MORO, DER PLANETENFRESSER

KONZEPT & STORY:
AKIRA TORIYAMA
MANGA: **TOYOTAROU**

15

DIE CHARAKTERE

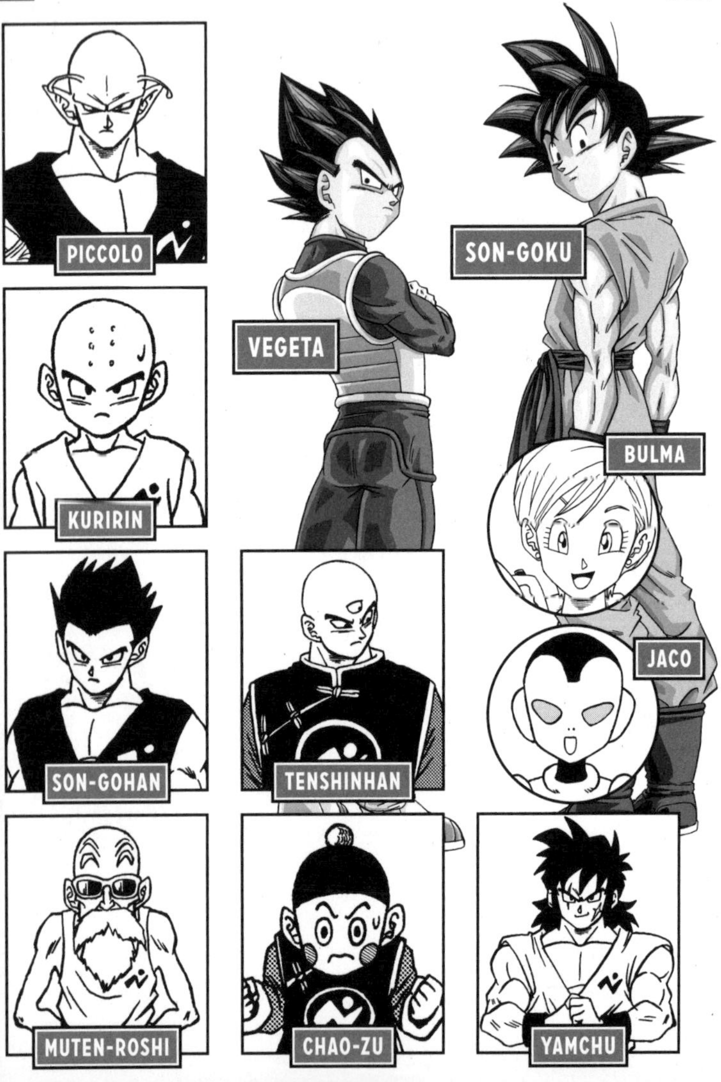

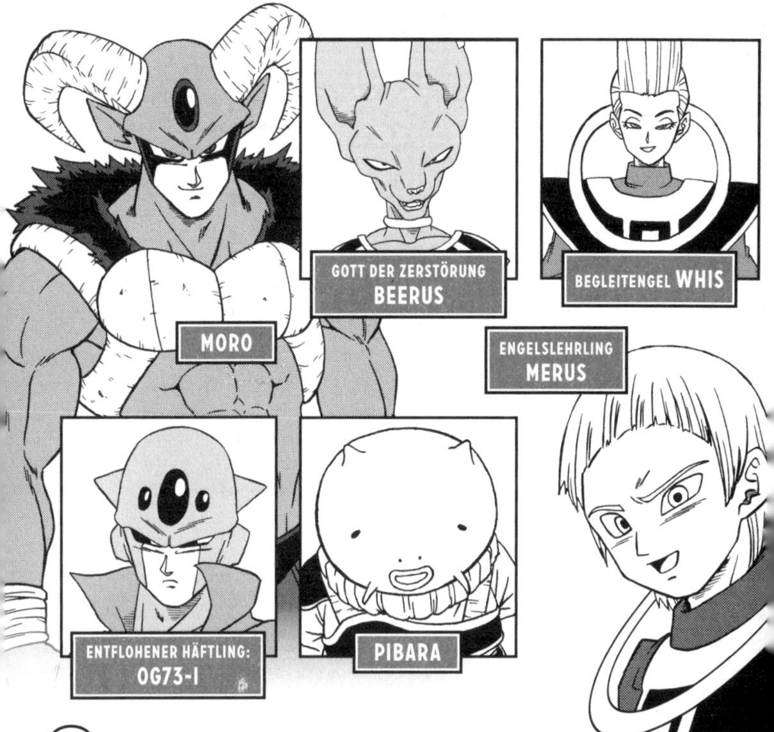

WAS BISHER GESCHAH...

Eines Tages begab sich Son-Goku auf die Suche nach den Dragon Balls. Denn hat man alle sieben zusammen, erscheint der Drache Shenlong und erfüllt einen Wunsch. Nachdem ihm dies einmal gelungen ist, trainiert er beim Herrn der Schildkröten, besiegt Majin Boo und bringt Frieden auf die Erde. Als Super-Saiyajin-Gott muss Goku erneut die Erde retten, unter Beerus, dem Gott der Zerstörung, nimmt er schließlich sein Training wieder auf.
Seither ist wieder Zeit vergangen... Oberschurke Moro ist aus dem galaktischen Gefängnis entkommen. Auf Neu-Namek findet der erste Kampf statt, doch Son-Goku kommt gegen Moros Angriff nicht an und muss sich zurückziehen.
Auf der Erde stellen sich ihm Son-Goku und Vegeta, die in der Zwischenzeit ein Spezialtraining absolviert haben, erneut entgegen. Doch Moro hat Seven-Three absorbiert und ist deutlich stärker geworden. Sie beißen sich zunächst die Zähne an ihm aus – bis Merus erscheint und seine Kraft als Engel nutzt, um Seven-Threes Fähigkeit zu versiegeln. Mit den Worten, dass er den Frieden der Galaxie in Son-Gokus Hände legt, erlischt er... Son-Goku nimmt sich das zu Herzen und aktiviert endlich den Ultra-Instinkt. Hat er Moro nun in die Enge getrieben?!

DRAGON BALL SUPER 15

MORO, DER PLANETENFRESSER

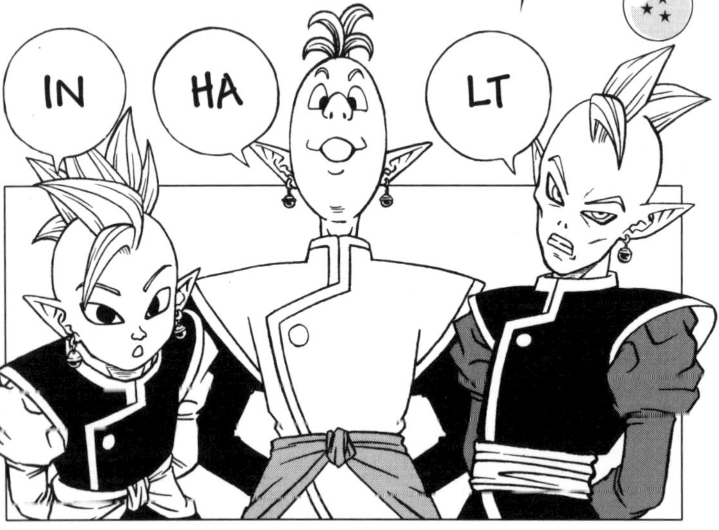

KAPITEL 65: SON-GOKU, DER ERDENBEWOHNER

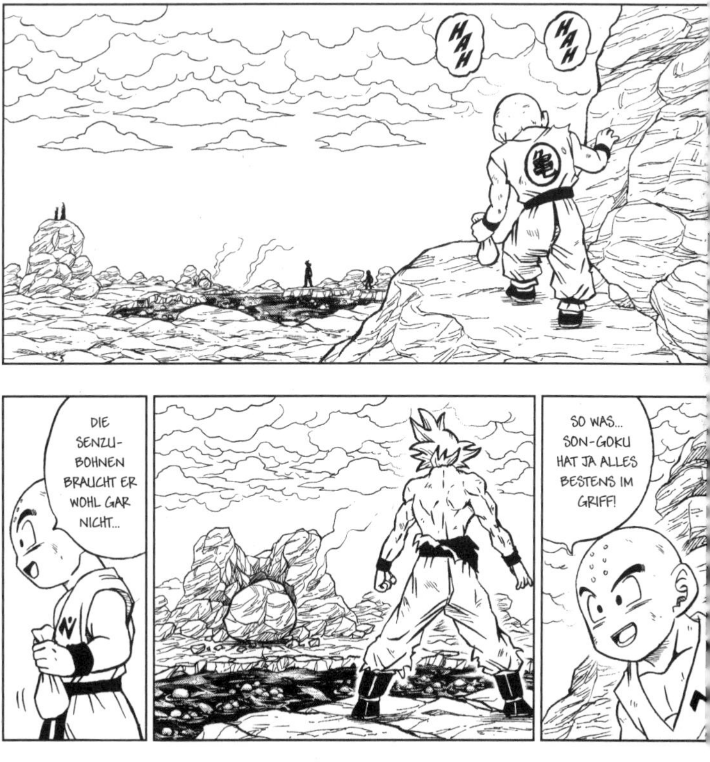

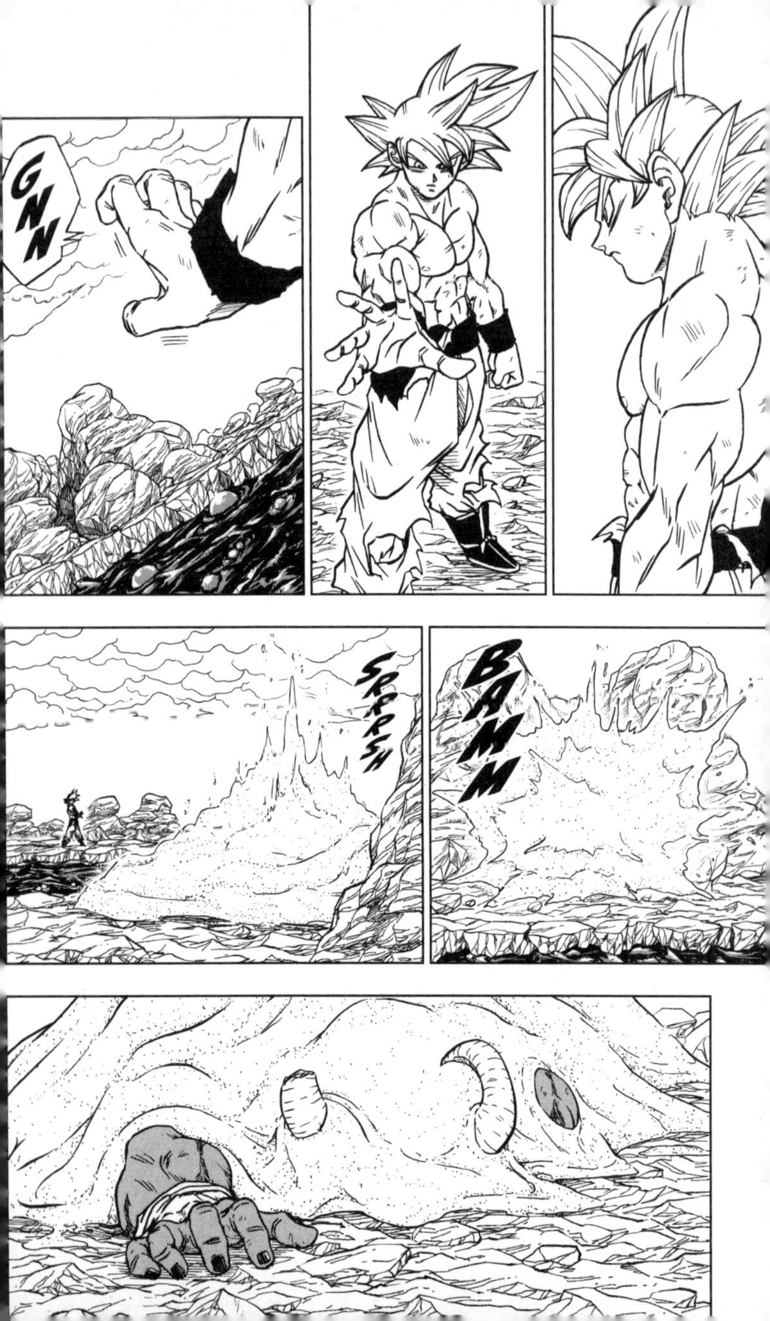

GNN
SPRRSH
BAMM

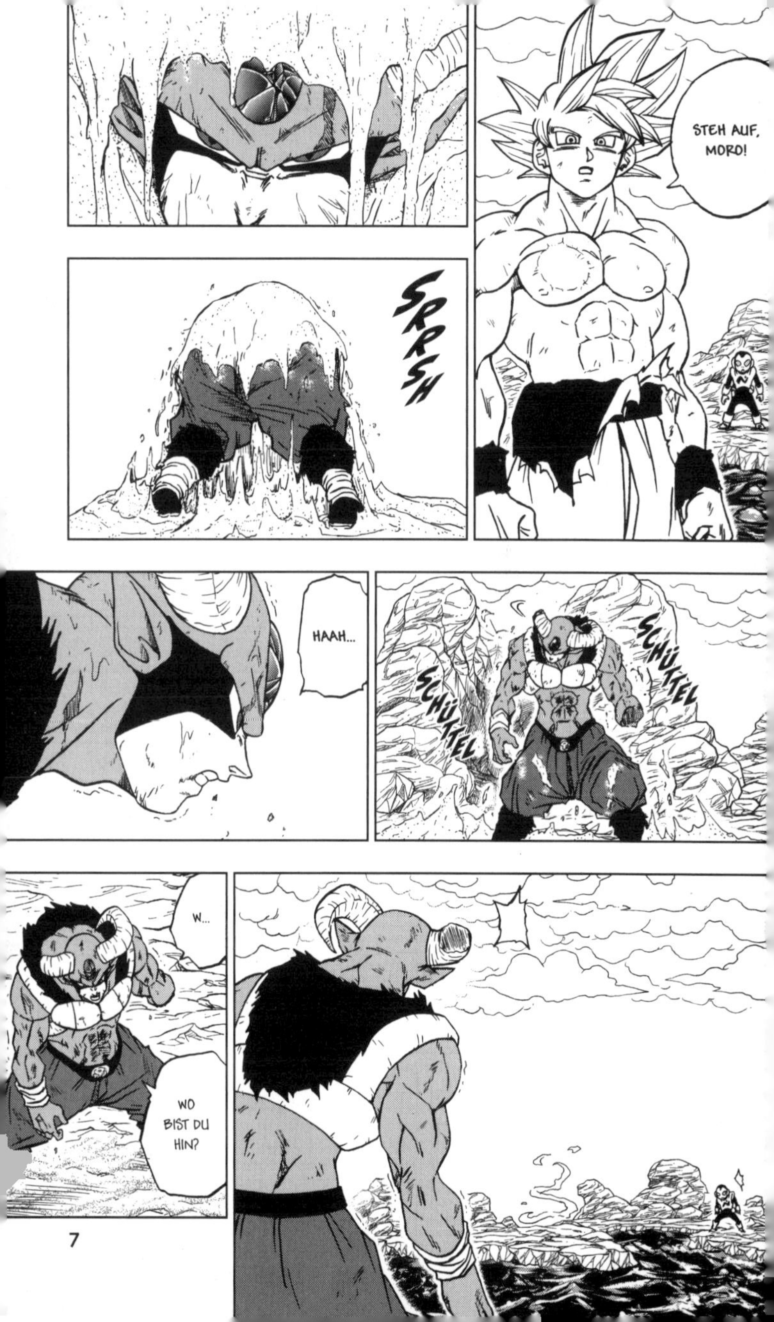
STEH AUF, MORO!
SRRSH
HAAH...
SCHÜTTEL
SCHÜTTEL
W...
WO BIST DU HIN?

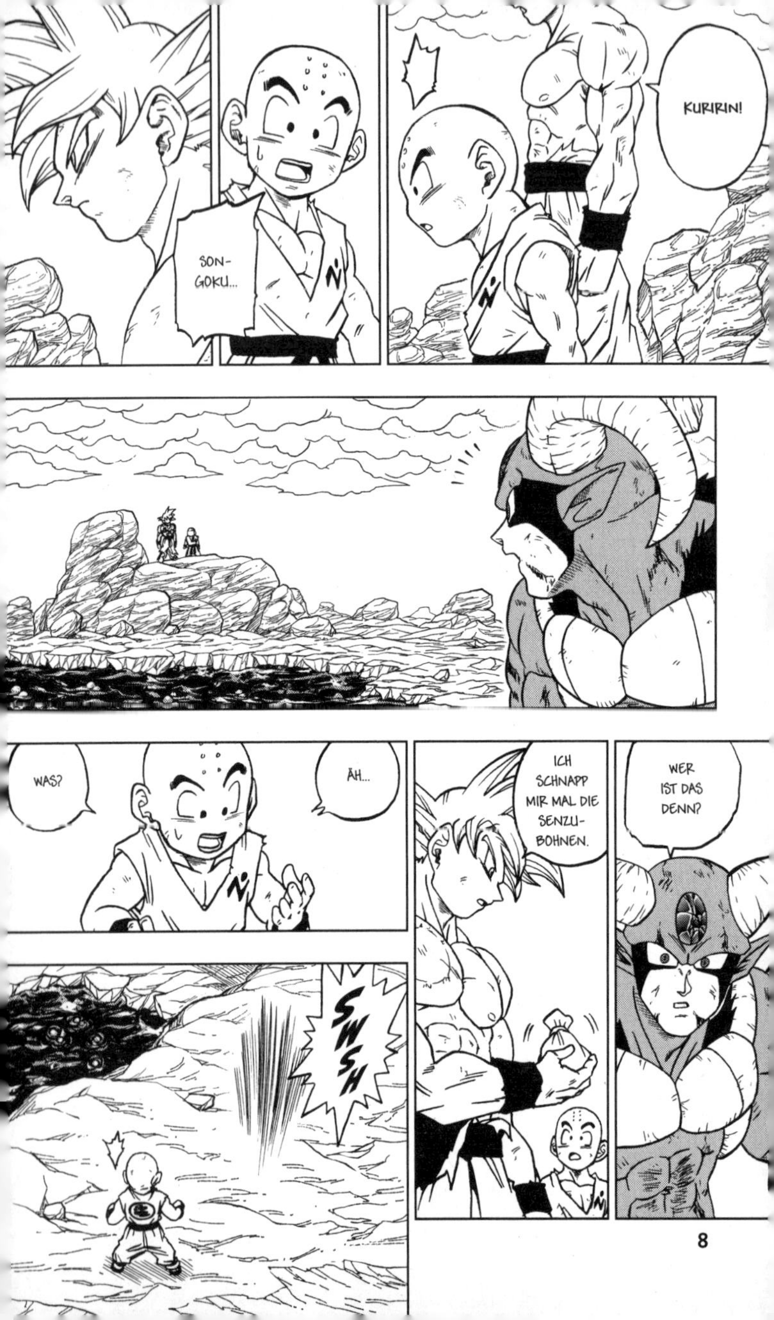
KURIRIN!
SON-GOKU...
WER IST DAS DENN?
ICH SCHNAPP MIR MAL DIE SENZUBOHNEN.
ÄH...
WAS?
SWSH

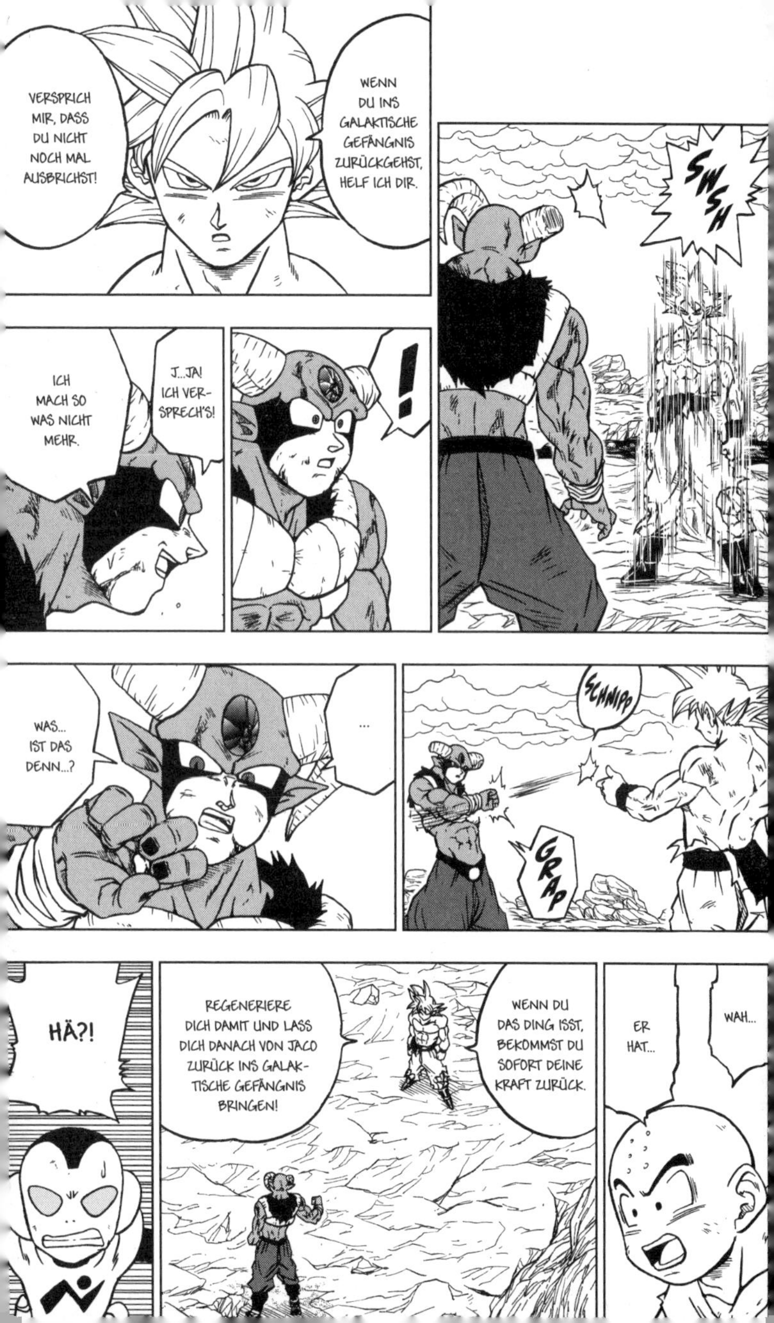
WENN DU INS GALAKTISCHE GEFÄNGNIS ZURÜCKGEHST, HELF ICH DIR.
VERSPRICH MIR, DASS DU NICHT NOCH MAL AUSBRICHST!
SWSH
!
J...JA! ICH VER-SPRECH'S!
ICH MACH SO WAS NICHT MEHR.
SCHNIPP
GRAP
...
WAS... IST DAS DENN...?
WAH...
ER HAT...
WENN DU DAS DING ISST, BEKOMMST DU SOFORT DEINE KRAFT ZURÜCK.
REGENERIERE DICH DAMIT UND LASS DICH DANACH VON JACO ZURÜCK INS GALAK-TISCHE GEFÄNGNIS BRINGEN!
HÄ?!

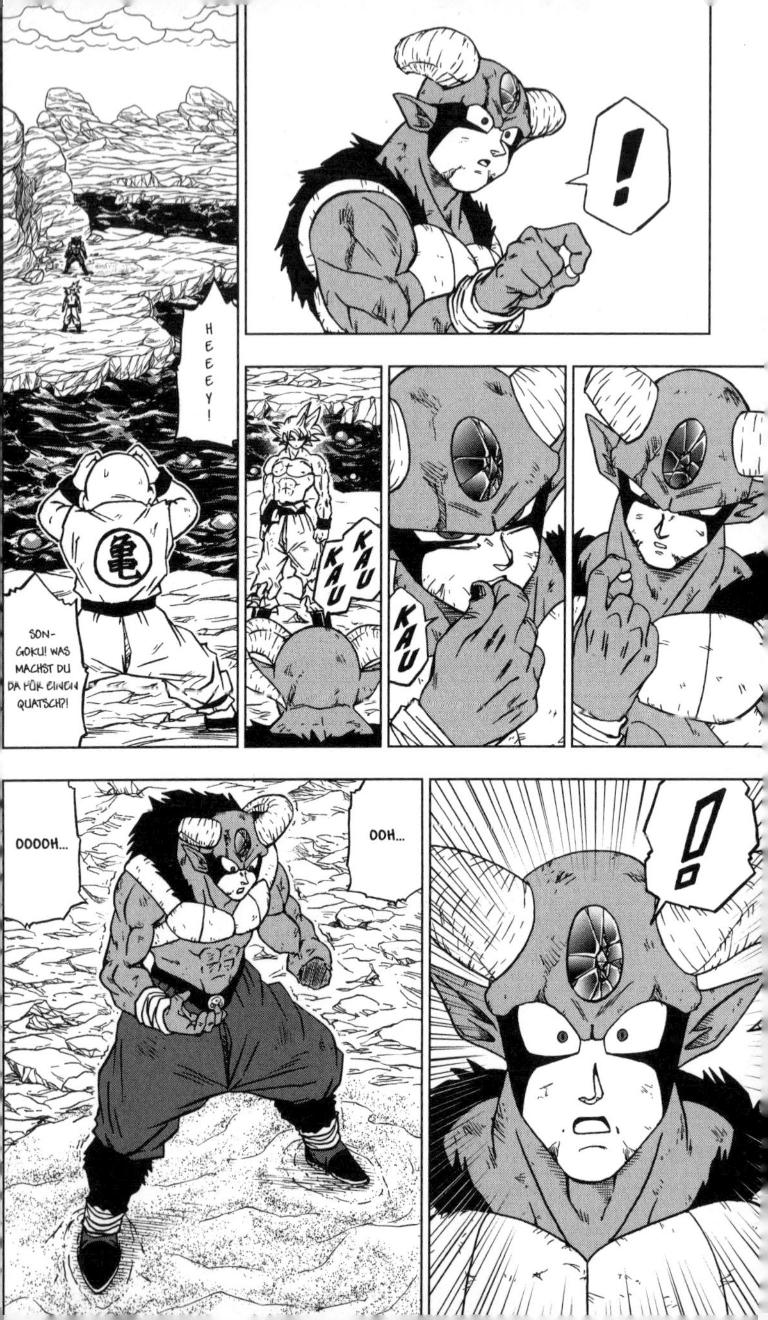
!
KAU KAU
KAU
HEEEEY!
SON-GOKU! WAS MACHST DU DA FÜR EINEN QUATSCH?!
!
OOH...
OOOOH...

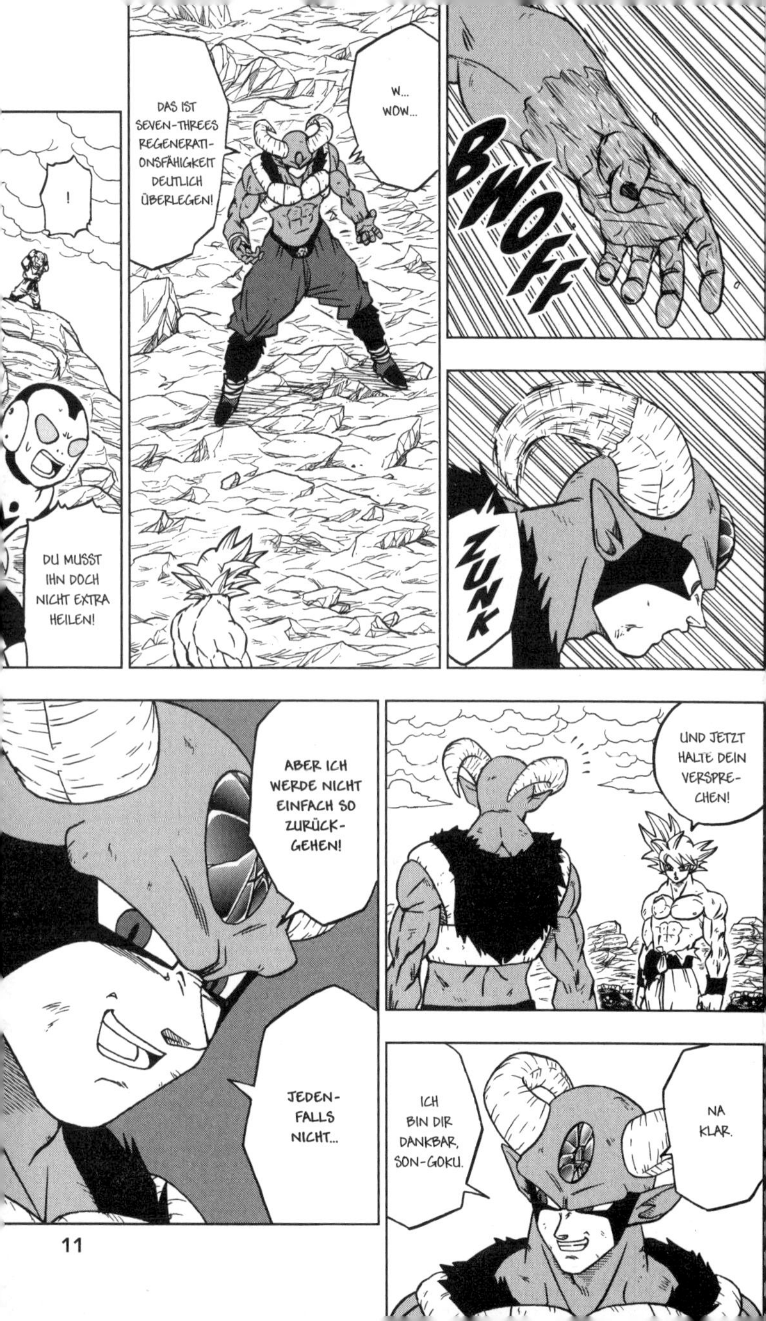
W... WOW...
DAS IST SEVEN-THREES REGENERATIONSFÄHIGKEIT DEUTLICH ÜBERLEGEN!
!
DU MUSST IHN DOCH NICHT EXTRA HEILEN!
BWOFF
ZUNK
UND JETZT HALTE DEIN VERSPRECHEN!
ABER ICH WERDE NICHT EINFACH SO ZURÜCKGEHEN!
JEDENFALLS NICHT...
NA KLAR.
ICH BIN DIR DANKBAR, SON-GOKU.

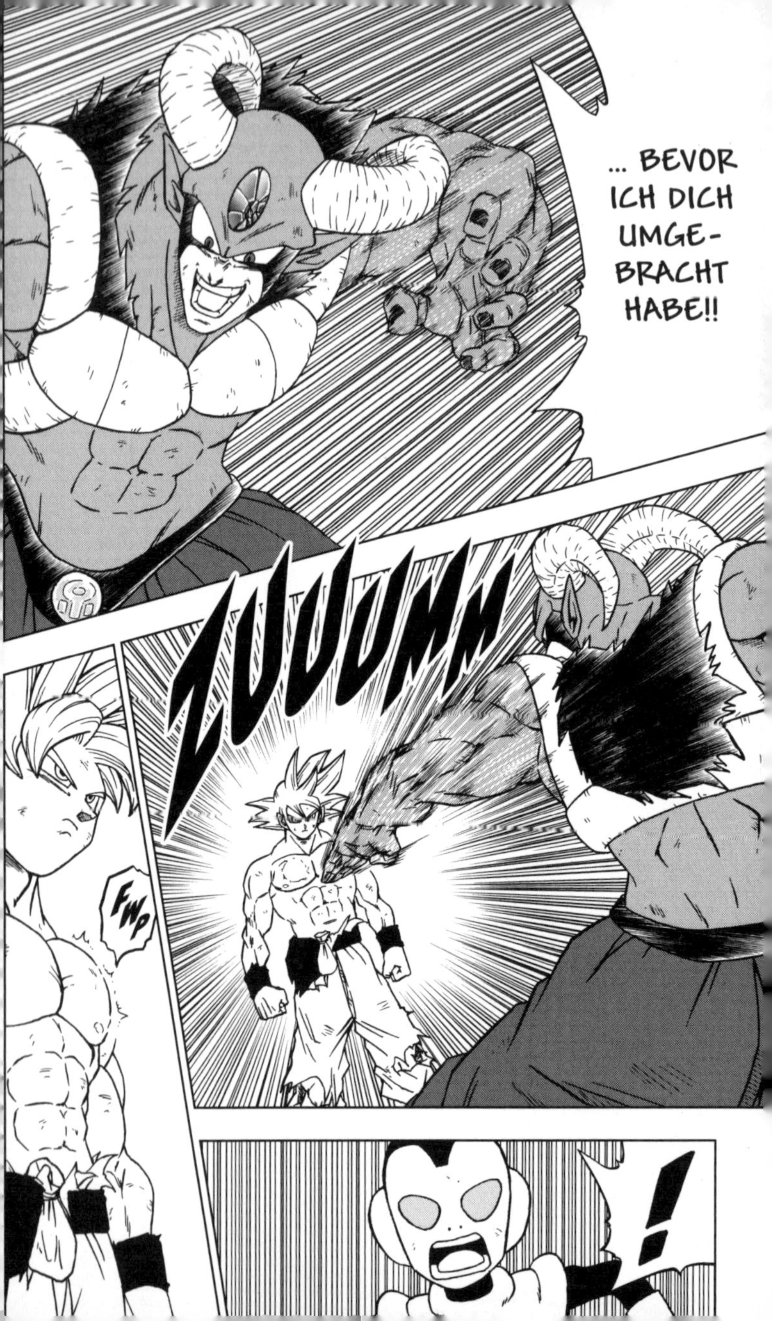
... BEVOR ICH DICH UMGE- BRACHT HABE!!
ZUUUMM
FWP
!

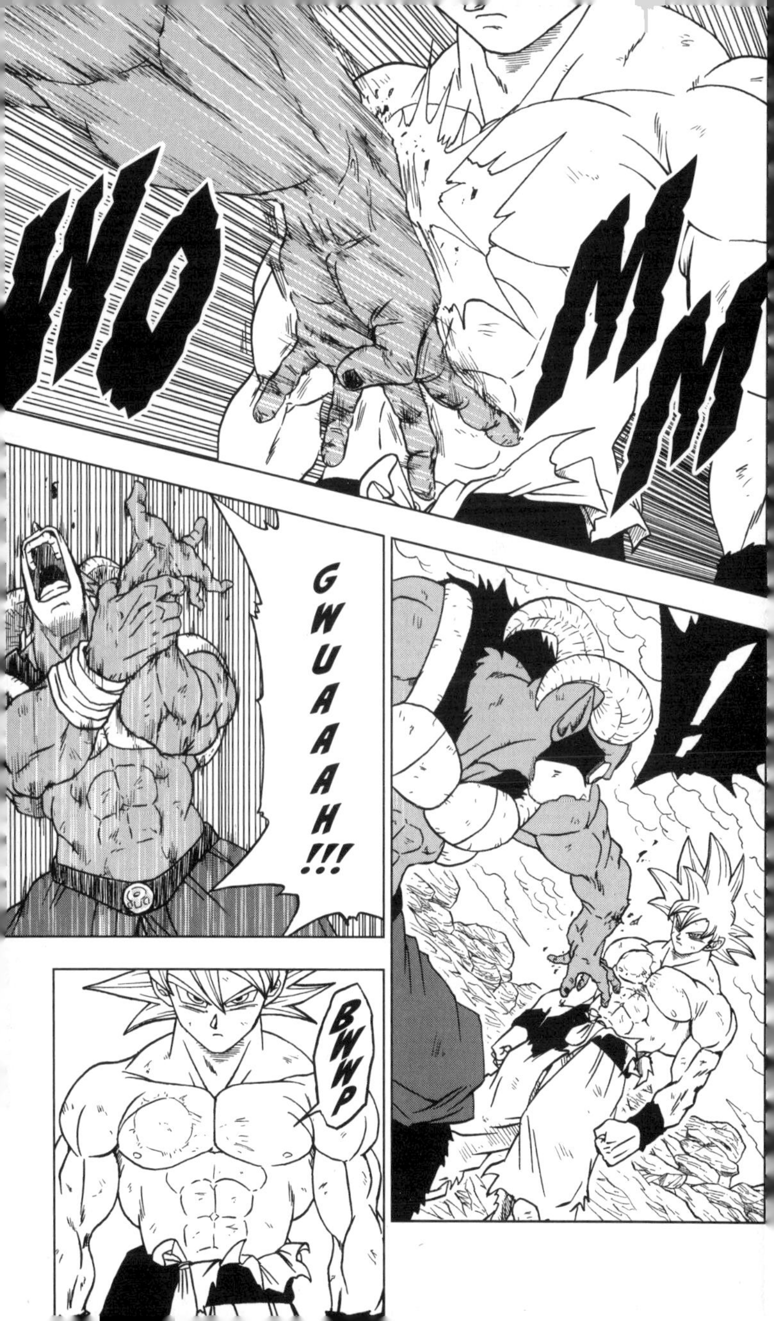
WOMM!
GWUAAAAH!!!
BWWP

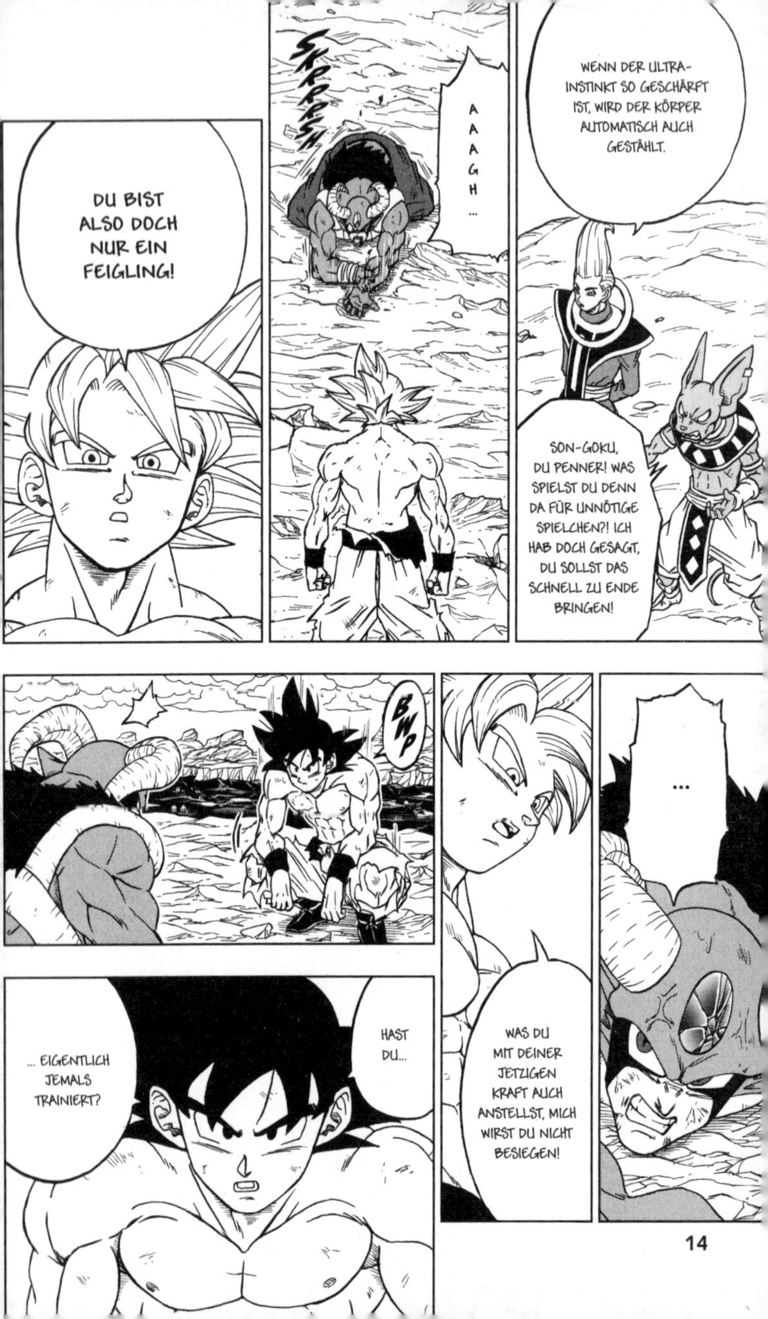
WENN DER ULTRA-INSTINKT SO GESCHÄRFT IST, WIRD DER KÖRPER AUTOMATISCH AUCH GESTÄHLT.
SON-GOKU, DU PENNER! WAS SPIELST DU DENN DA FÜR UNNÖTIGE SPIELCHEN?! ICH HAB DOCH GESAGT, DU SOLLST DAS SCHNELL ZU ENDE BRINGEN!
SKRRRSH
AAAAGH ...
DU BIST ALSO DOCH NUR EIN FEIGLING!
...
WAS DU MIT DEINER JETZIGEN KRAFT AUCH ANSTELLST, MICH WIRST DU NICHT BESIEGEN!
BWP
HAST DU...
... EIGENTLICH JEMALS TRAINIERT?

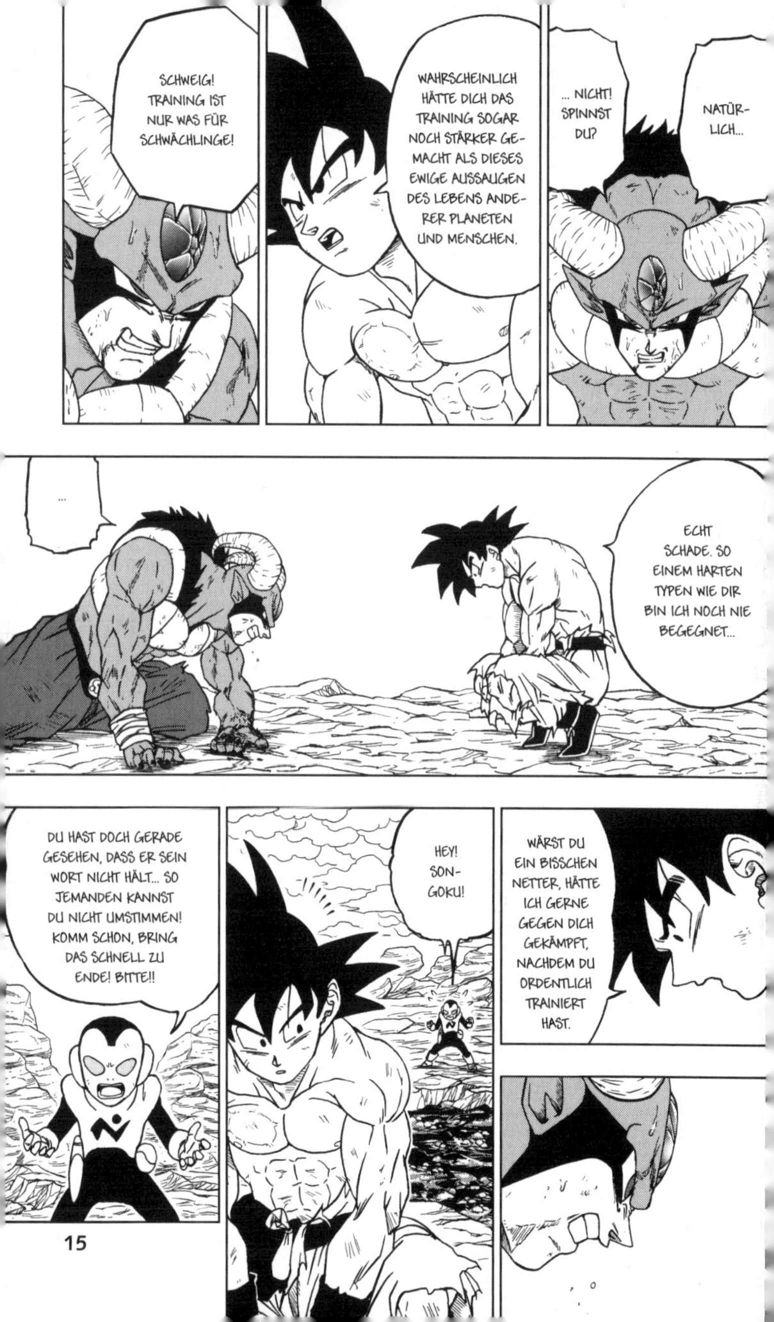
SCHWEIG! TRAINING IST NUR WAS FÜR SCHWÄCHLINGE!
WAHRSCHEINLICH HÄTTE DICH DAS TRAINING SOGAR NOCH STÄRKER GEMACHT ALS DIESES EWIGE AUSSAUGEN DES LEBENS ANDERER PLANETEN UND MENSCHEN.
... NICHT! SPINNST DU?
NATÜRLICH...
...
ECHT SCHADE. SO EINEM HARTEN TYPEN WIE DIR BIN ICH NOCH NIE BEGEGNET...
DU HAST DOCH GERADE GESEHEN, DASS ER SEIN WORT NICHT HÄLT... SO JEMANDEN KANNST DU NICHT UMSTIMMEN! KOMM SCHON, BRING DAS SCHNELL ZU ENDE! BITTE!!
HEY! SON-GOKU!
WÄRST DU EIN BISSCHEN NETTER, HÄTTE ICH GERNE GEGEN DICH GEKÄMPFT, NACHDEM DU ORDENTLICH TRAINIERT HAST.

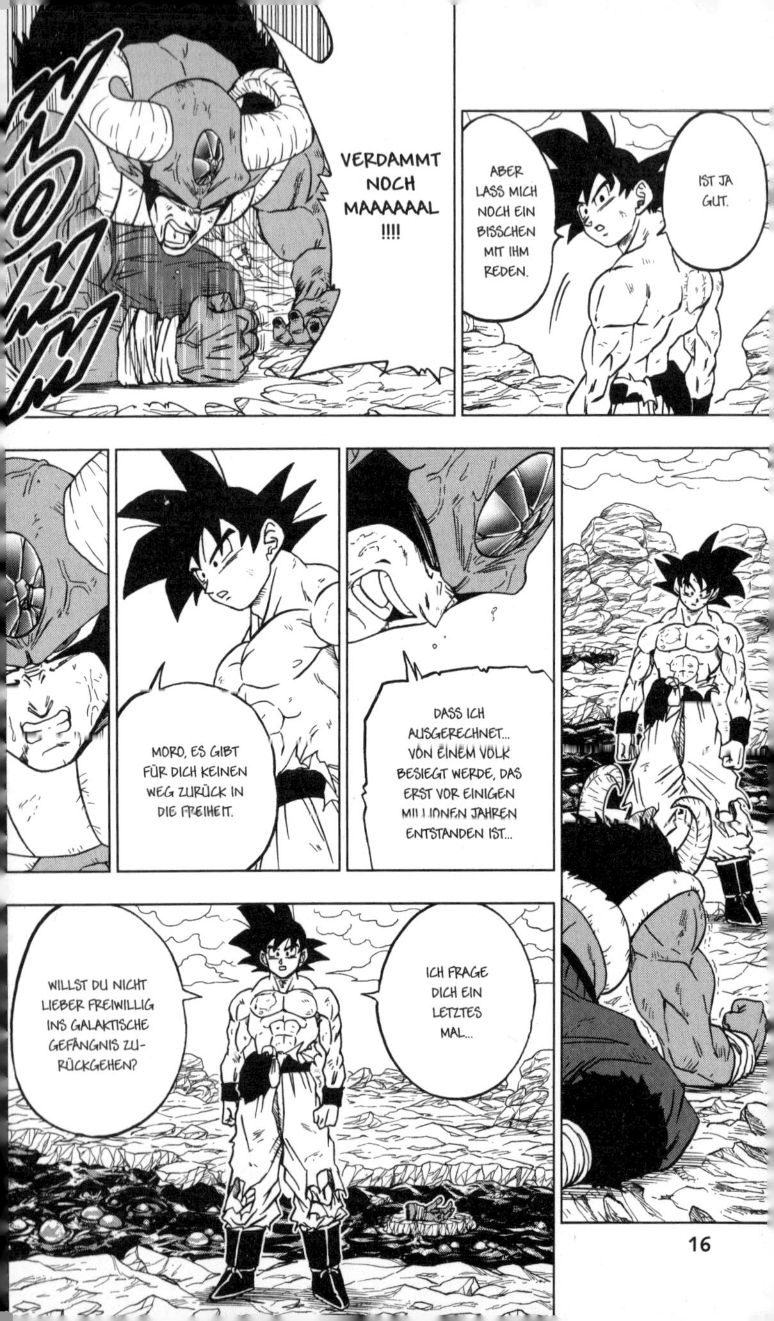
IST JA GUT.
ABER LASS MICH NOCH EIN BISSCHEN MIT IHM REDEN.
VERDAMMT NOCH MAAAAAAL !!!!
DASS ICH AUSGERECHNET... VON EINEM VOLK BESIEGT WERDE, DAS ERST VOR EINIGEN MILLIONEN JAHREN ENTSTANDEN IST...
MORO, ES GIBT FÜR DICH KEINEN WEG ZURÜCK IN DIE FREIHEIT.
ICH FRAGE DICH EIN LETZTES MAL...
WILLST DU NICHT LIEBER FREIWILLIG INS GALAKTISCHE GEFÄNGNIS ZURÜCKGEHEN?

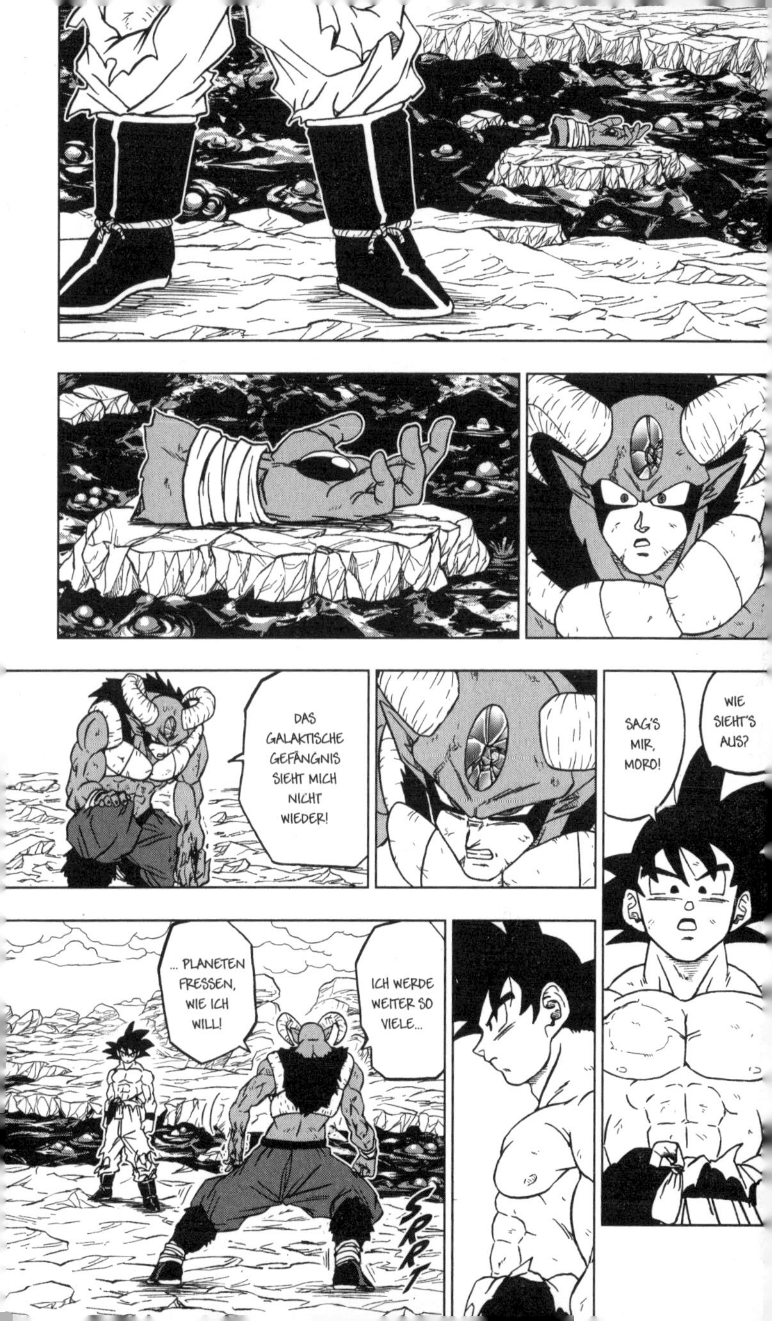
WIE SIEHT'S AUS?
SAG'S MIR, MORO!
DAS GALAKTISCHE GEFÄNGNIS SIEHT MICH NICHT WIEDER!
ICH WERDE WEITER SO VIELE...
... PLANETEN FRESSEN, WIE ICH WILL!
SRRT

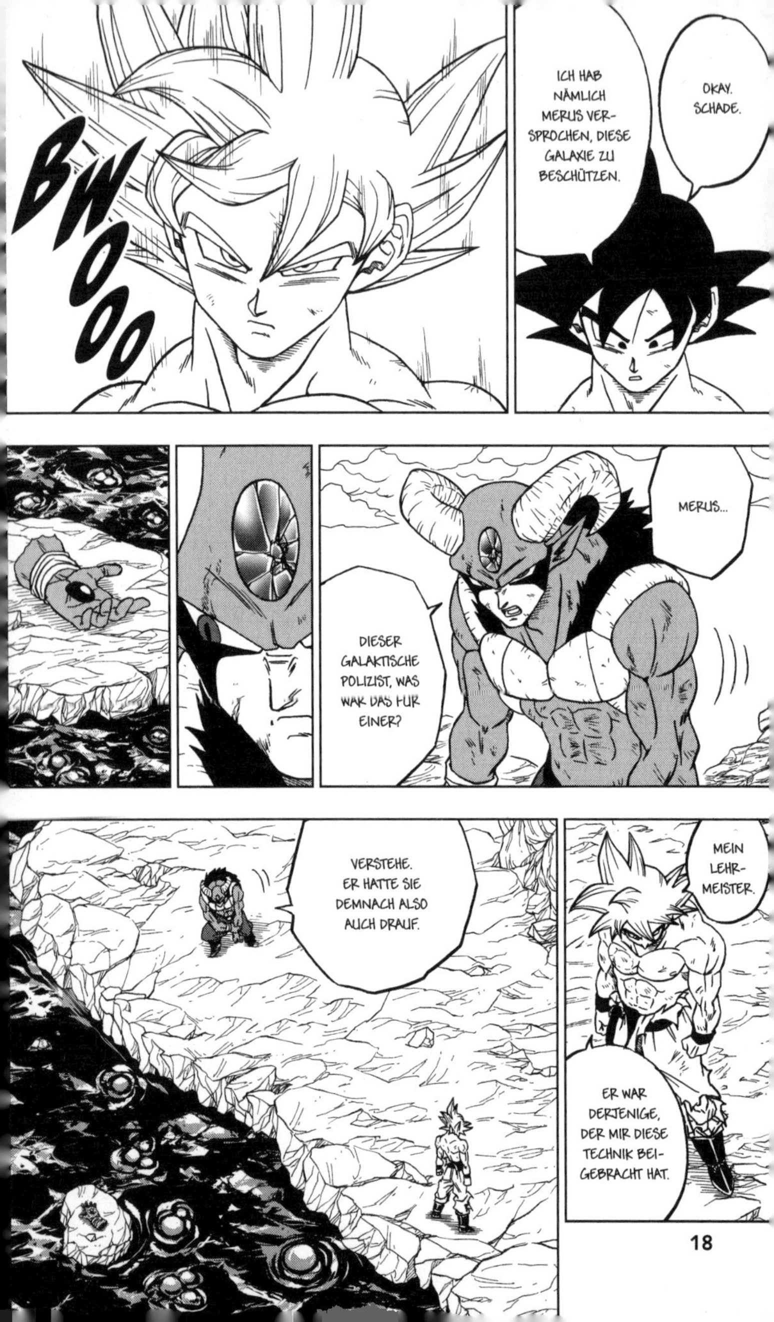
BWOOO
OKAY. SCHADE.
ICH HAB NÄMLICH MERUS VERSPROCHEN, DIESE GALAXIE ZU BESCHÜTZEN.
MERUS...
DIESER GALAKTISCHE POLIZIST, WAS WAR DAS FÜR EINER?
MEIN LEHRMEISTER.
ER WAR DERJENIGE, DER MIR DIESE TECHNIK BEIGEBRACHT HAT.
VERSTEHE. ER HATTE SIE DEMNACH ALSO AUCH DRAUF.

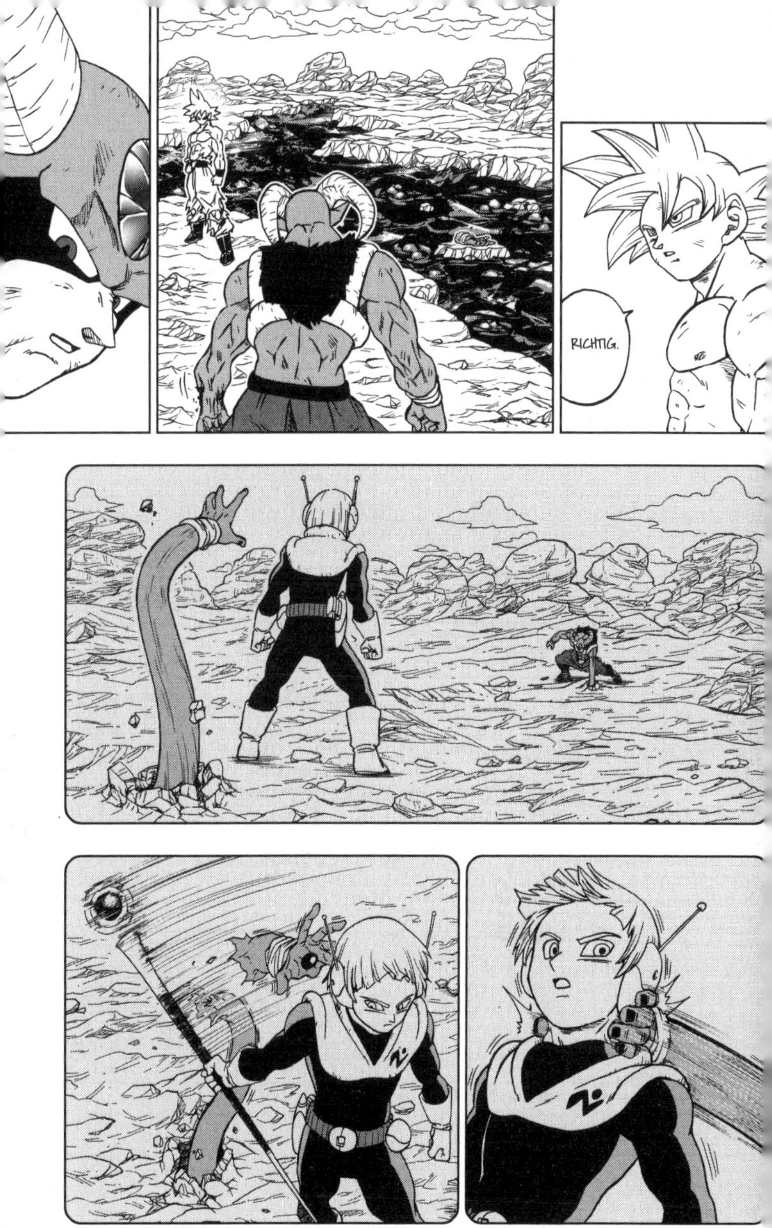
RICHTIG.

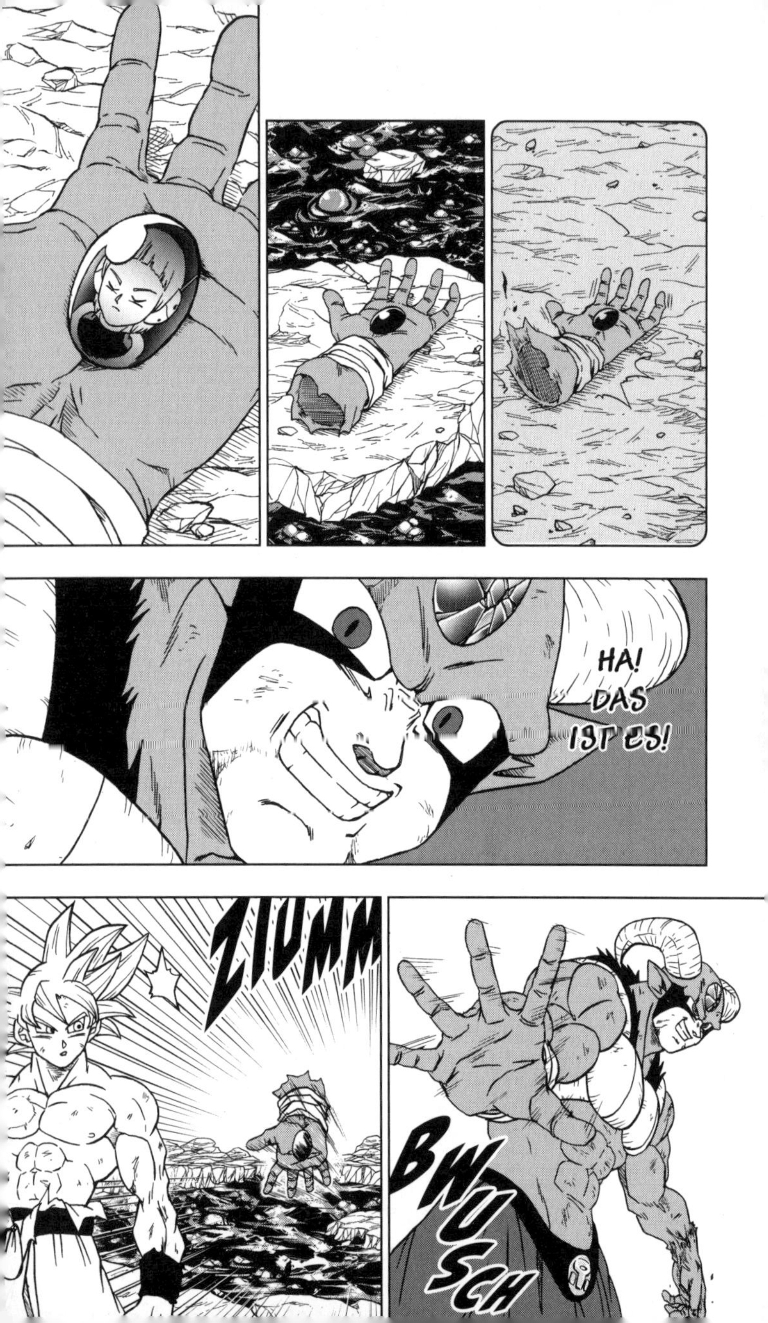
HA!
DAS
IST ES!
BWUSCH
ZIUMM

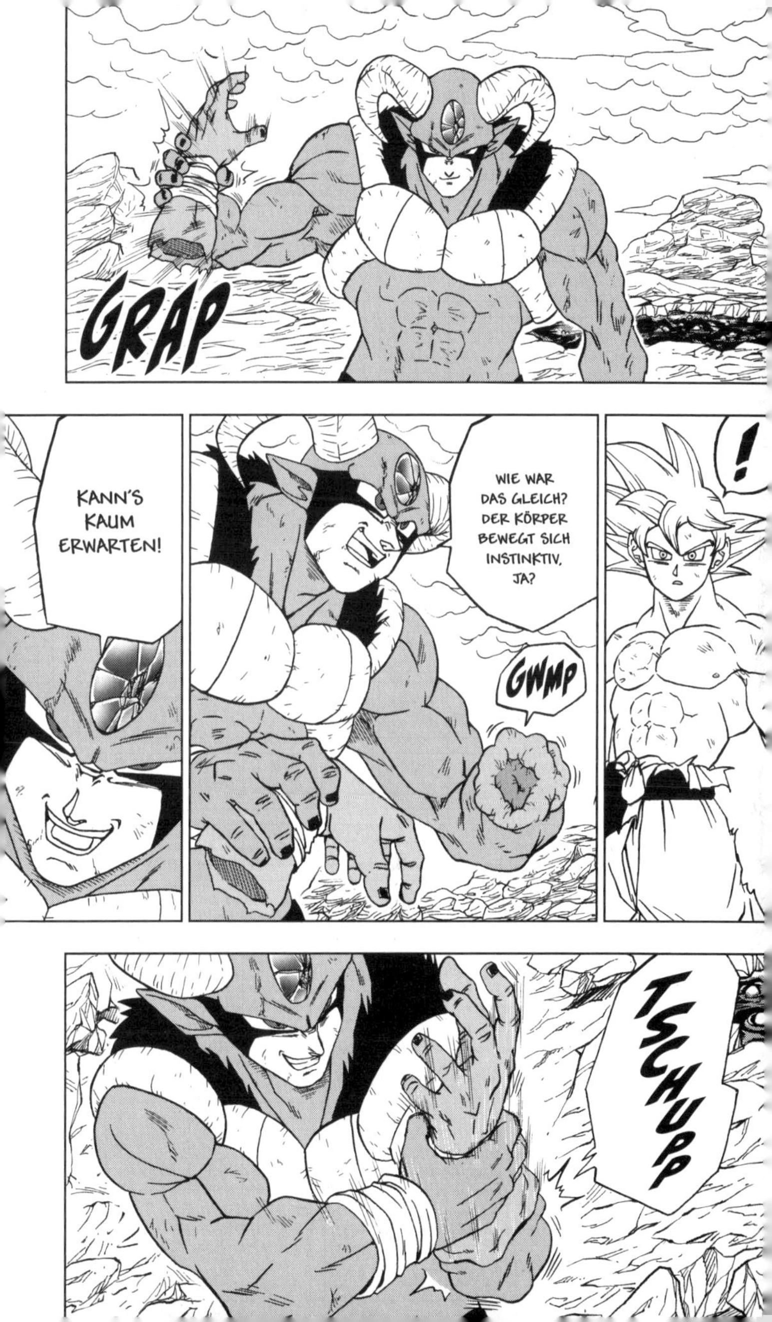
GRAP
!
WIE WAR DAS GLEICH? DER KÖRPER BEWEGT SICH INSTINKTIV, JA?
GWMP
KANN'S KAUM ERWARTEN!
TSCHUPP

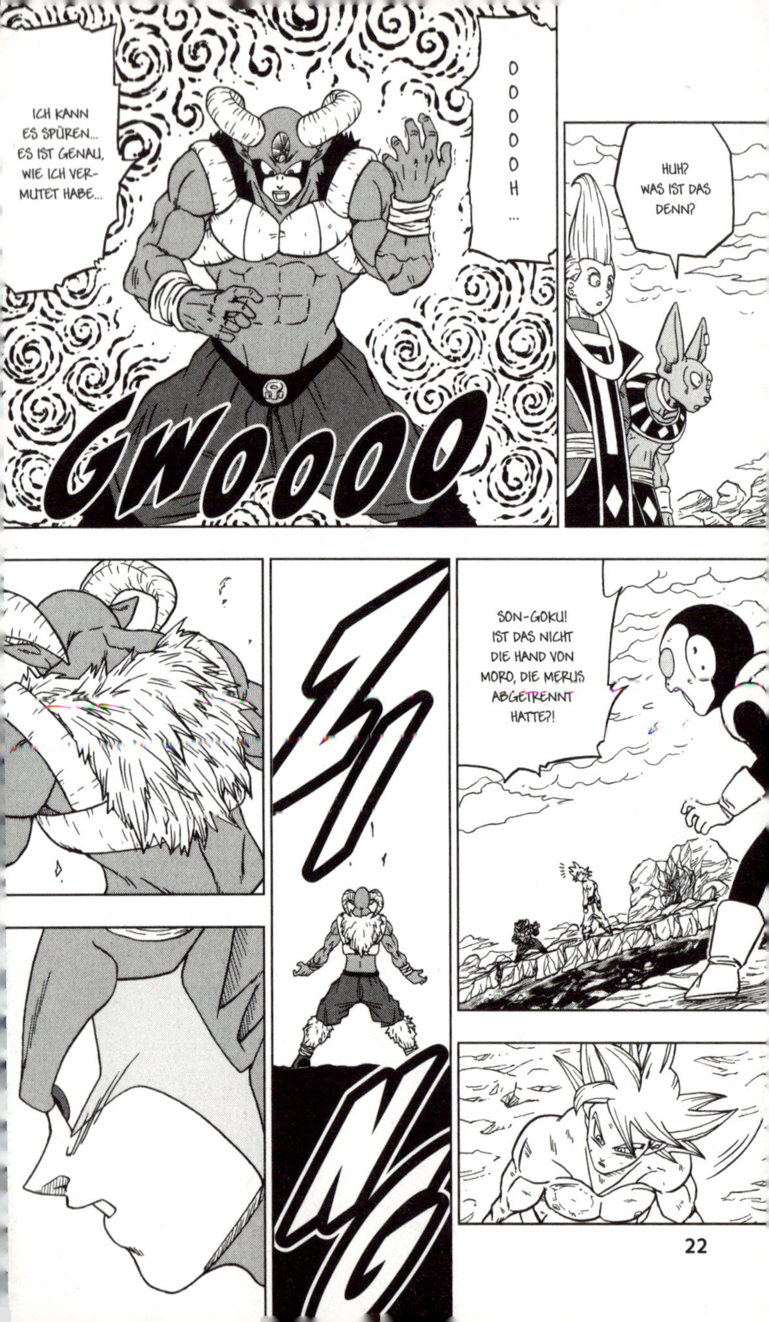
HUH? WAS IST DAS DENN?
OOOOOOH ...
ICH KANN ES SPÜREN... ES IST GENAU, WIE ICH VERMUTET HABE...
GWOOOO
SON-GOKU! IST DAS NICHT DIE HAND VON MORO, DIE MERUS ABGETRENNT HATTE?!

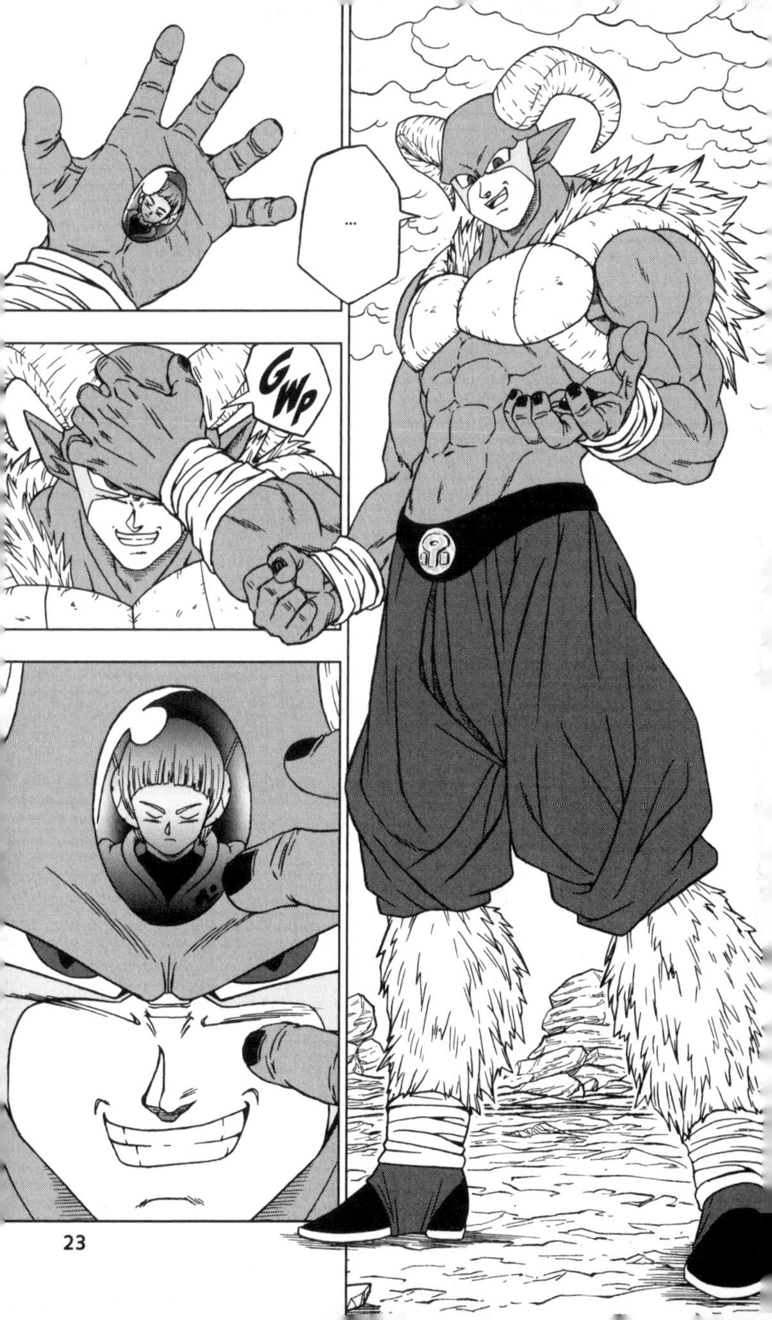
...
GWP

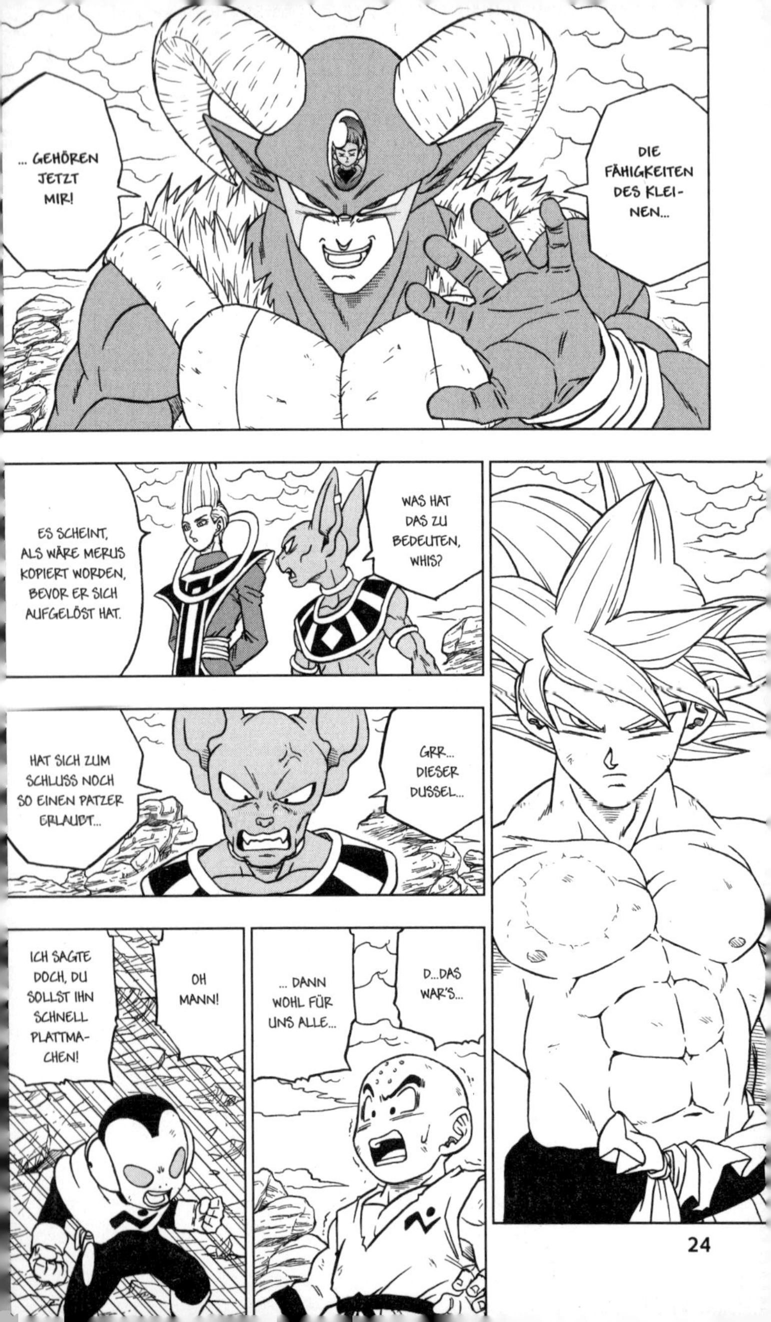
DIE FÄHIGKEITEN DES KLEINEN...
... GEHÖREN JETZT MIR!
WAS HAT DAS ZU BEDEUTEN, WHIS?
ES SCHEINT, ALS WÄRE MERUS KOPIERT WORDEN, BEVOR ER SICH AUFGELÖST HAT.
GRR... DIESER DUSSEL...
HAT SICH ZUM SCHLUSS NOCH SO EINEN PATZER ERLAUBT...
D...DAS WAR'S...
... DANN WOHL FÜR UNS ALLE...
OH MANN!
ICH SAGTE DOCH, DU SOLLST IHN SCHNELL PLATTMACHEN!

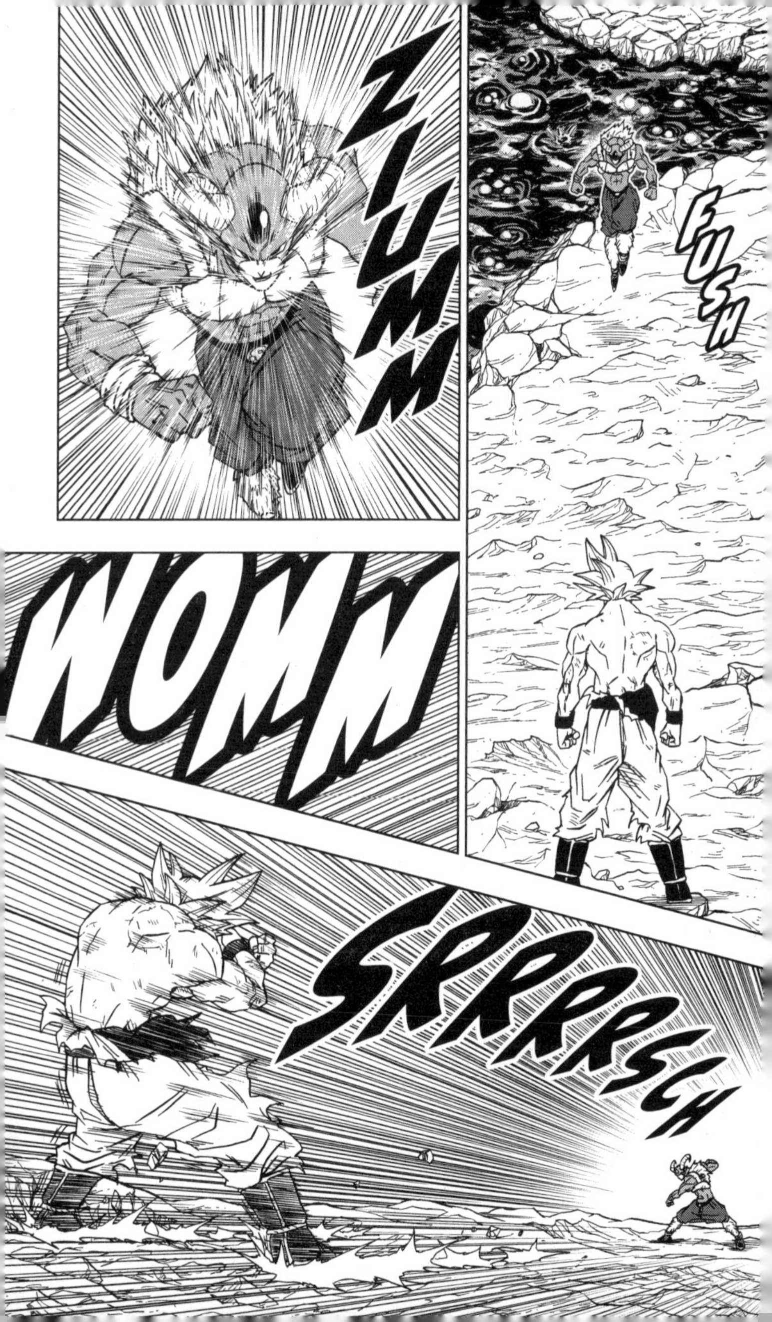
FUSH
ZUMM
WOMM
SRRRSCH

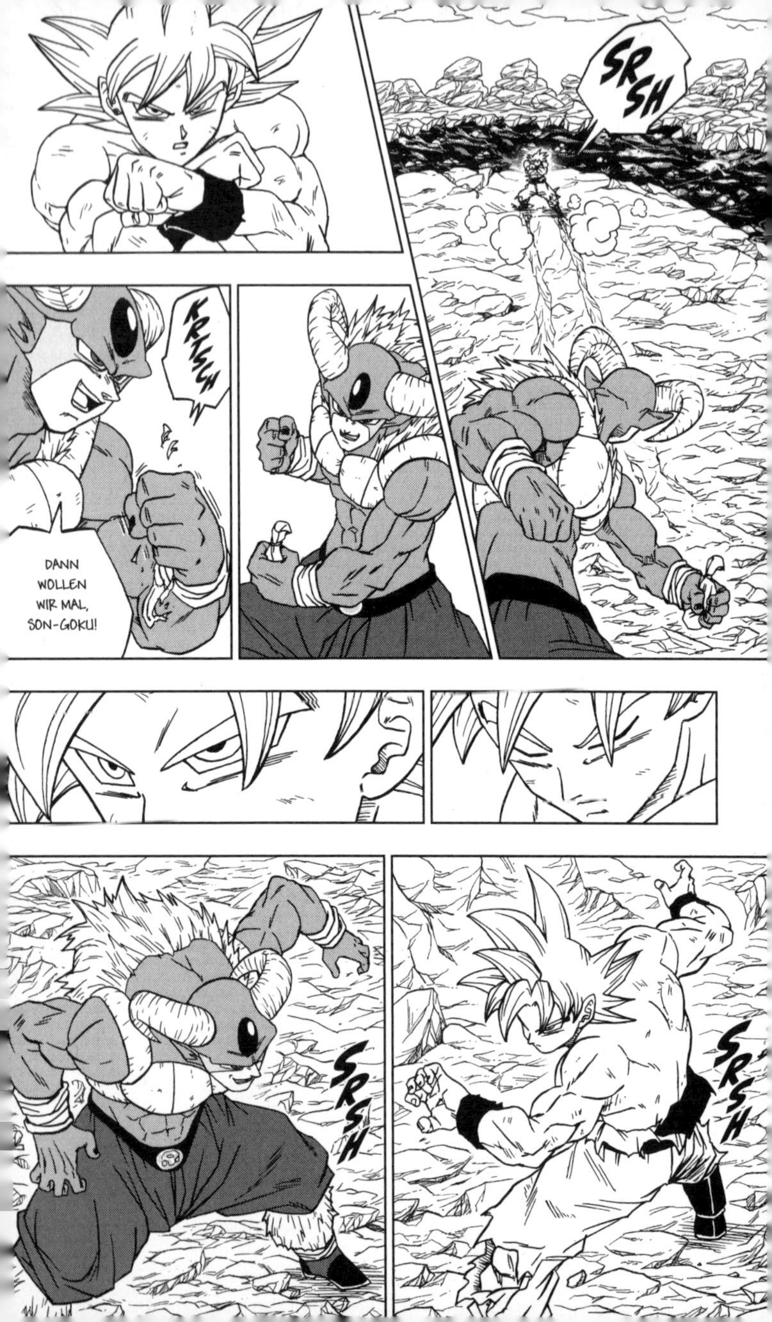
SRSH
KRSCH
DANN WOLLEN WIR MAL, SON-GOKU!
SRSH
SRSH

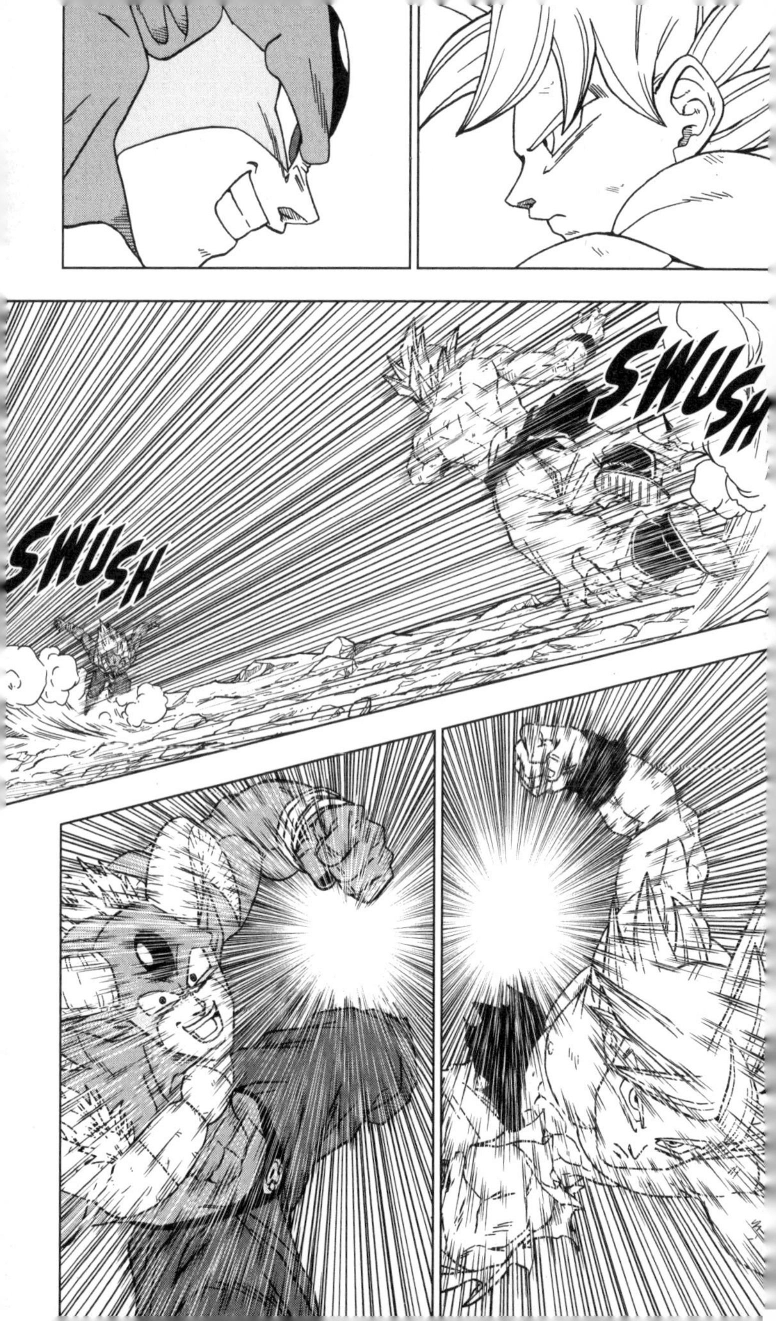
SWUSH
SWUSH

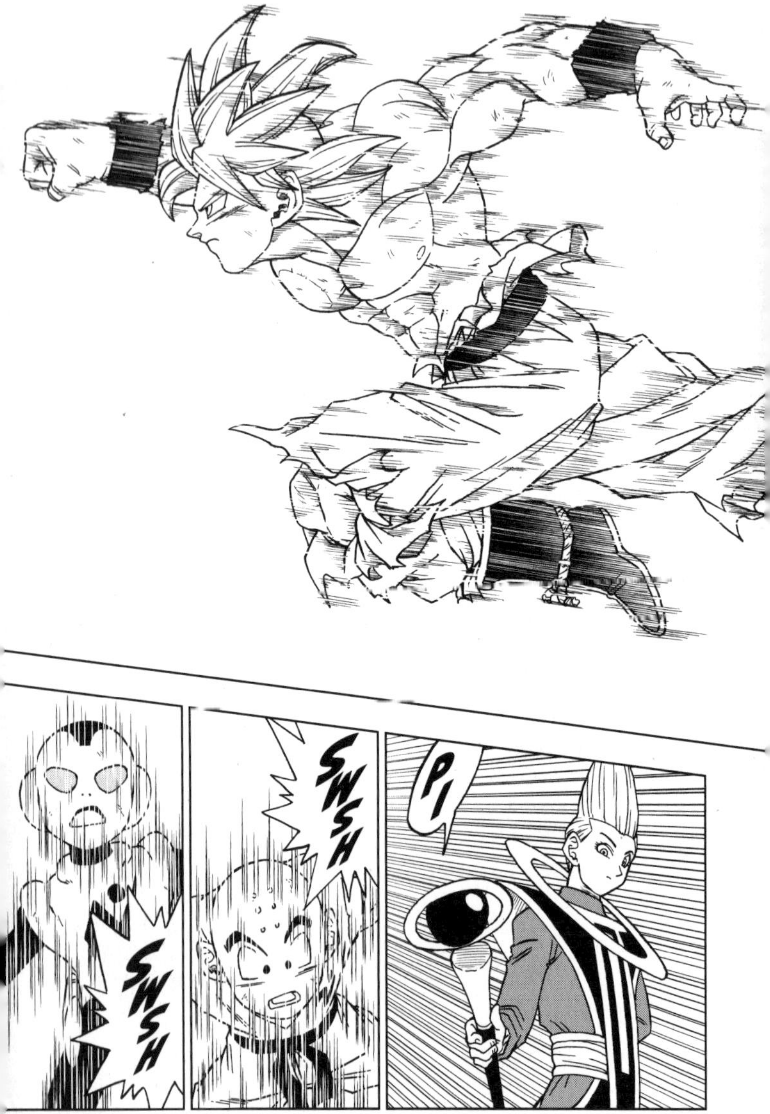
PI
SWSH
SWSH

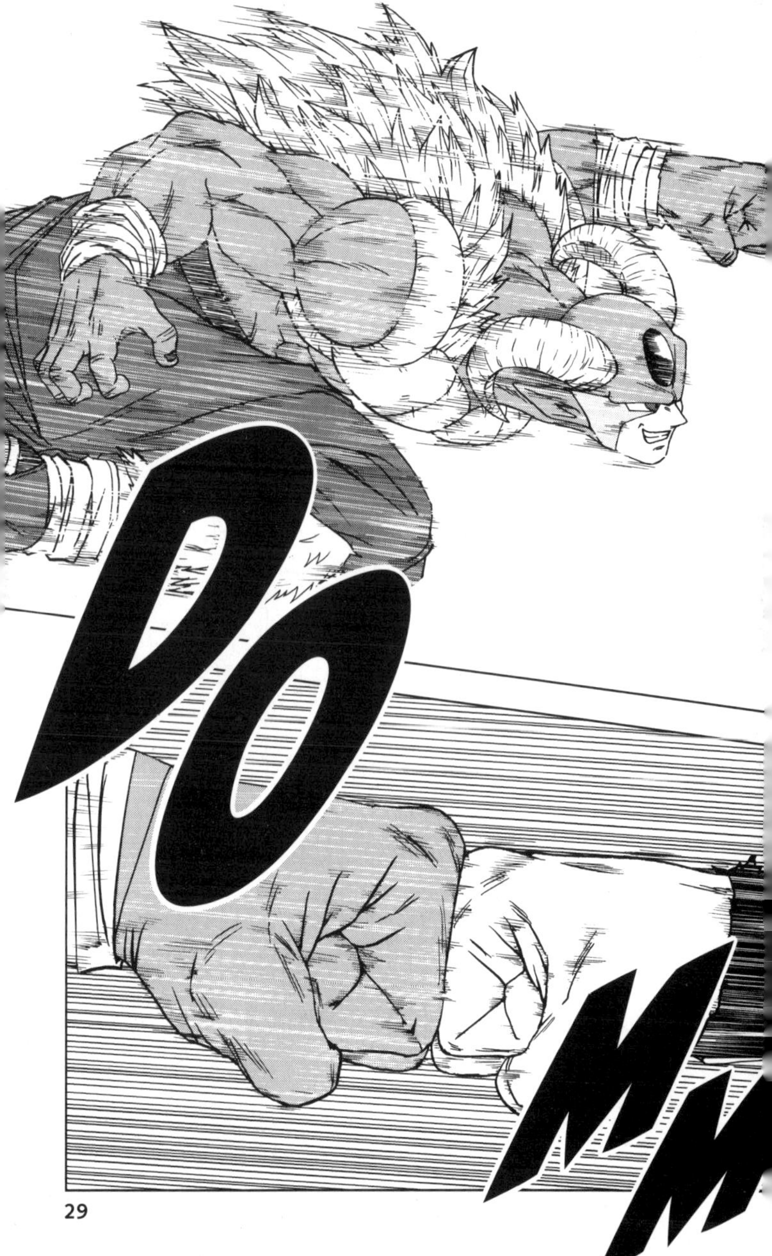
DOMM

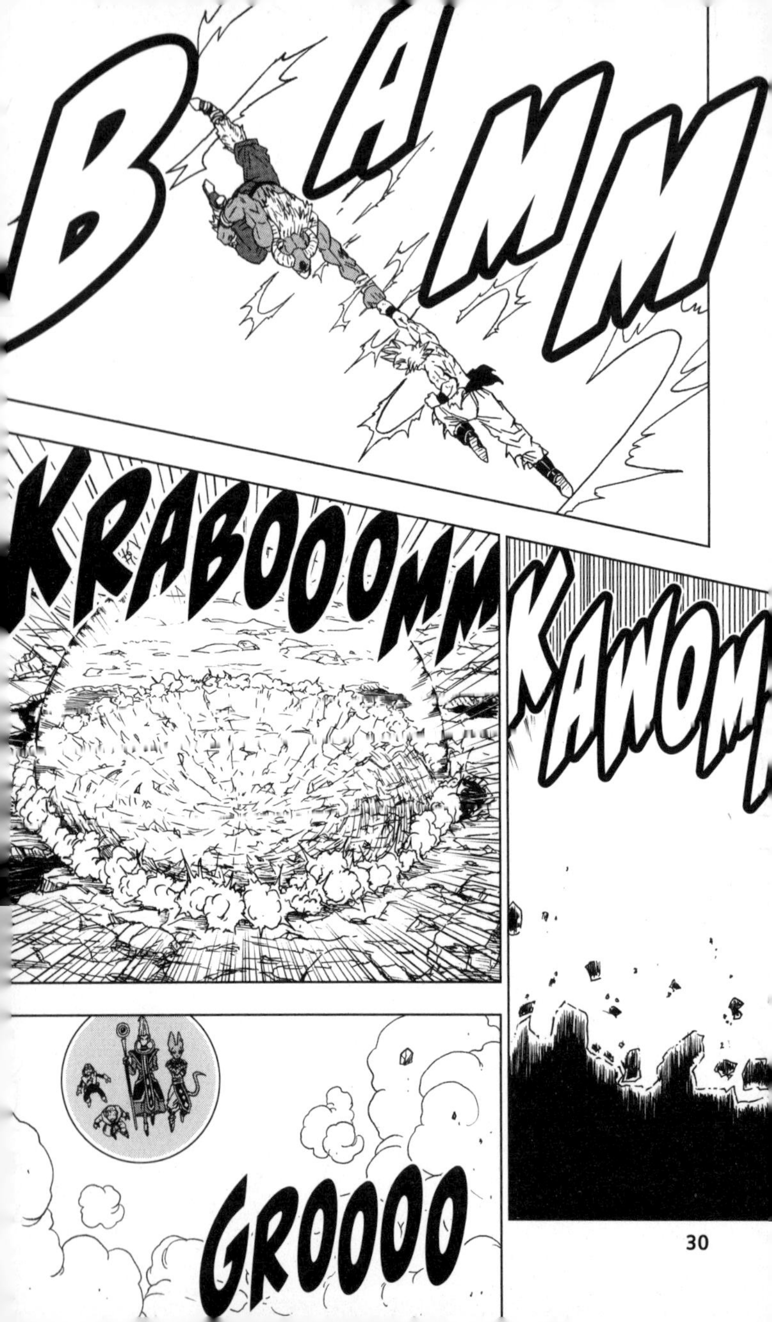
BAMM
KRABOOOMM
KAWOM
GROOOO

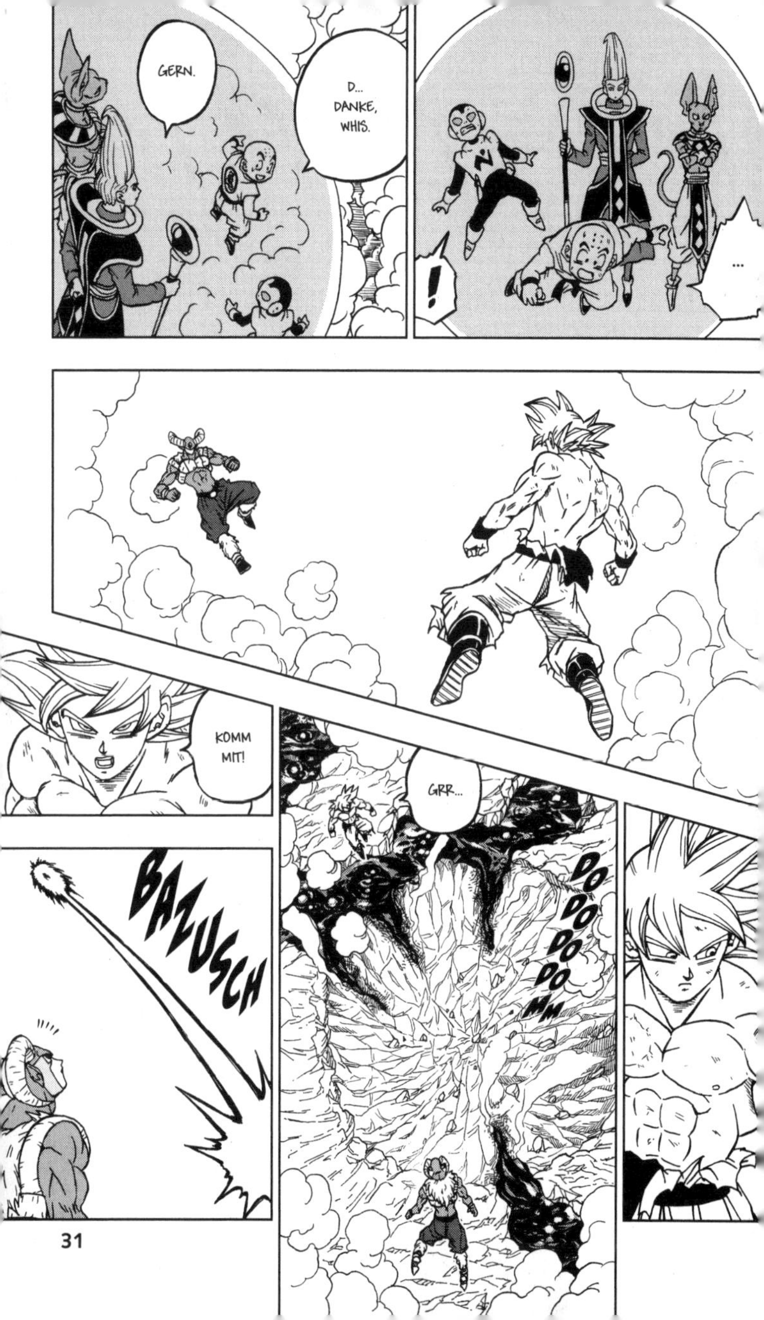
GERN.
D... DANKE, WHIS.
!
...
KOMM MIT!
GRR...
BAZUSCH
DODODODODOMM

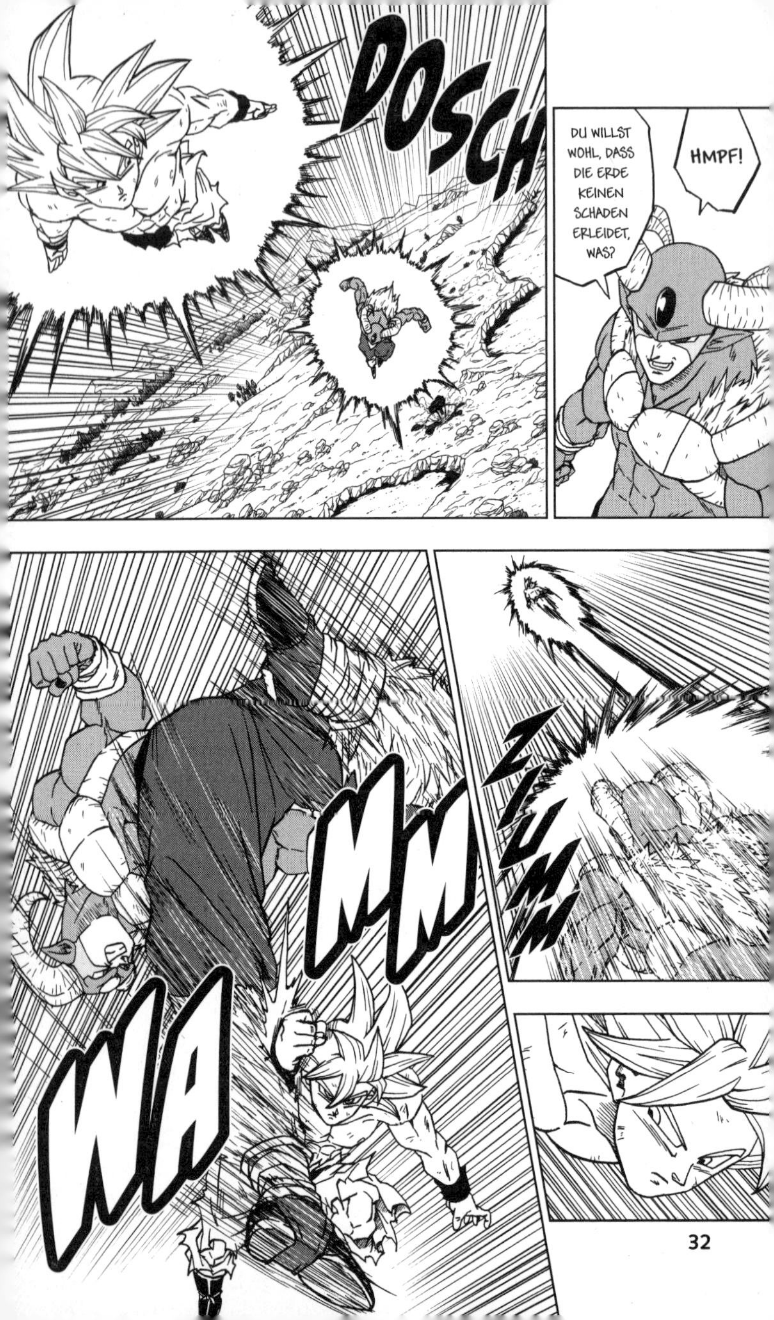
DOSCH
DU WILLST WOHL, DASS DIE ERDE KEINEN SCHADEN ERLEIDET, WAS?
HMPF!
ZUMM
WA
MM

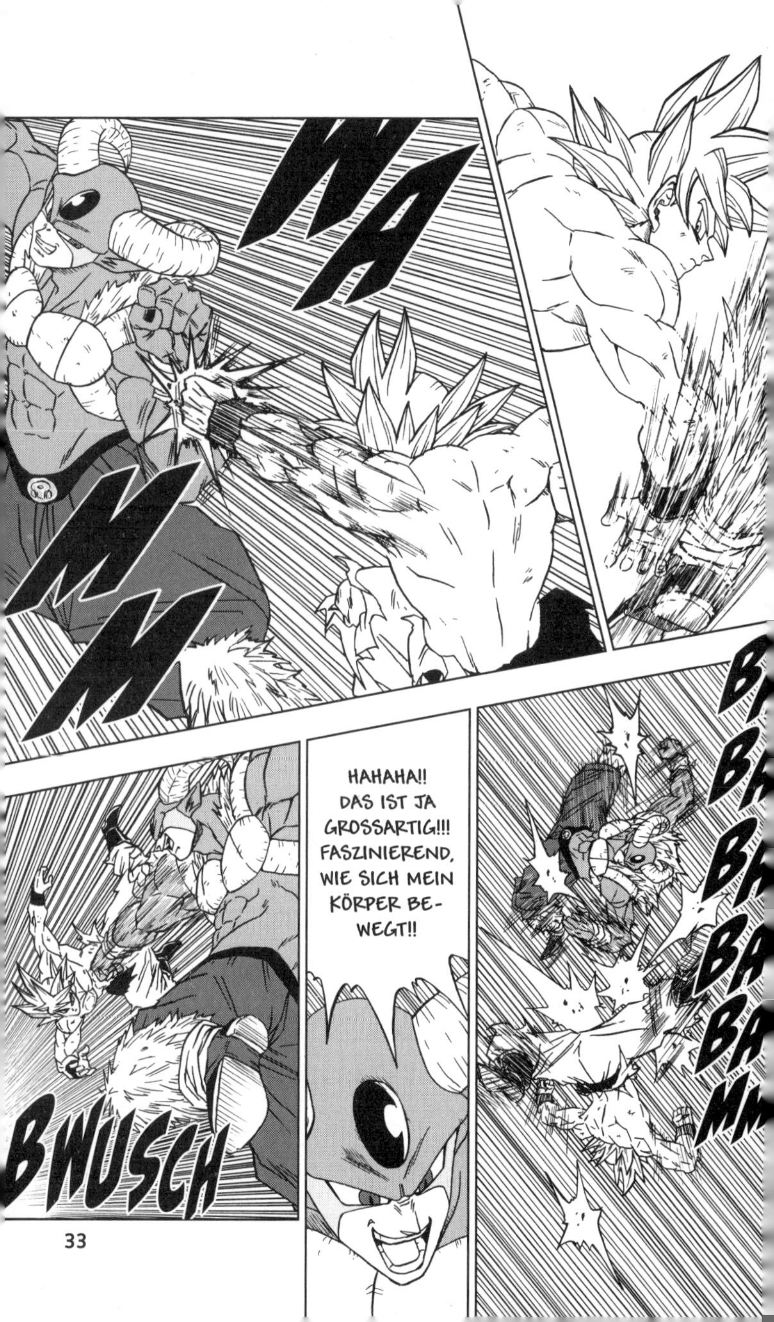
WA
MM
BA
BA
BA
BA
BA
BA
MM
HAHAHA!! DAS IST JA GROSSARTIG!!! FASZINIEREND, WIE SICH MEIN KÖRPER BE-WEGT!!
BWUSCH

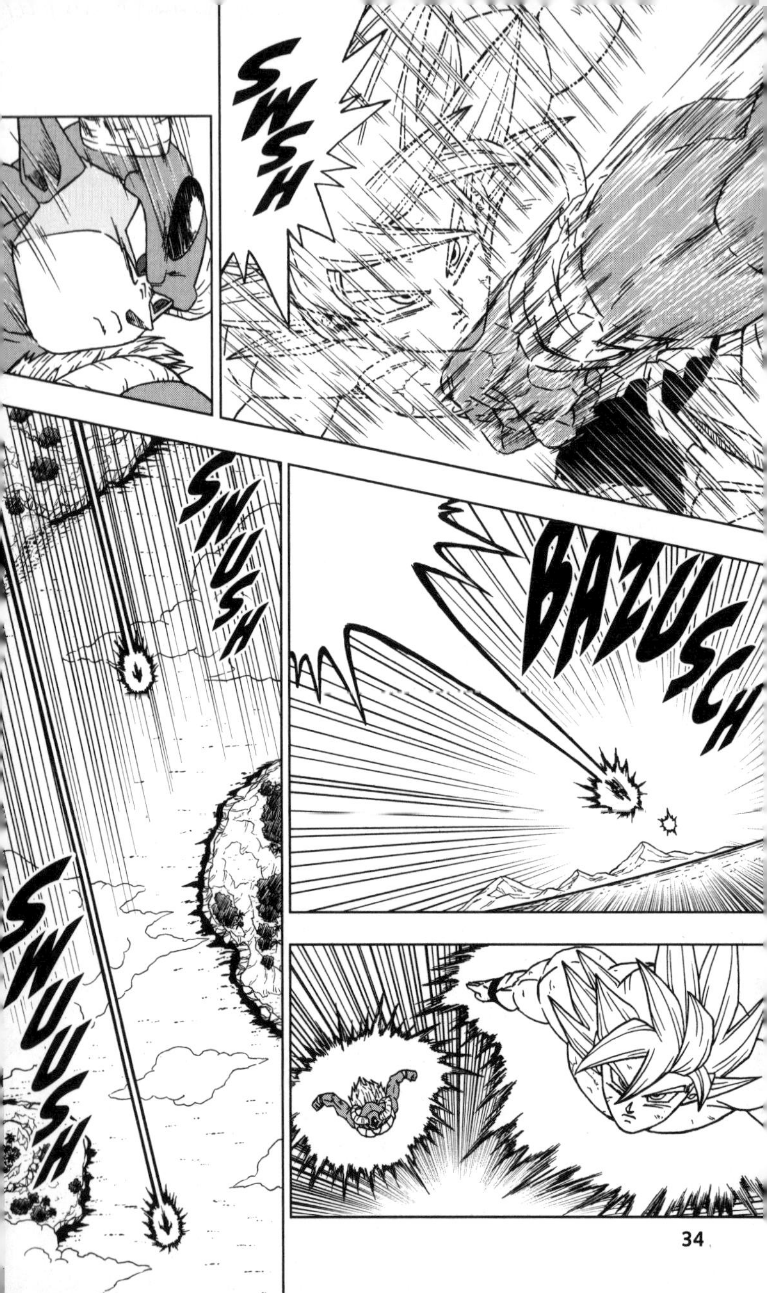
SWSH
BAZUSCH
SWUSH
SWUUSH

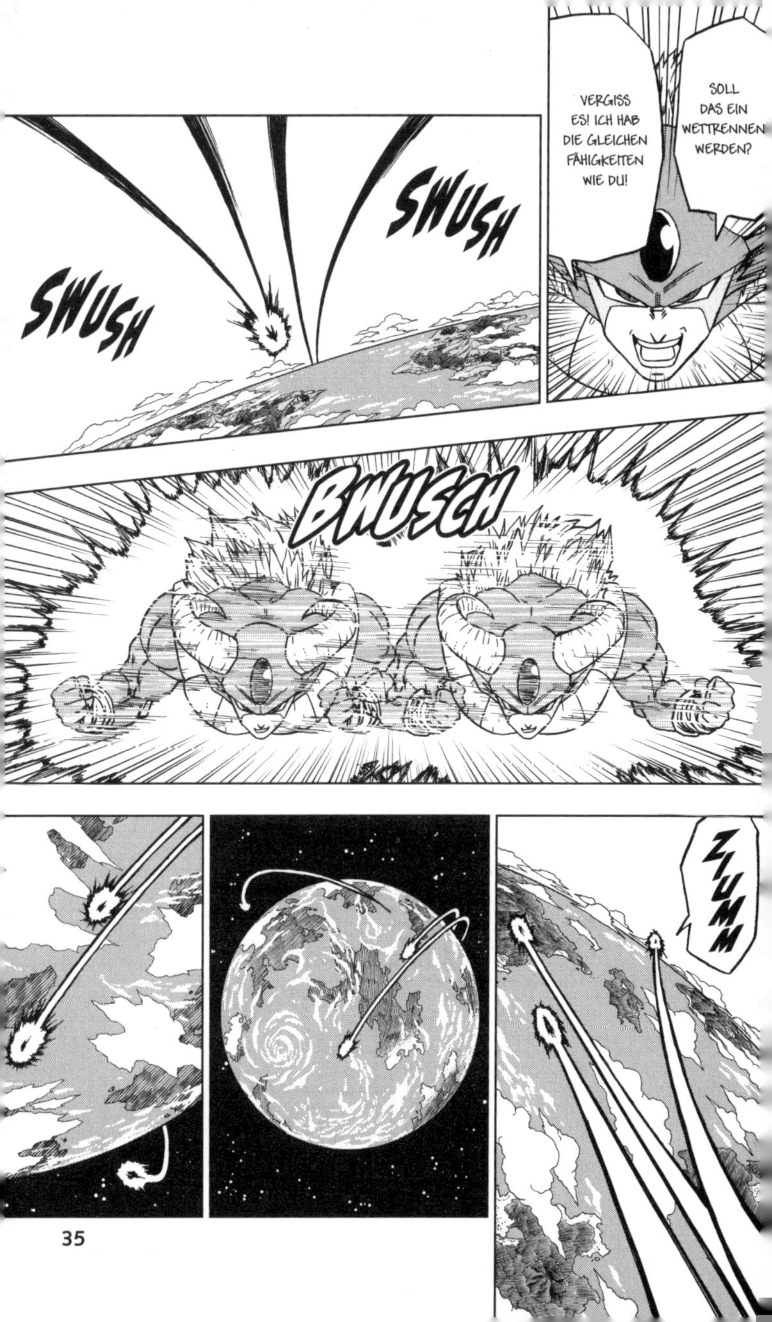
SOLL DAS EIN WETTRENNEN WERDEN?
VERGISS ES! ICH HAB DIE GLEICHEN FÄHIGKEITEN WIE DU!
SWUSH
SWUSH
BWUSCH
ZIUMM

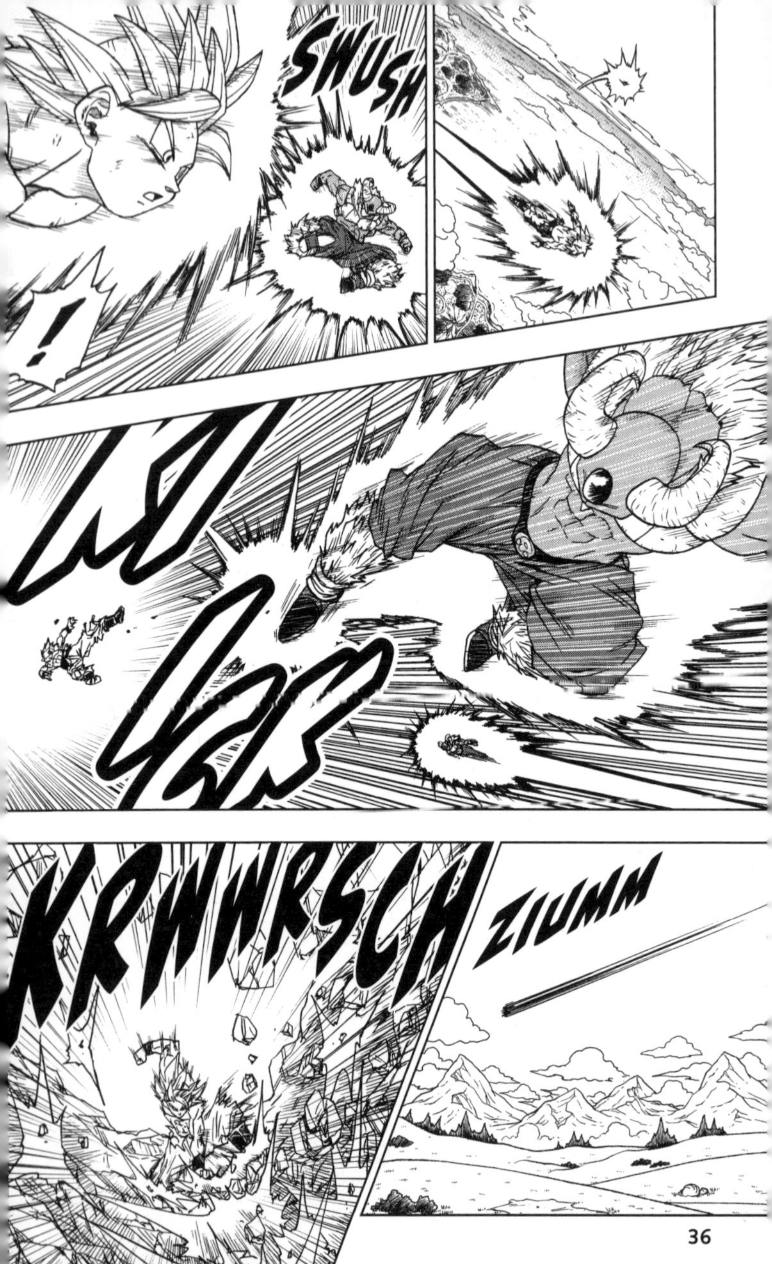
SHUSH
!
KRWWRSCH
ZIUMM

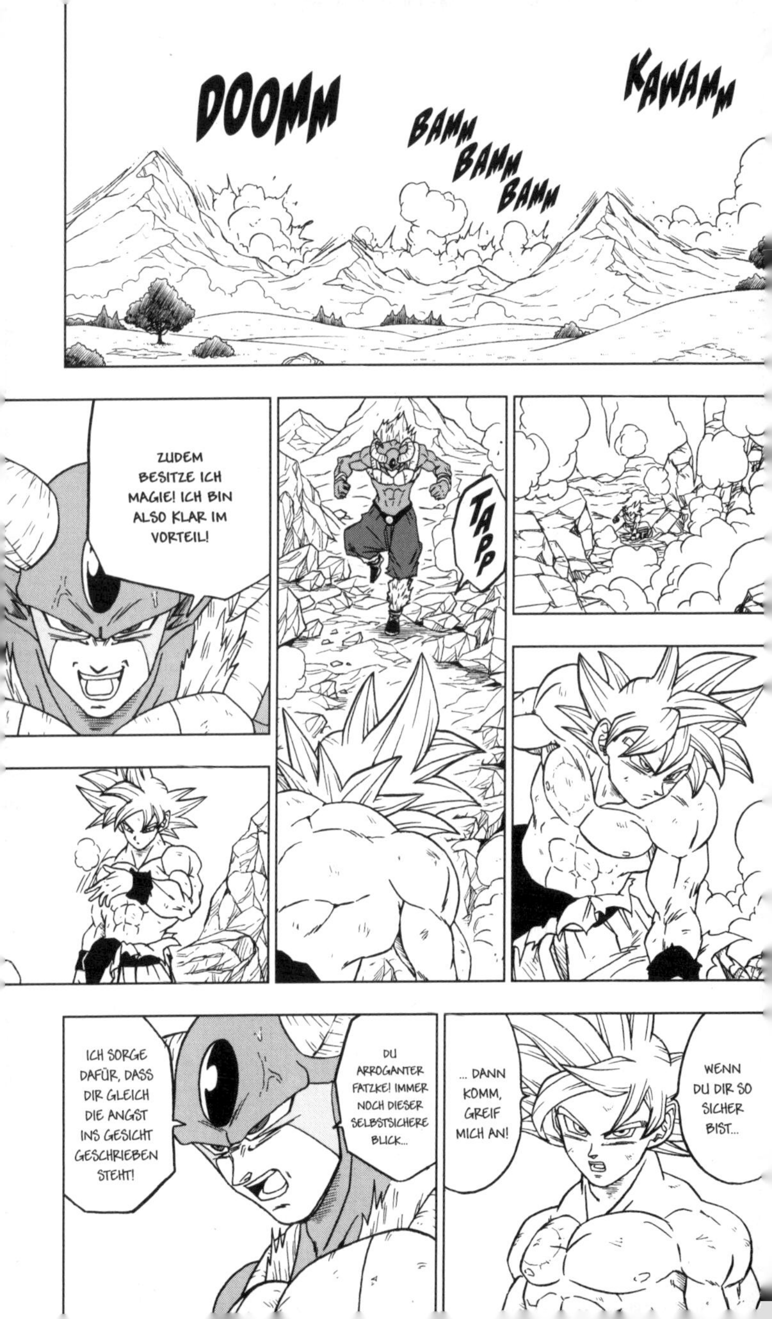
KAWAMM
BAMM
BAMM
BAMM
DOOMM
TAPP
ZUDEM BESITZE ICH MAGIE! ICH BIN ALSO KLAR IM VORTEIL!
WENN DU DIR SO SICHER BIST...
... DANN KOMM, GREIF MICH AN!
DU ARROGANTER FATZKE! IMMER NOCH DIESER SELBSTSICHERE BLICK...
ICH SORGE DAFÜR, DASS DIR GLEICH DIE ANGST INS GESICHT GESCHRIEBEN STEHT!

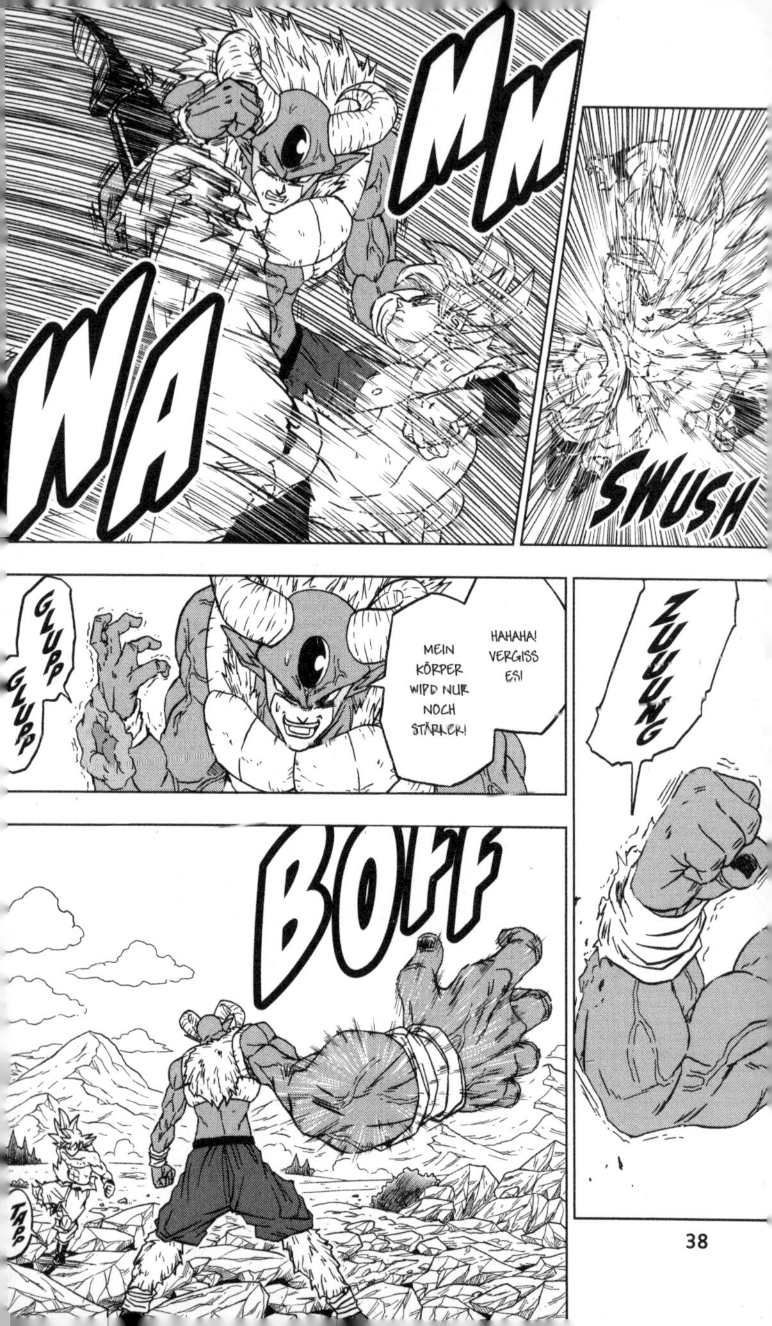
SWUSH
WA
MM
ZUUUNG
HAHAHA! VERGISS ES!
MEIN KÖRPER WIRD NUR NOCH STÄRKER!
GLUPP GLUPP
BOFF
TAPP

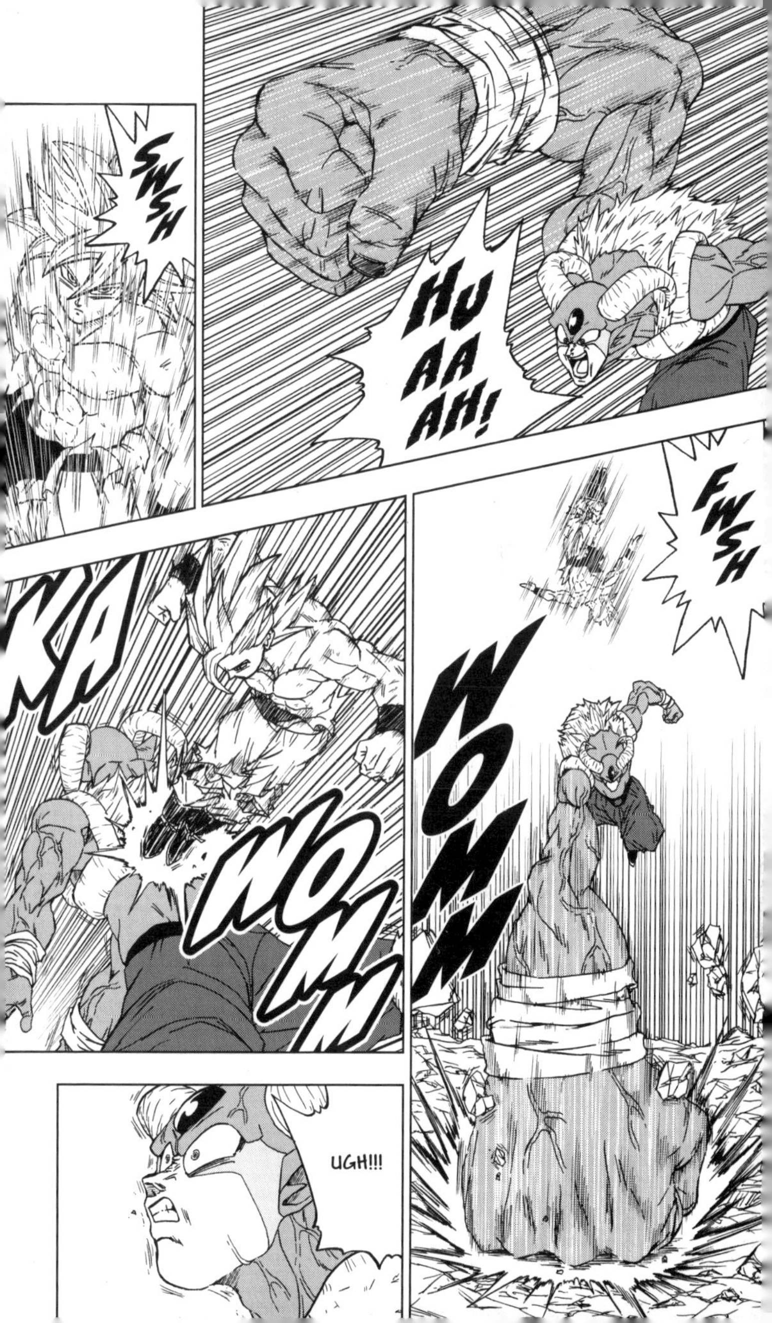
HUAAAH!
SWSH
FWSH
WOMM
WOMM
UGH!!!

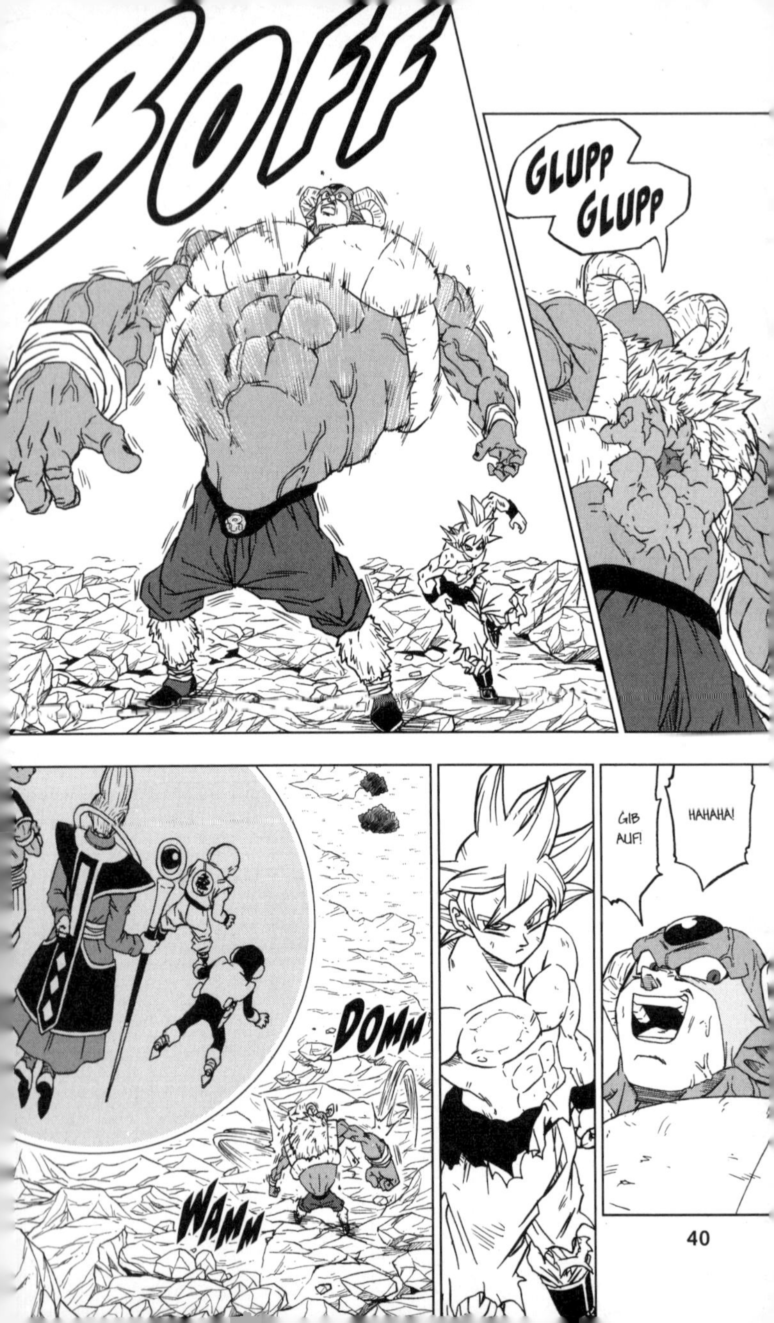
GLUPP
GLUPP
BOFF
HAHAHA!
GIB AUF!
DOMM
WAMM

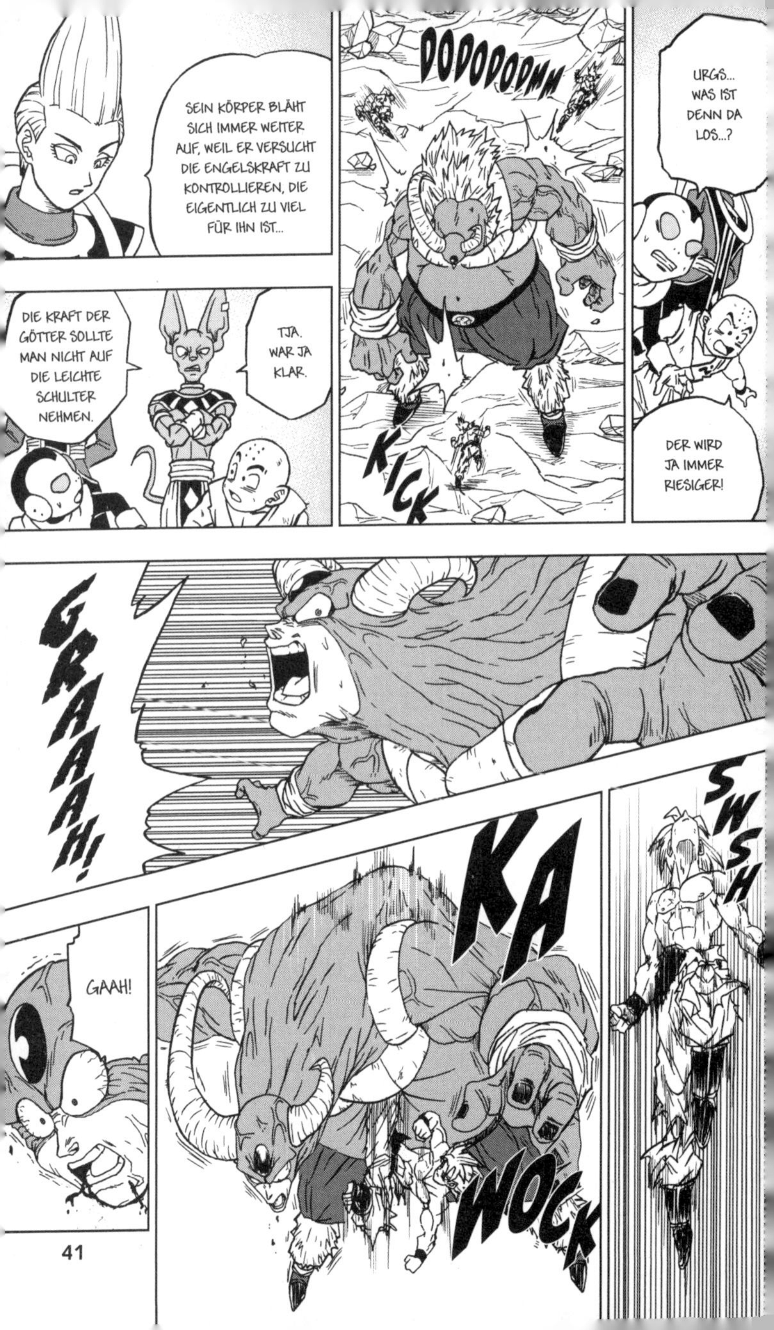
URGS... WAS IST DENN DA LOS...?
DER WIRD JA IMMER RIESIGER!
DODODODMM
KICK
SEIN KÖRPER BLÄHT SICH IMMER WEITER AUF, WEIL ER VERSUCHT DIE ENGELSKRAFT ZU KONTROLLIEREN, DIE EIGENTLICH ZU VIEL FÜR IHN IST...
TJA. WAR JA KLAR.
DIE KRAFT DER GÖTTER SOLLTE MAN NICHT AUF DIE LEICHTE SCHULTER NEHMEN.
GRAAAAH!
SWSH
KA
WOCK
GAAH!

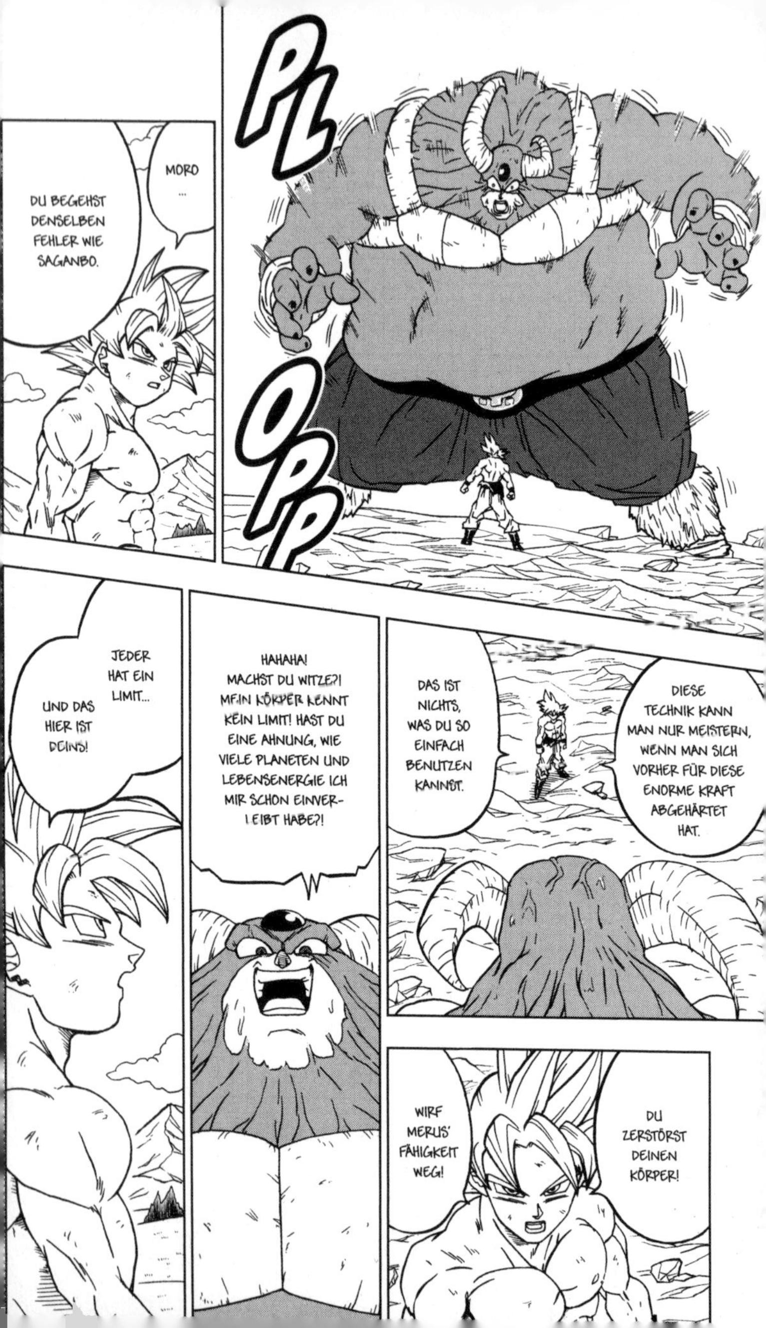
PLOPP
MORO ...
DU BEGEHST DENSELBEN FEHLER WIE SAGANBO.
DIESE TECHNIK KANN MAN NUR MEISTERN, WENN MAN SICH VORHER FÜR DIESE ENORME KRAFT ABGEHÄRTET HAT.
DAS IST NICHTS, WAS DU SO EINFACH BENUTZEN KANNST.
DU ZERSTÖRST DEINEN KÖRPER!
WIRF MERUS' FÄHIGKEIT WEG!
HAHAHA! MACHST DU WITZE?! MEIN KÖRPER KENNT KEIN LIMIT! HAST DU EINE AHNUNG, WIE VIELE PLANETEN UND LEBENSENERGIE ICH MIR SCHON EINVERLEIBT HABE?!
JEDER HAT EIN LIMIT...
UND DAS HIER IST DEINS!

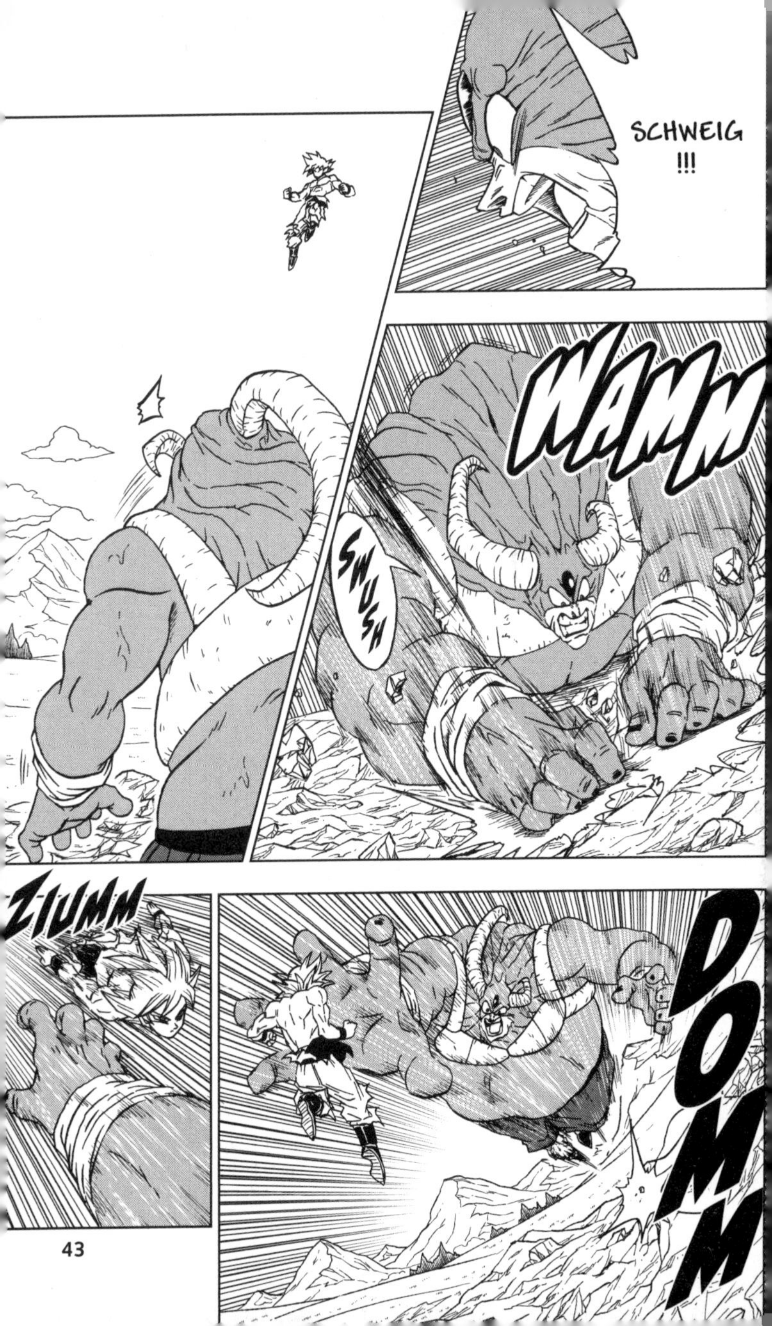
SCHWEIG !!!
WAMM
SWUSH
ZIUMM
DOMM

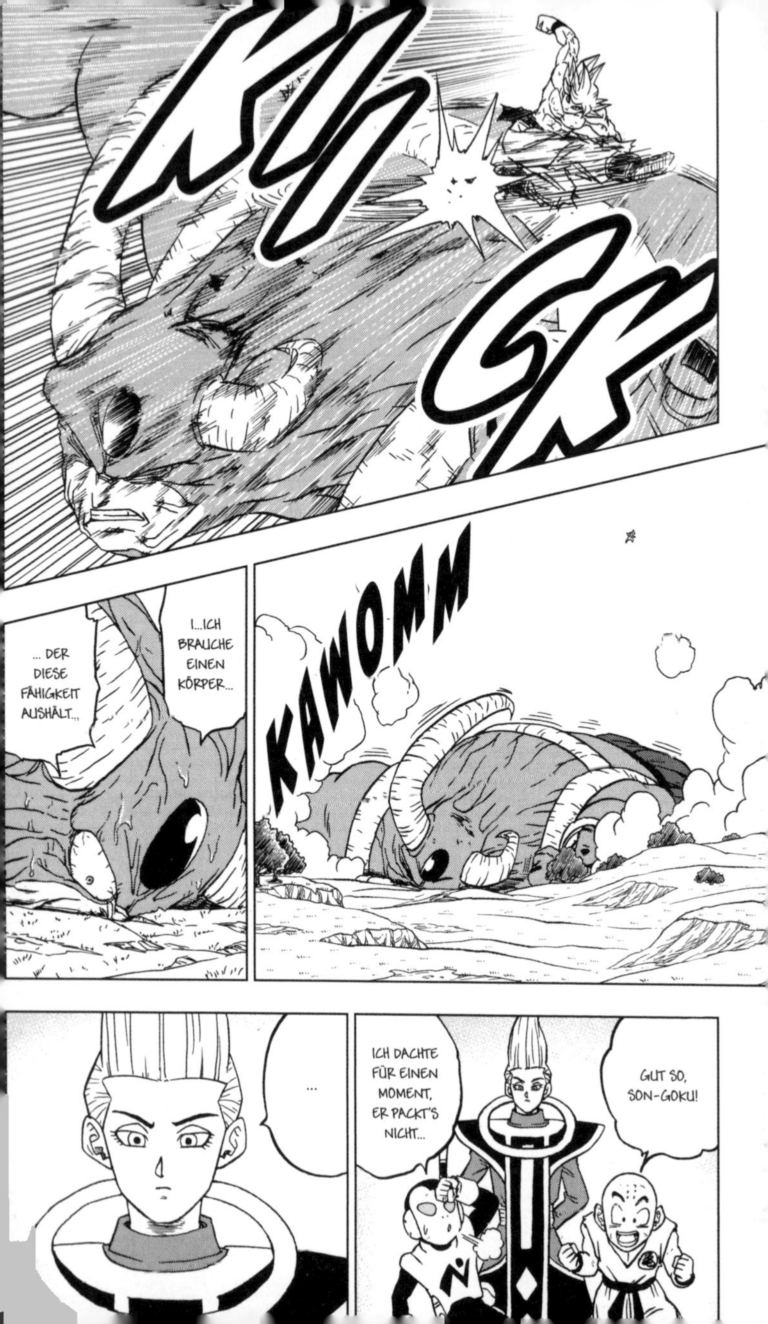
KAWOMM
I...ICH BRAUCHE EINEN KÖRPER...
... DER DIESE FÄHIGKEIT AUSHÄLT...
GUT SO, SON-GOKU!
ICH DACHTE FÜR EINEN MOMENT, ER PACKT'S NICHT...
...

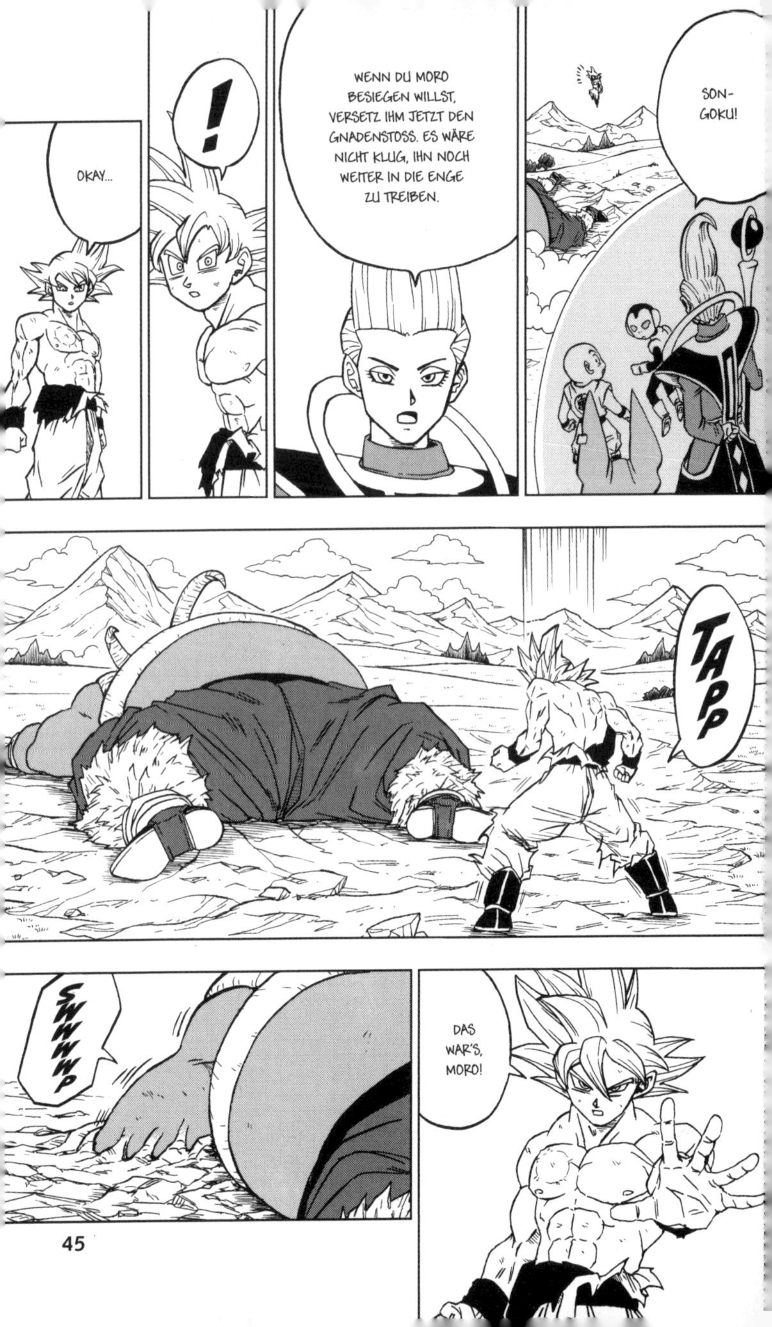

SON-GOKU!
WENN DU MORO BESIEGEN WILLST, VERSETZ IHM JETZT DEN GNADENSTOSS. ES WÄRE NICHT KLUG, IHN NOCH WEITER IN DIE ENGE ZU TREIBEN.
!
OKAY...
TAPP
DAS WAR'S, MORO!
SWWWWP

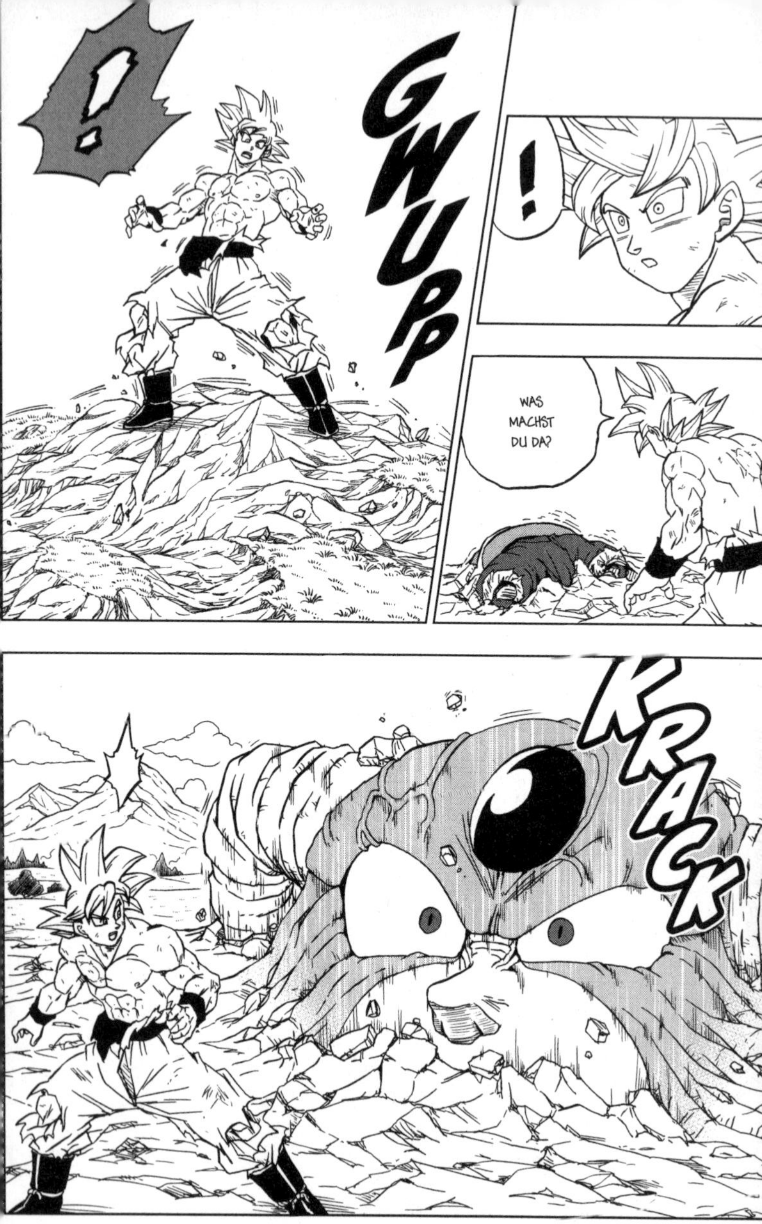
!
GWUPP
!
WAS MACHST DU DA?
KRACK

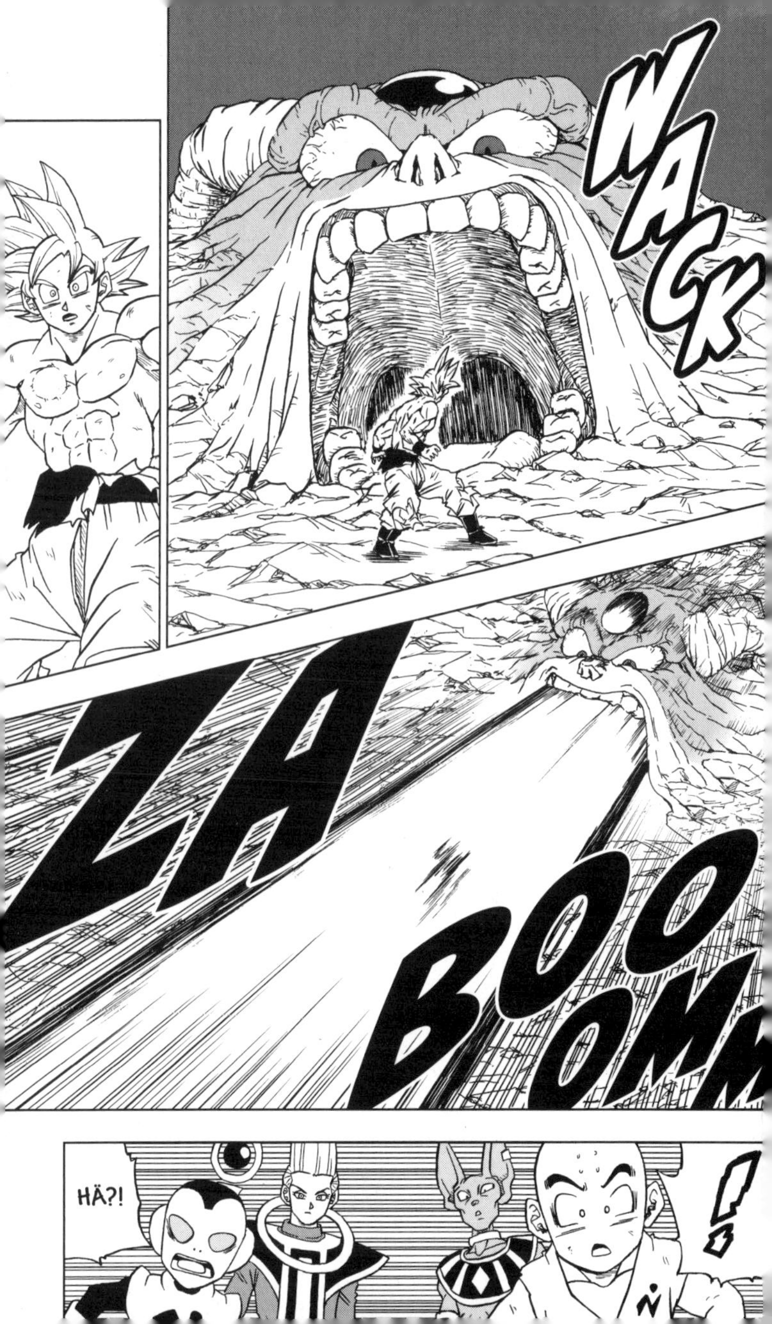
WACK
ZHA
BOOOMM
HÄ?!
!

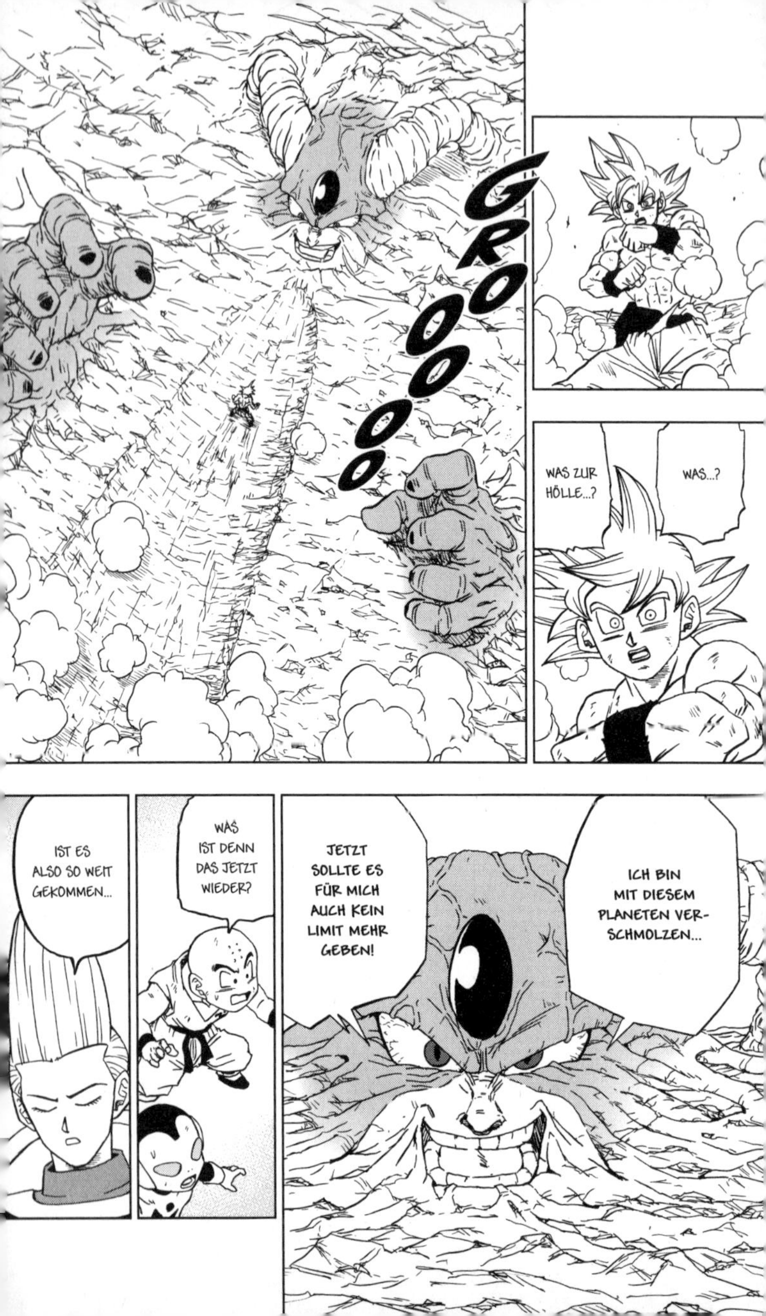
WAS...?
WAS ZUR HÖLLE...?
GROOOOOO
ICH BIN MIT DIESEM PLANETEN VER-SCHMOLZEN...
JETZT SOLLTE ES FÜR MICH AUCH KEIN LIMIT MEHR GEBEN!
WAS IST DENN DAS JETZT WIEDER?
IST ES ALSO SO WEIT GEKOMMEN...

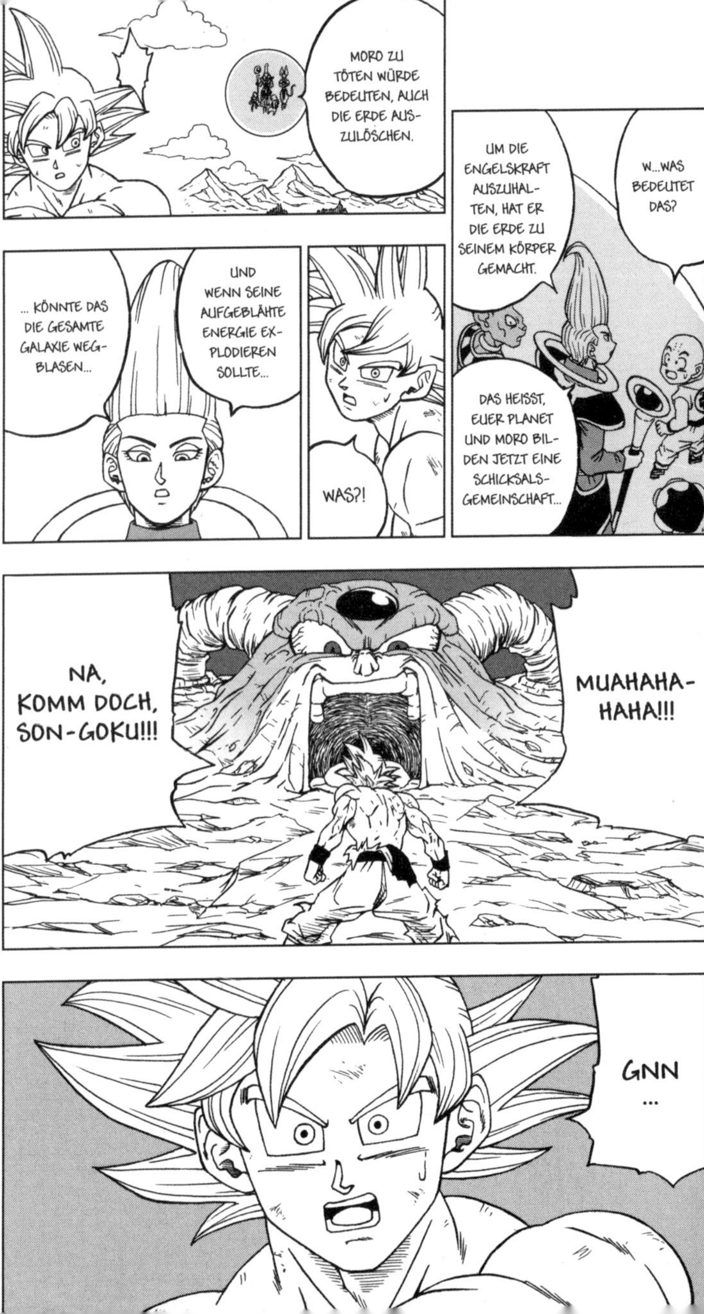
MORO ZU TÖTEN WÜRDE BEDEUTEN, AUCH DIE ERDE AUS-ZULÖSCHEN.
W...WAS BEDEUTET DAS?
UM DIE ENGELSKRAFT AUSZUHAL-TEN, HAT ER DIE ERDE ZU SEINEM KÖRPER GEMACHT.
DAS HEISST, EUER PLANET UND MORO BIL-DEN JETZT EINE SCHICKSALS-GEMEINSCHAFT...
WAS?!
UND WENN SEINE AUFGEBLÄHTE ENERGIE EX-PLODIEREN SOLLTE...
... KÖNNTE DAS DIE GESAMTE GALAXIE WEG-BLASEN...
MUAHAHA-HAHA!!!
NA, KOMM DOCH, SON-GOKU!!!
GNN ...

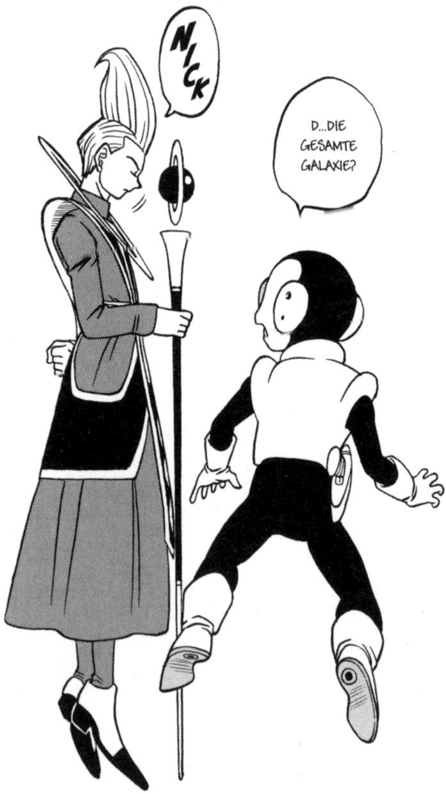
NICK
D...DIE GESAMTE GALAXIE?

KAPITEL 66: MORO, DER PLANETENFRESSER

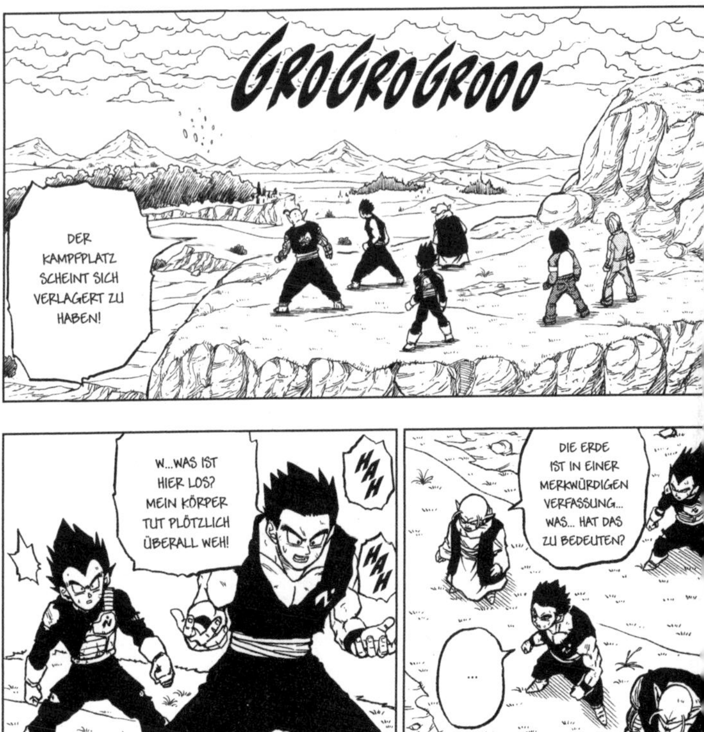

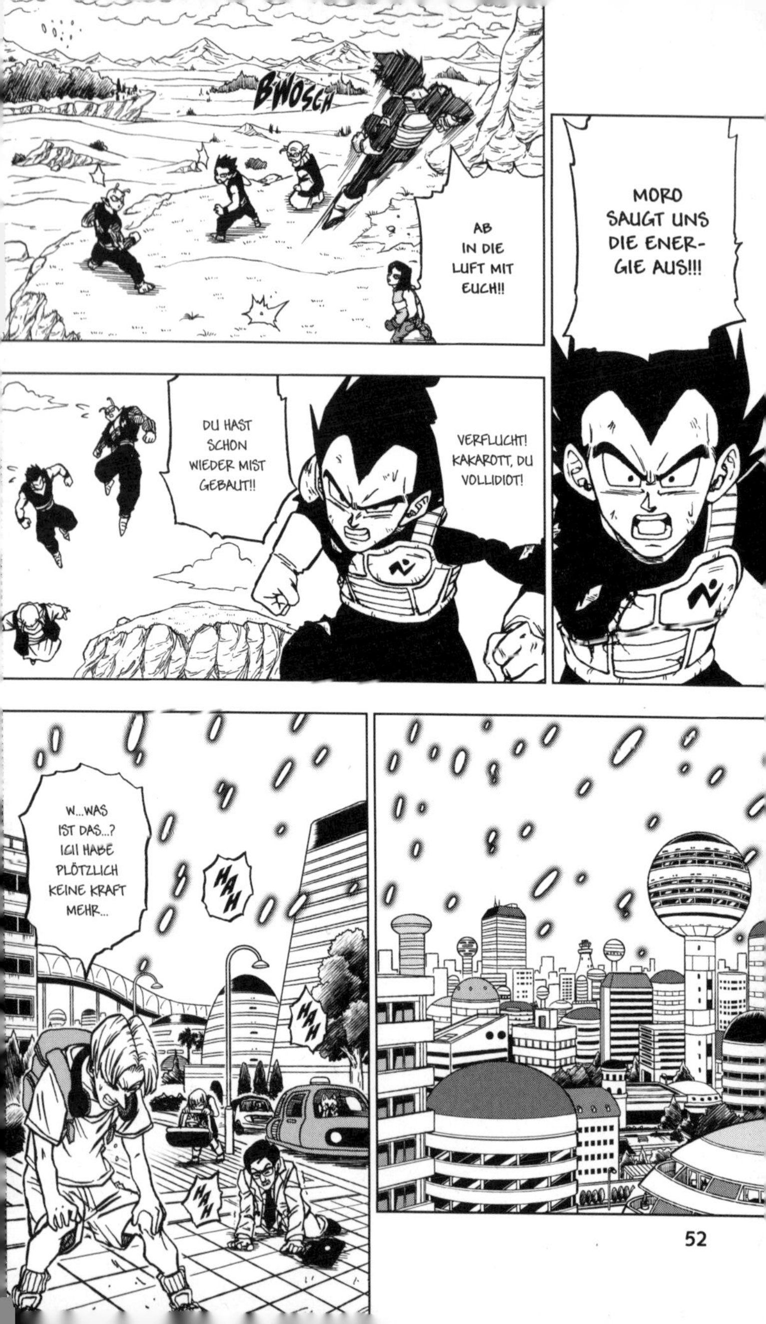
MORO SAUGT UNS DIE ENERGIE AUS!!!
BWOSCH
AB IN DIE LUFT MIT EUCH!!
VERFLUCHT! KAKAROTT, DU VOLLIDIOT!
DU HAST SCHON WIEDER MIST GEBAUT!!
W...WAS IST DAS...? ICH HABE PLÖTZLICH KEINE KRAFT MEHR...
HAH
HAH
HAH

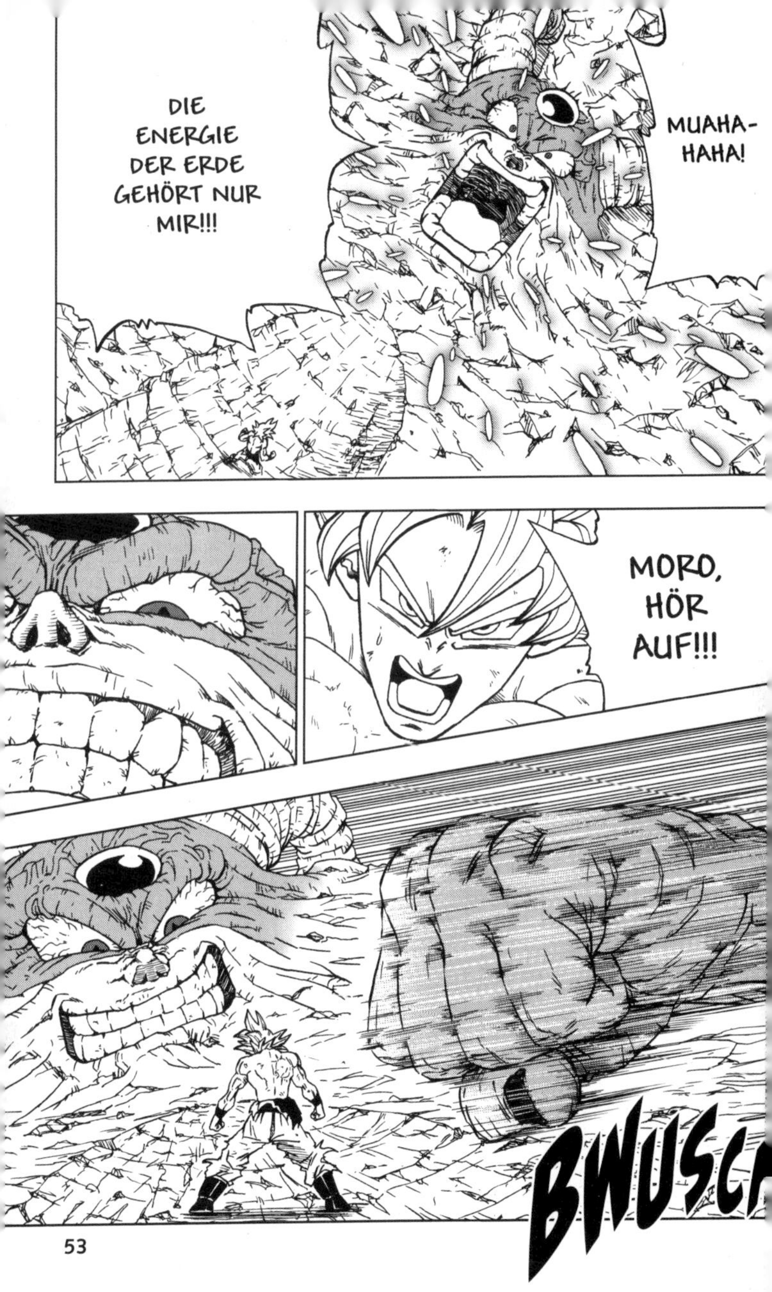

MUAHA-HAHA!
DIE ENERGIE DER ERDE GEHÖRT NUR MIR!!!
MORO, HÖR AUF!!!
BWUSCH

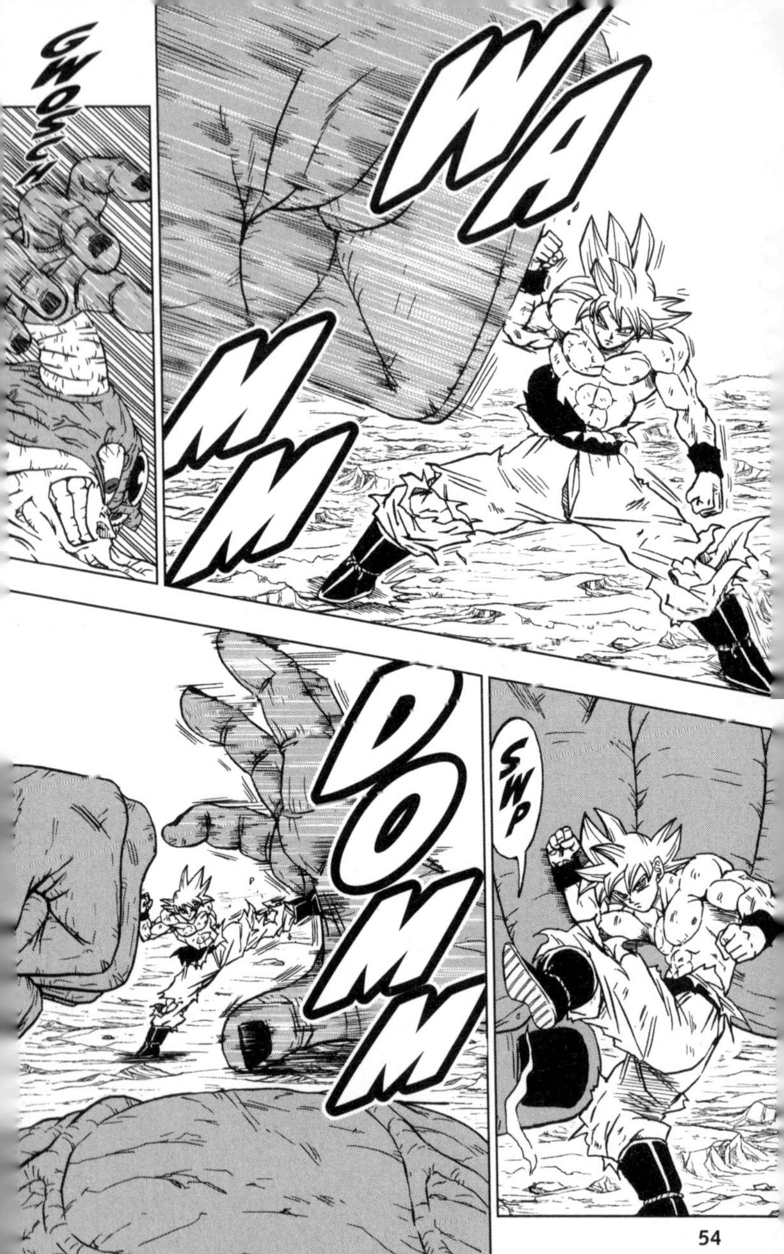

WHAMMM
GWOSH
DOMM
SWP

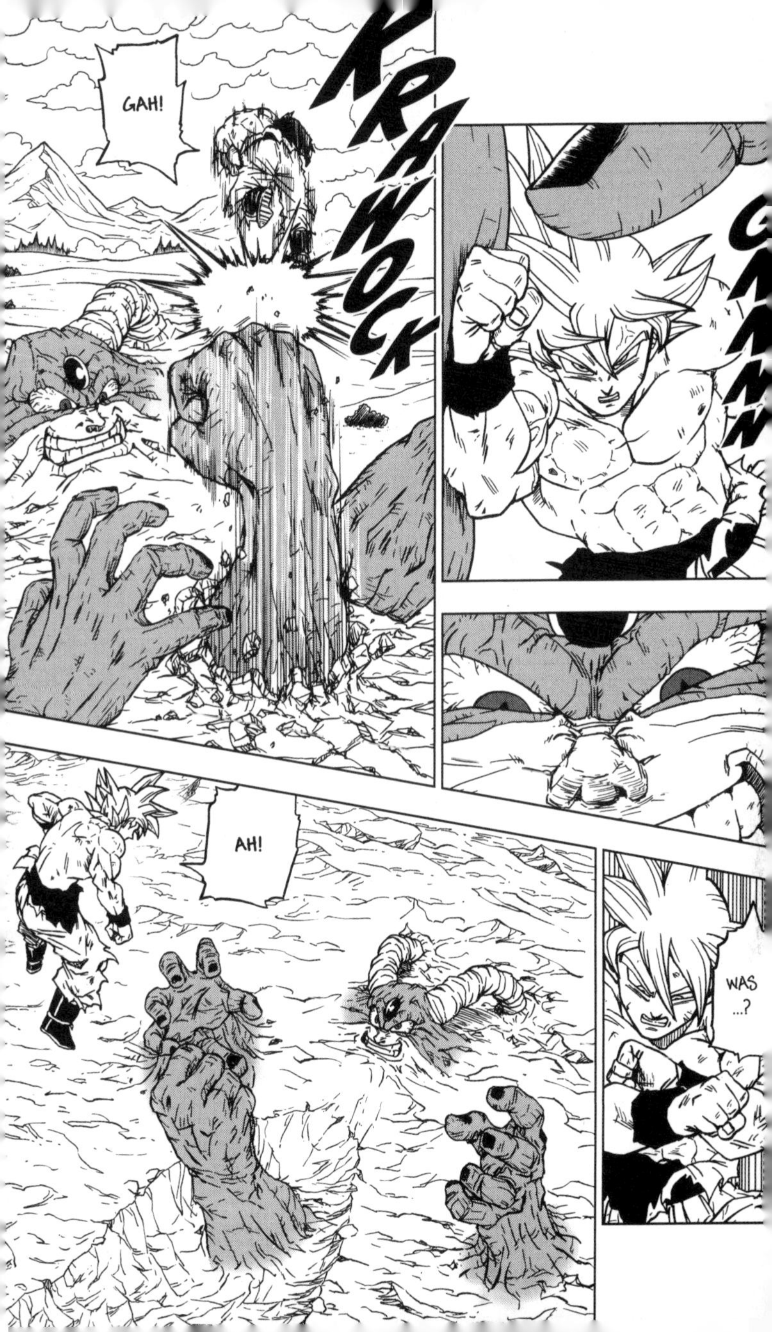

GNNNN
KRAWOCK
GAH!
WAS ...?
AH!

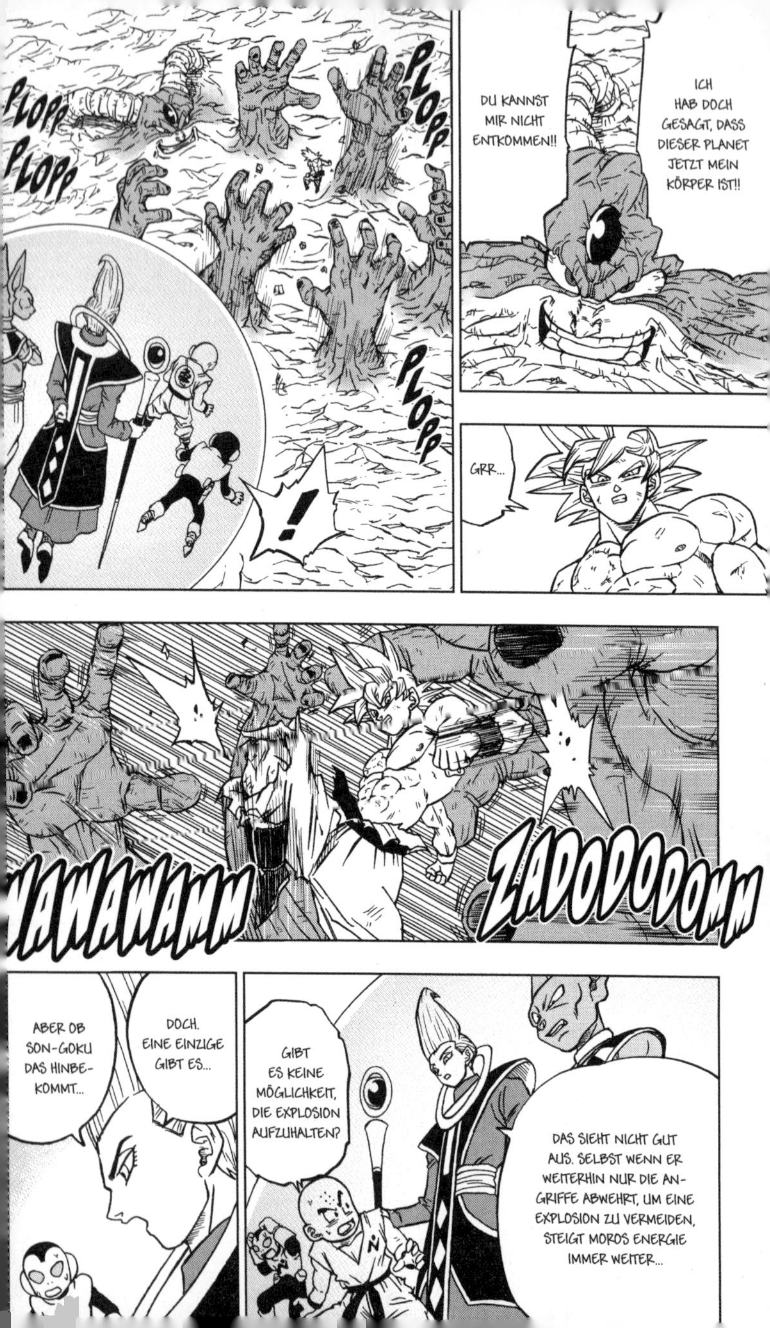
ICH HAB DOCH GESAGT, DASS DIESER PLANET JETZT MEIN KÖRPER IST!!
DU KANNST MIR NICHT ENTKOMMEN!!
GRR...
PLOPP
PLOPP
PLOPP
PLOPP
!
ZADODODOMM
WAWAWAMM
DAS SIEHT NICHT GUT AUS. SELBST WENN ER WEITERHIN NUR DIE ANGRIFFE ABWEHRT, UM EINE EXPLOSION ZU VERMEIDEN, STEIGT MOROS ENERGIE IMMER WEITER...
GIBT ES KEINE MÖGLICHKEIT, DIE EXPLOSION AUFZUHALTEN?
DOCH. EINE EINZIGE GIBT ES...
ABER OB SON-GOKU DAS HINBEKOMMT...

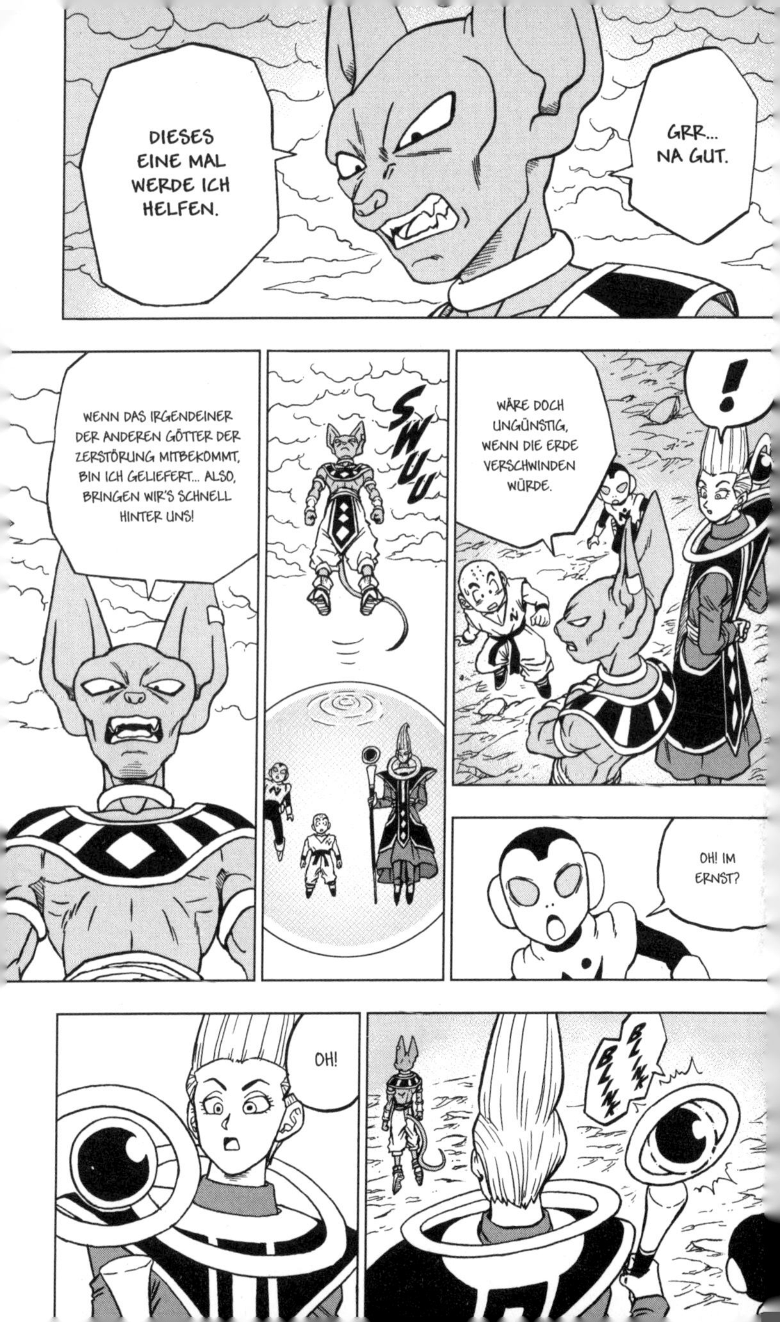
DIESES EINE MAL WERDE ICH HELFEN.
GRR... NA GUT.
WENN DAS IRGENDEINER DER ANDEREN GÖTTER DER ZERSTÖRUNG MITBEKOMMT, BIN ICH GELIEFERT... ALSO, BRINGEN WIR'S SCHNELL HINTER UNS!
SWUUU
WÄRE DOCH UNGÜNSTIG, WENN DIE ERDE VERSCHWINDEN WÜRDE.
!
OH! IM ERNST?
OH!
BLINK BLINK

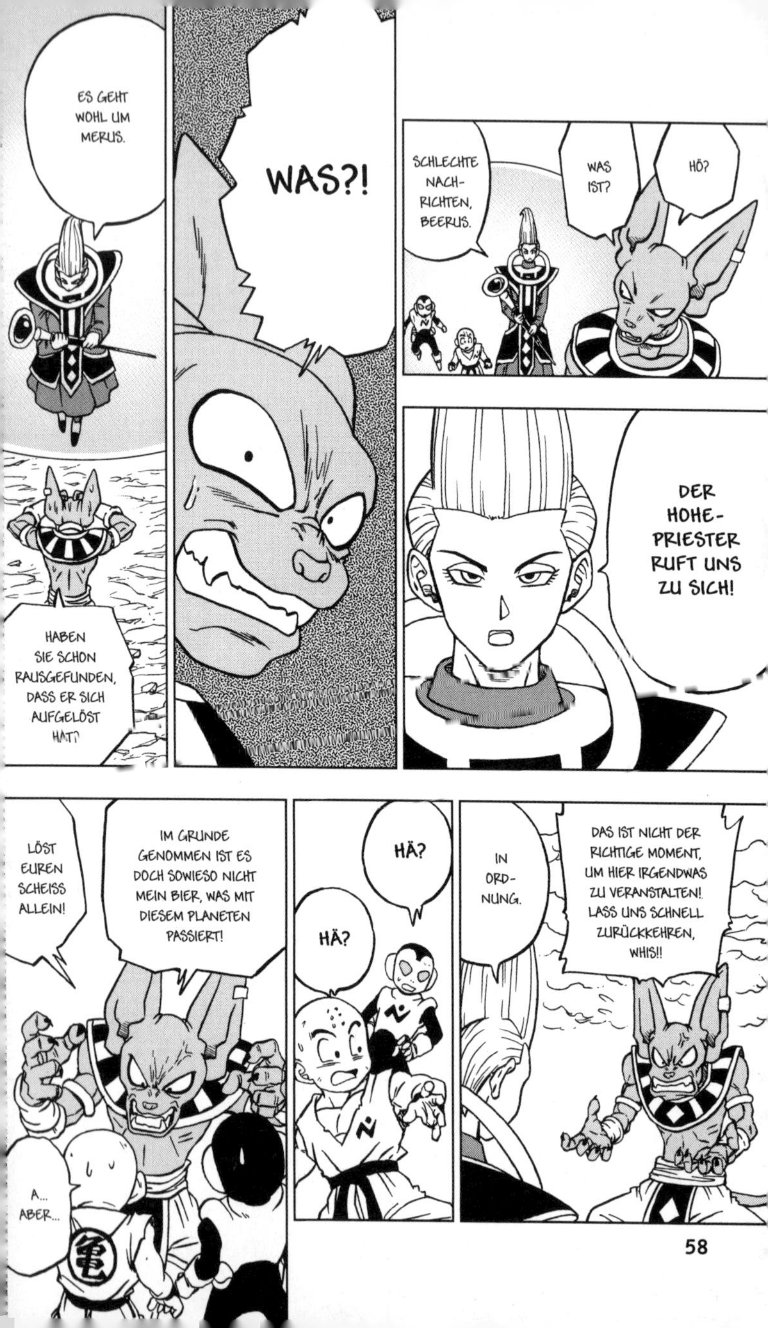
HÖ?
WAS IST?
SCHLECHTE NACHRICHTEN, BEERUS.
DER HOHEPRIESTER RUFT UNS ZU SICH!
WAS?!
ES GEHT WOHL UM MERUS.
HABEN SIE SCHON RAUSGEFUNDEN, DASS ER SICH AUFGELÖST HAT?
DAS IST NICHT DER RICHTIGE MOMENT, UM HIER IRGENDWAS ZU VERANSTALTEN! LASS UNS SCHNELL ZURÜCKKEHREN, WHIS!!
IN ORDNUNG.
HÄ?
HÄ?
IM GRUNDE GENOMMEN IST ES DOCH SOWIESO NICHT MEIN BIER, WAS MIT DIESEM PLANETEN PASSIERT!
LÖST EUREN SCHEISS ALLEIN!
A... ABER...

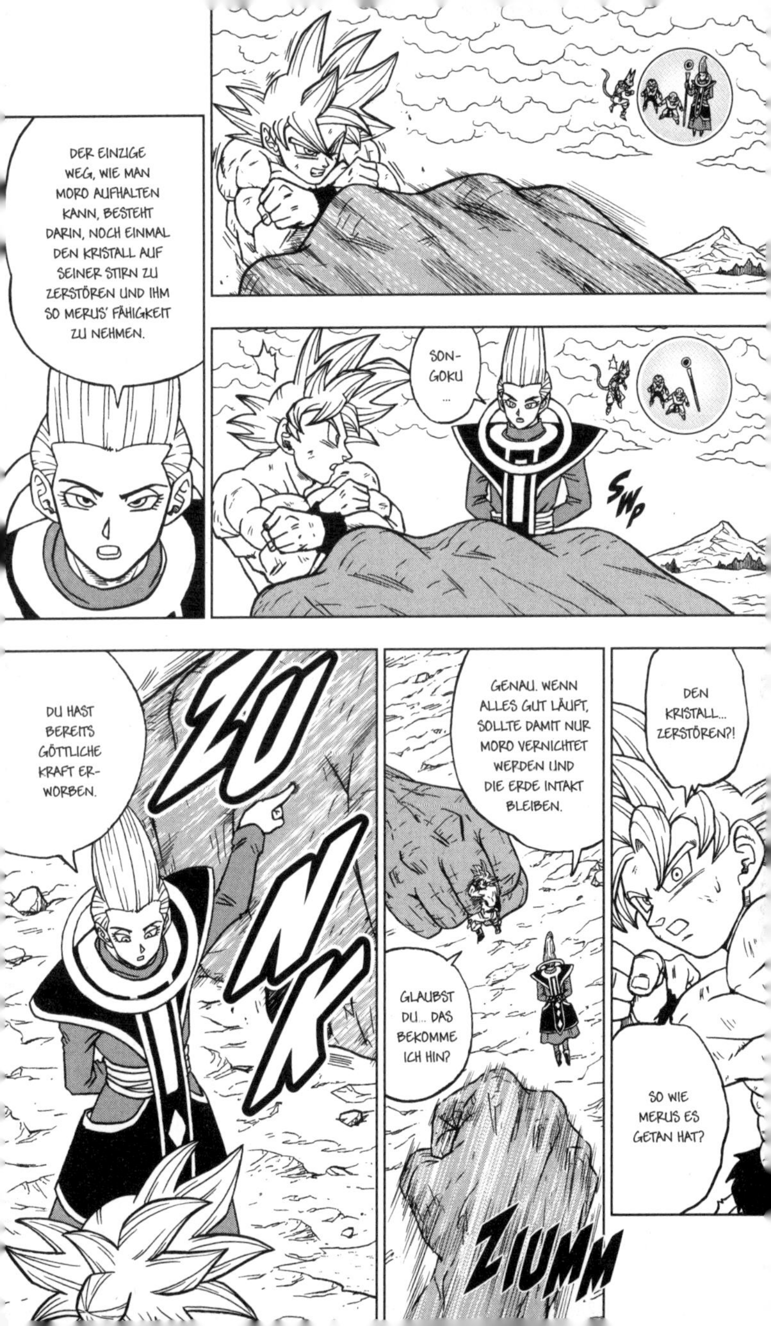

SON-GOKU ...
SWP
DER EINZIGE WEG, WIE MAN MORO AUFHALTEN KANN, BESTEHT DARIN, NOCH EINMAL DEN KRISTALL AUF SEINER STIRN ZU ZERSTÖREN UND IHM SO MERUS' FÄHIGKEIT ZU NEHMEN.
DEN KRISTALL... ZERSTÖREN?!
SO WIE MERUS ES GETAN HAT?
GENAU. WENN ALLES GUT LÄUFT, SOLLTE DAMIT NUR MORO VERNICHTET WERDEN UND DIE ERDE INTAKT BLEIBEN.
GLAUBST DU... DAS BEKOMME ICH HIN?
ZIUMM
DU HAST BEREITS GÖTTLICHE KRAFT ERWORBEN.

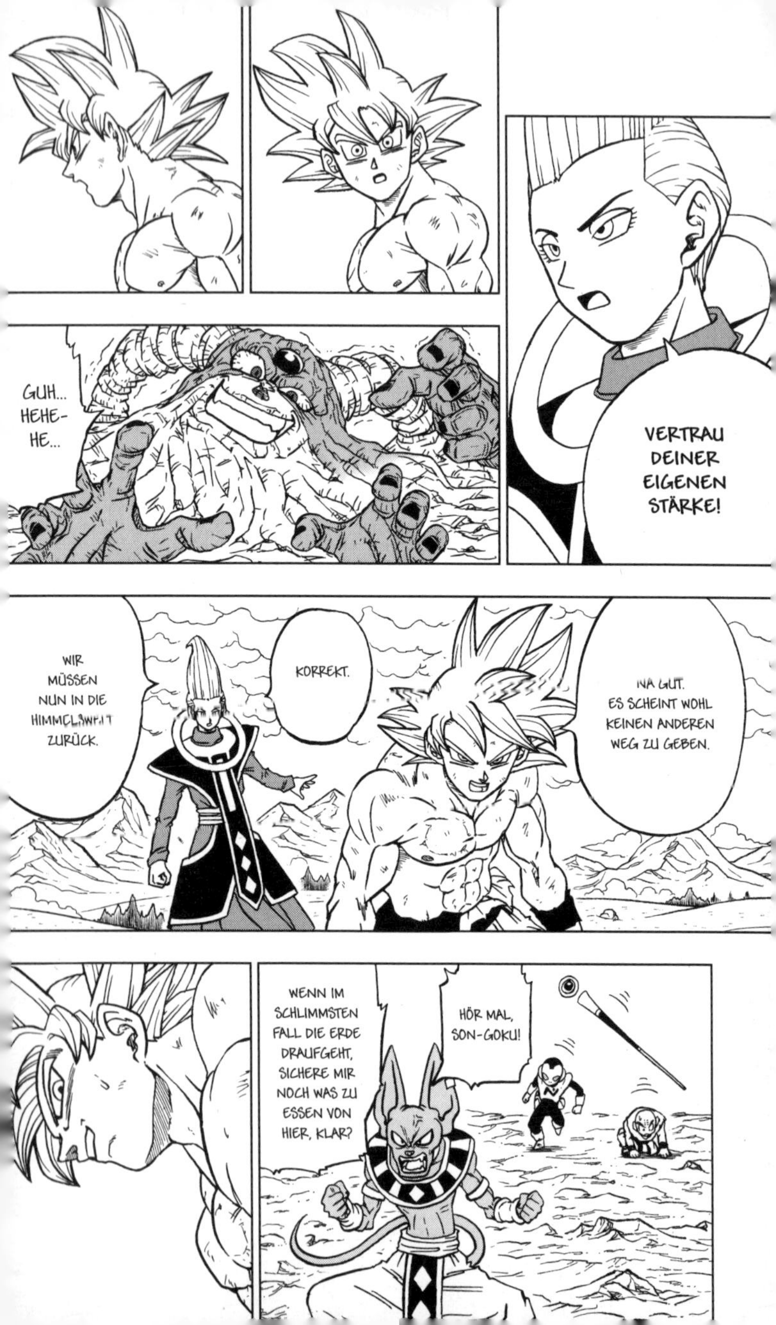
VERTRAU DEINER EIGENEN STÄRKE!
GUH... HEHE-HE...
NA GUT. ES SCHEINT WOHL KEINEN ANDEREN WEG ZU GEBEN.
KORREKT.
WIR MÜSSEN NUN IN DIE HIMMELSWELT ZURÜCK.
HÖR MAL, SON-GOKU!
WENN IM SCHLIMMSTEN FALL DIE ERDE DRAUFGEHT, SICHERE MIR NOCH WAS ZU ESSEN VON HIER, KLAR?

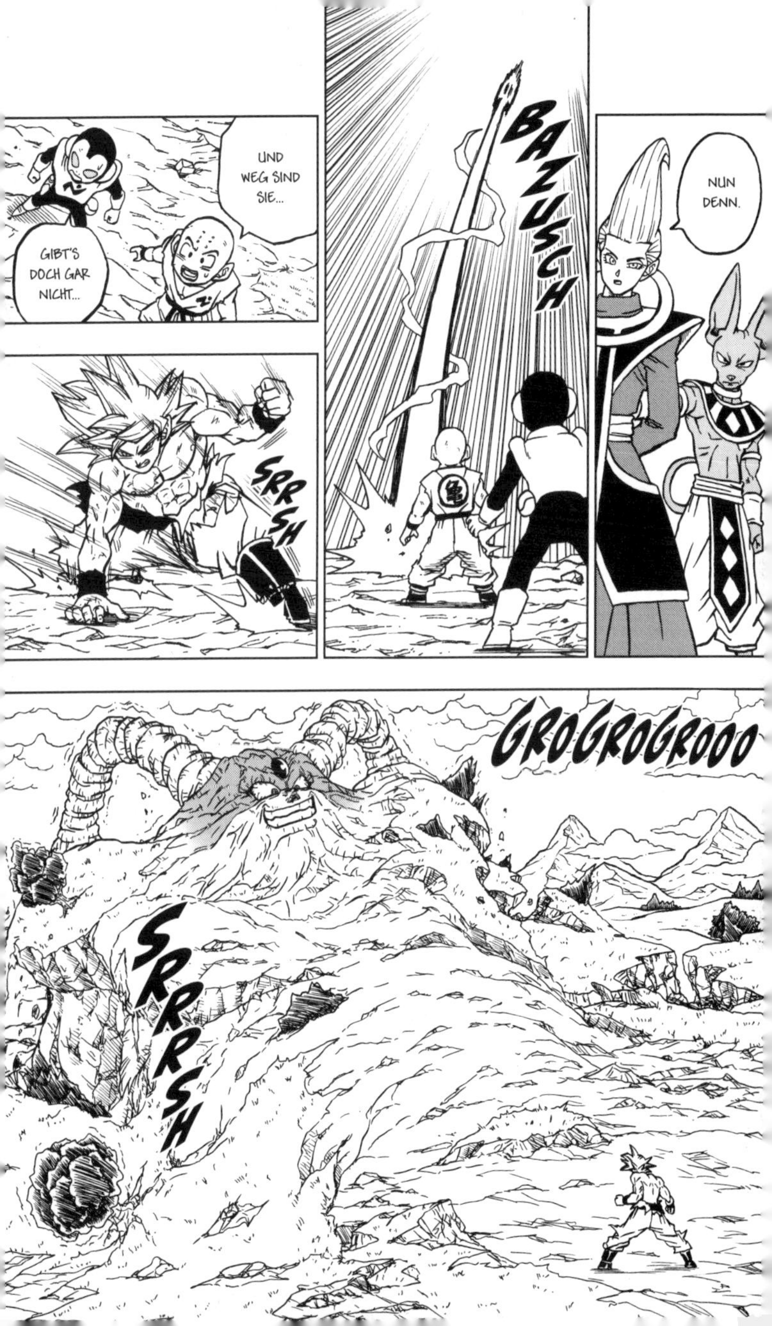
NUN DENN.
BAZUSCH
UND WEG SIND SIE...
GIBT'S DOCH GAR NICHT...
SRRSH
GROGROGROOO
SRRRSH

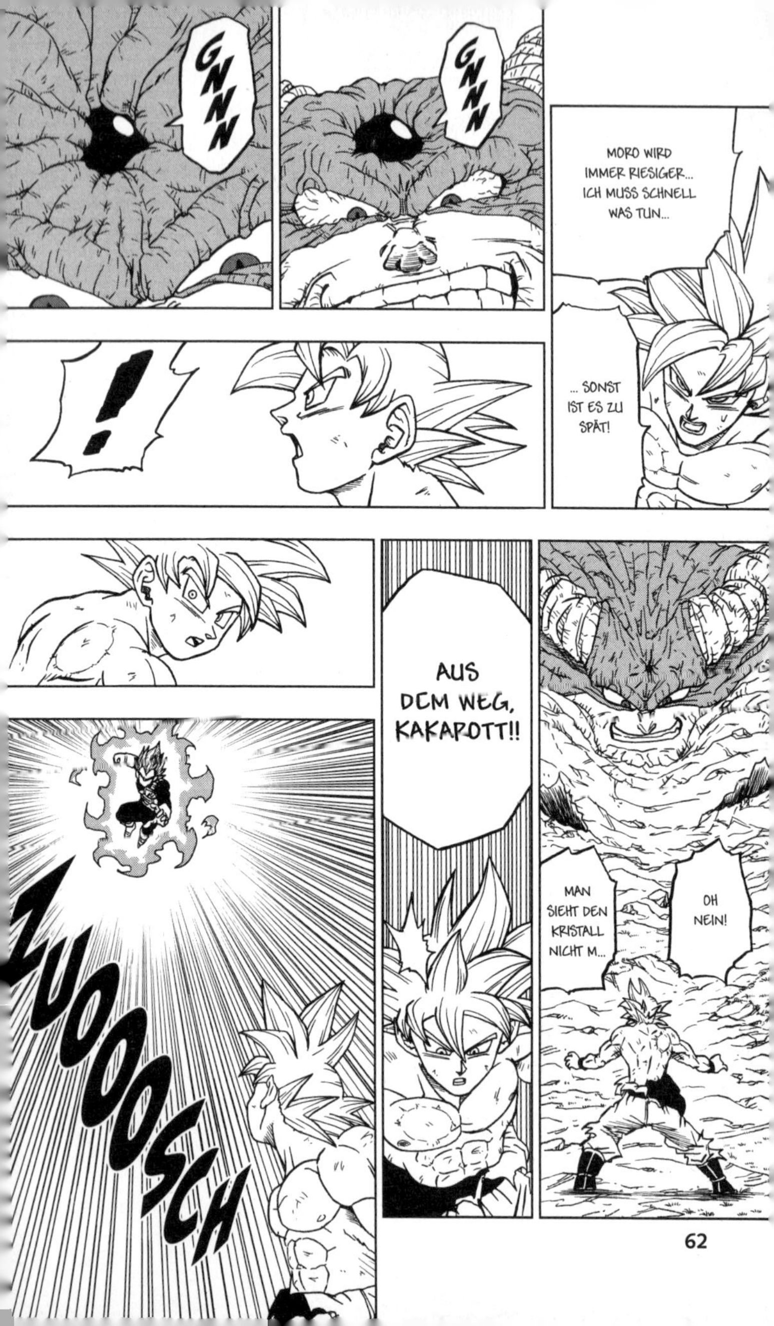
MORO WIRD IMMER RIESIGER... ICH MUSS SCHNELL WAS TUN...
... SONST IST ES ZU SPÄT!
GNNN
GNNN
!
OH NEIN!
MAN SIEHT DEN KRISTALL NICHT M...
AUS DEM WEG, KAKAPOTT!!
ZUOOOSCH

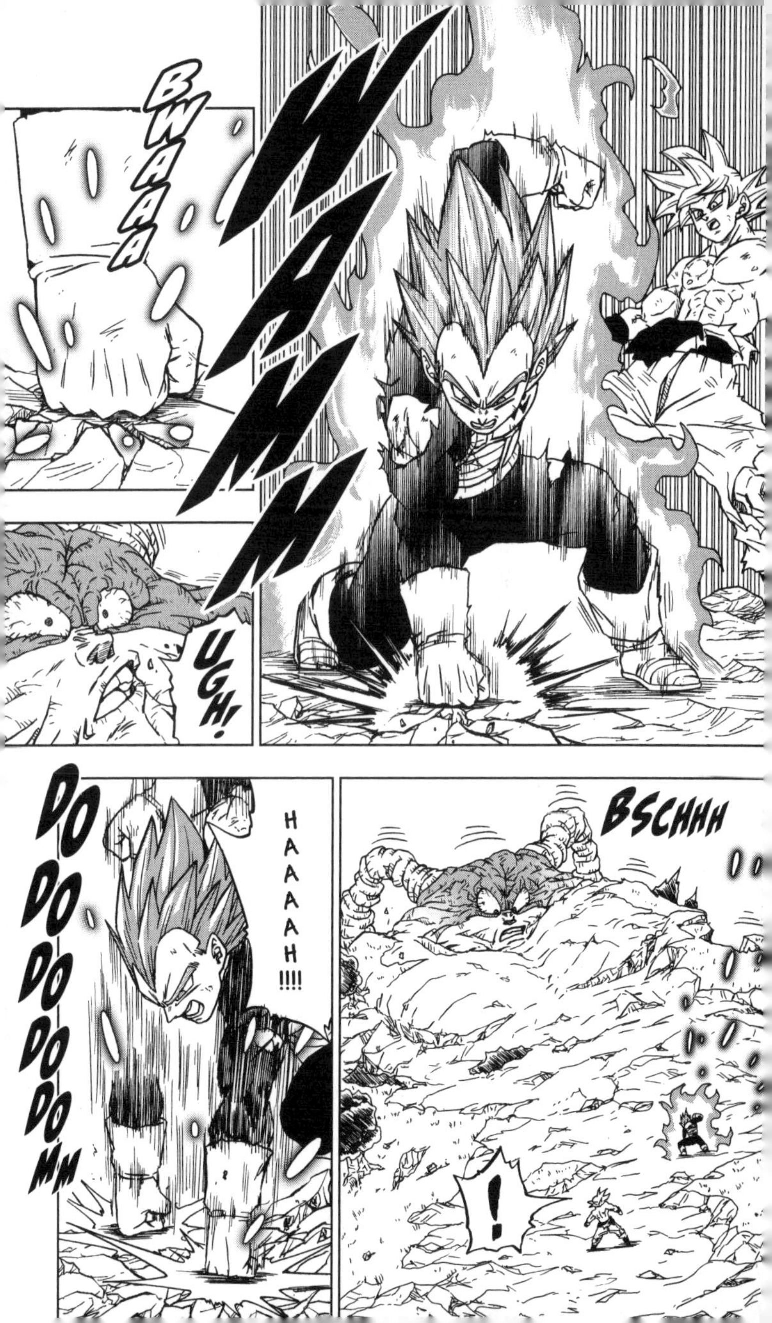

BWAAAAA
UGH!
HAAAAAH!!!!
DODODODODODOMM
BSCHHH
!

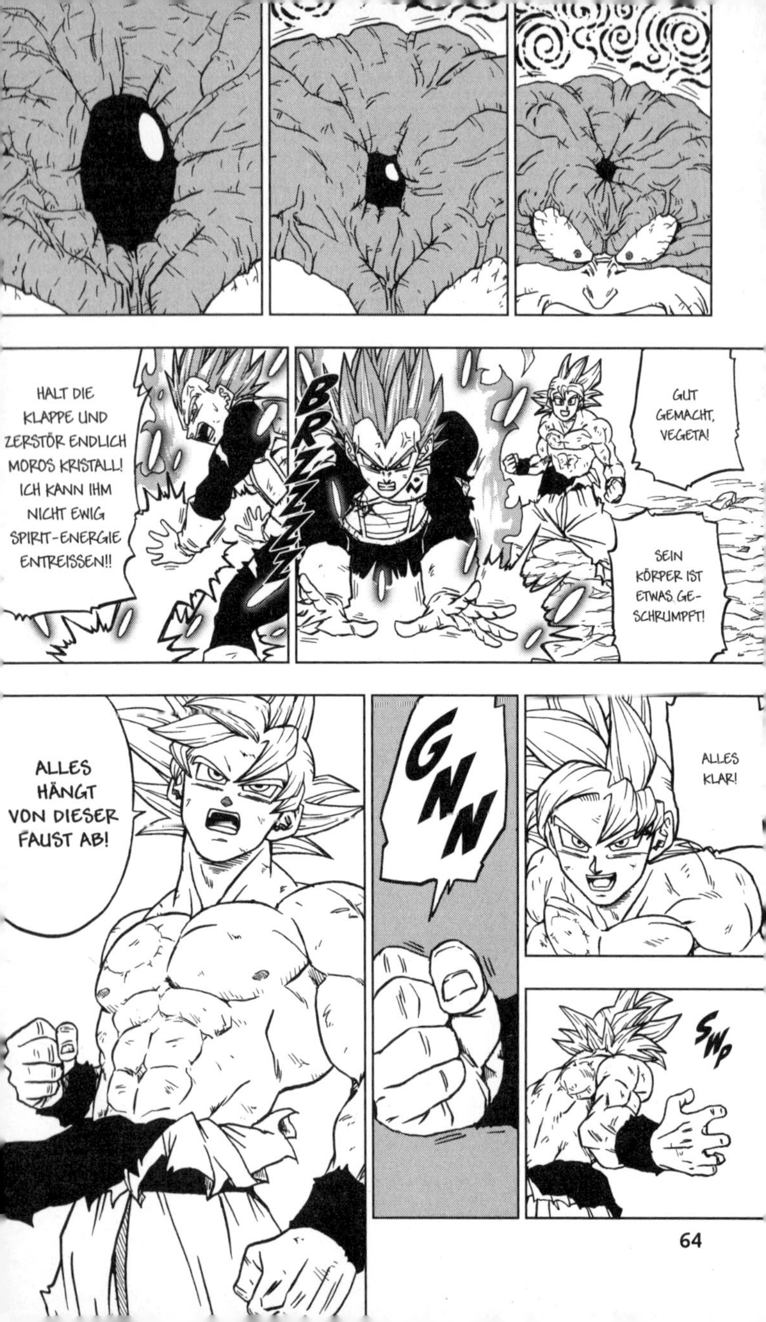
GUT GEMACHT, VEGETA!
SEIN KÖRPER IST ETWAS GE-SCHRUMPFT!
BRZZZZZ
HALT DIE KLAPPE UND ZERSTÖR ENDLICH MOROS KRISTALL! ICH KANN IHM NICHT EWIG SPIRIT-ENERGIE ENTREISSEN!!
ALLES KLAR!
SWP
GNN
ALLES HÄNGT VON DIESER FAUST AB!

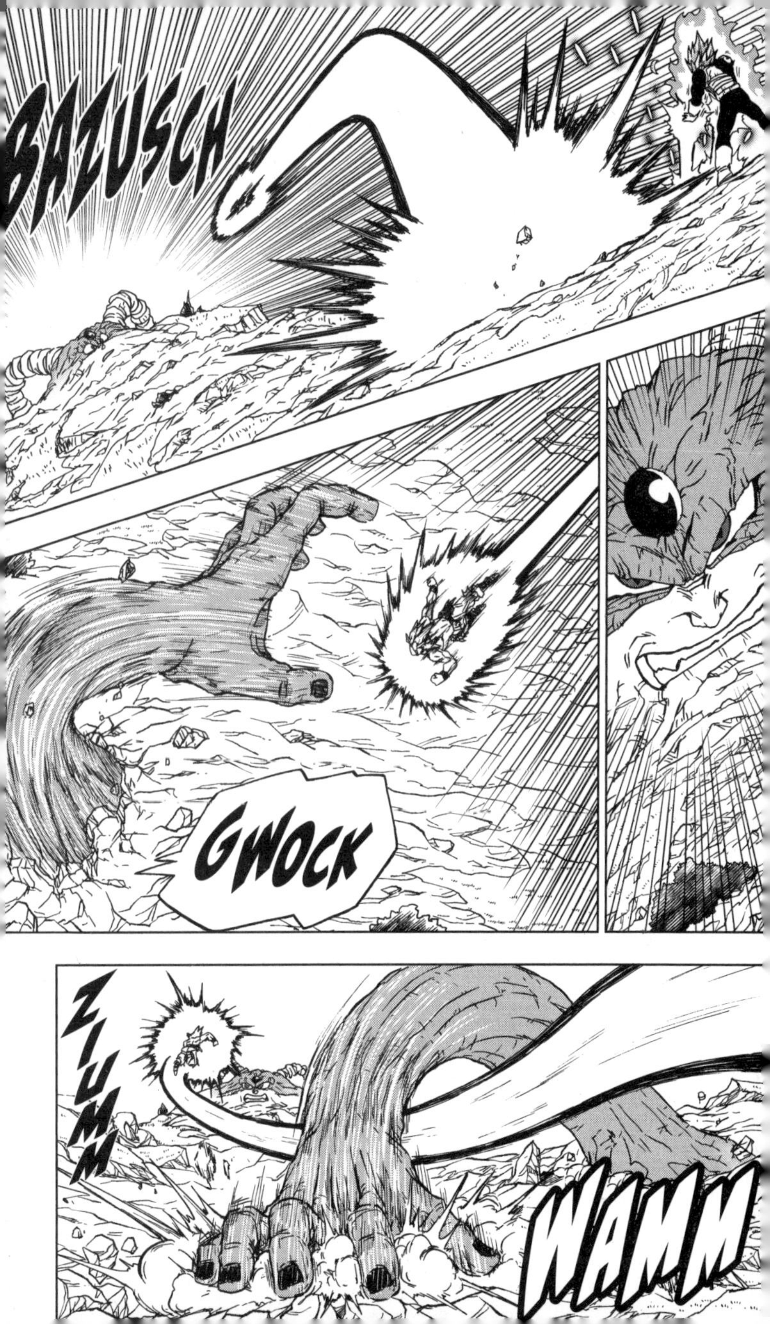
BAZUSCH
GWOCK
WAMM
ZIUMM

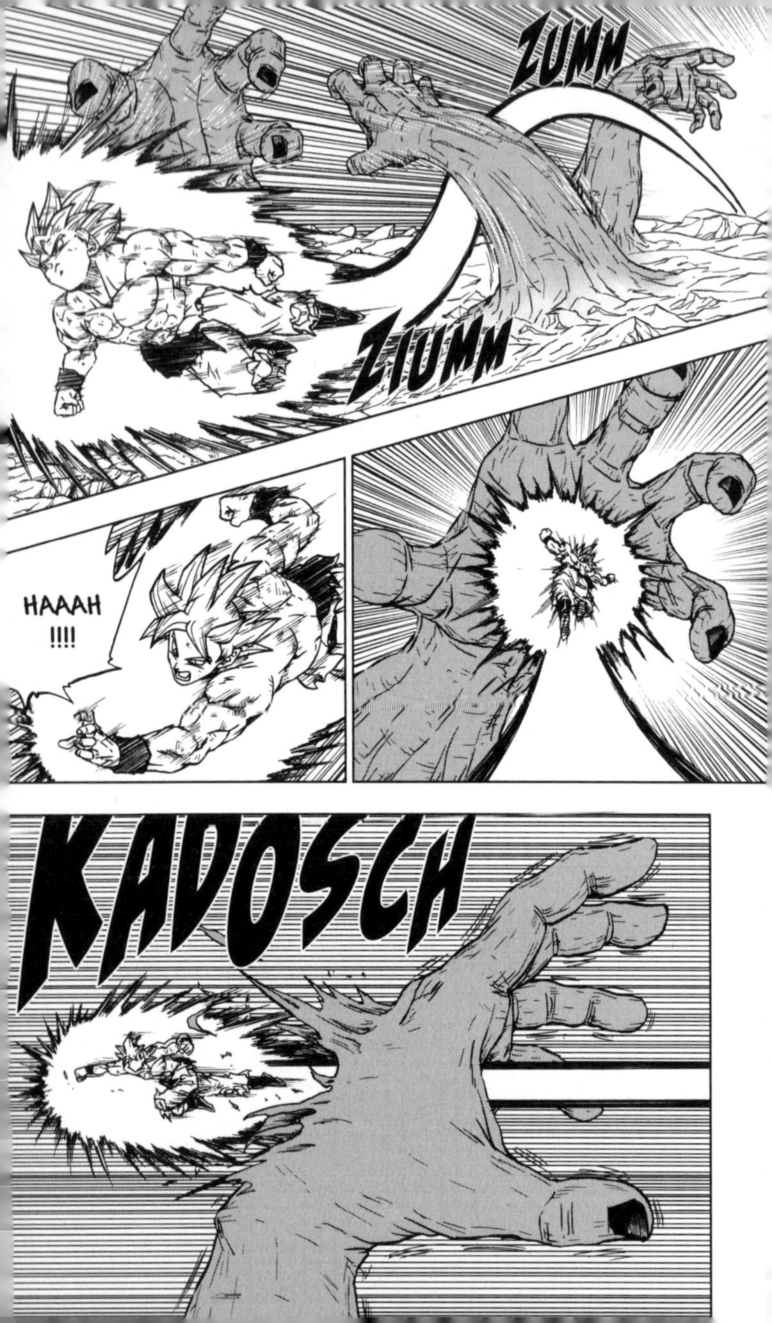
ZUMM
ZIUMM
HAAAH !!!!
KADOSCH

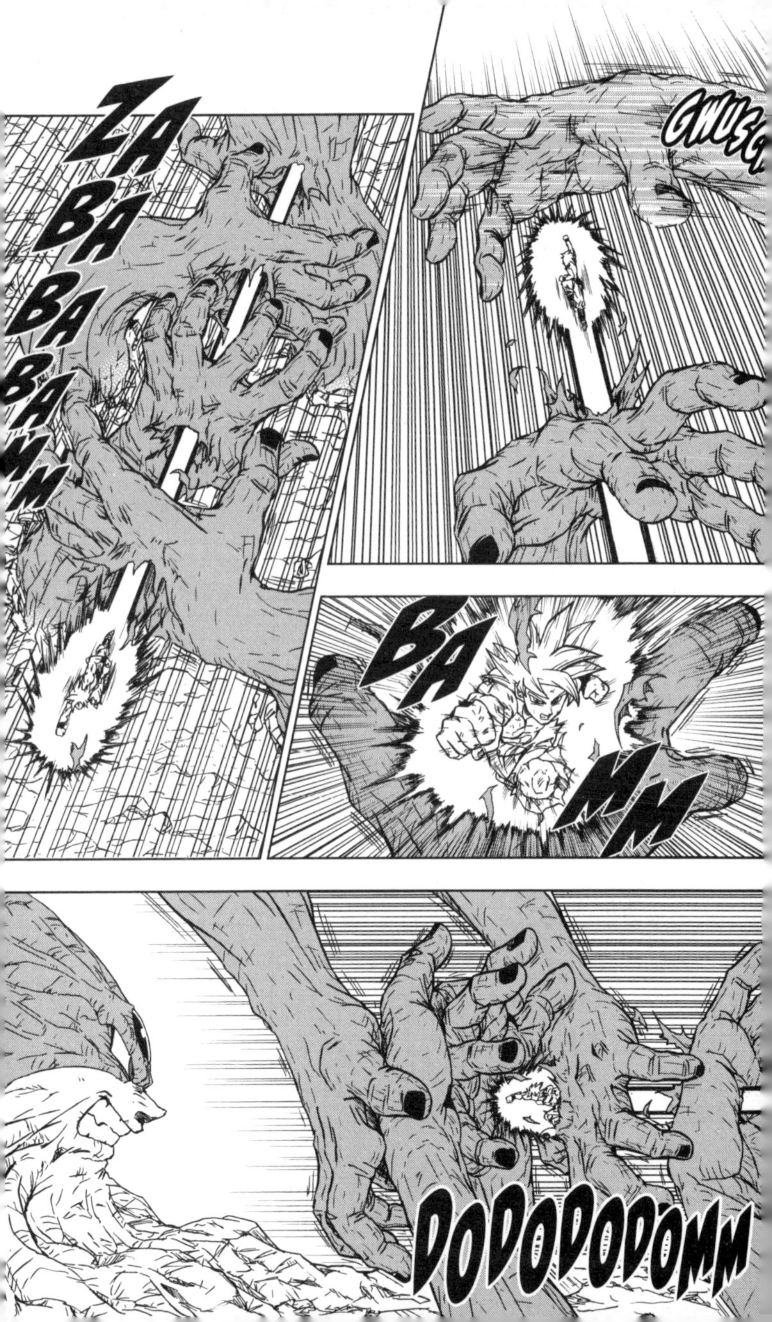
ZABABABAMMM
GWUSG
BAMM
DODODODOMM

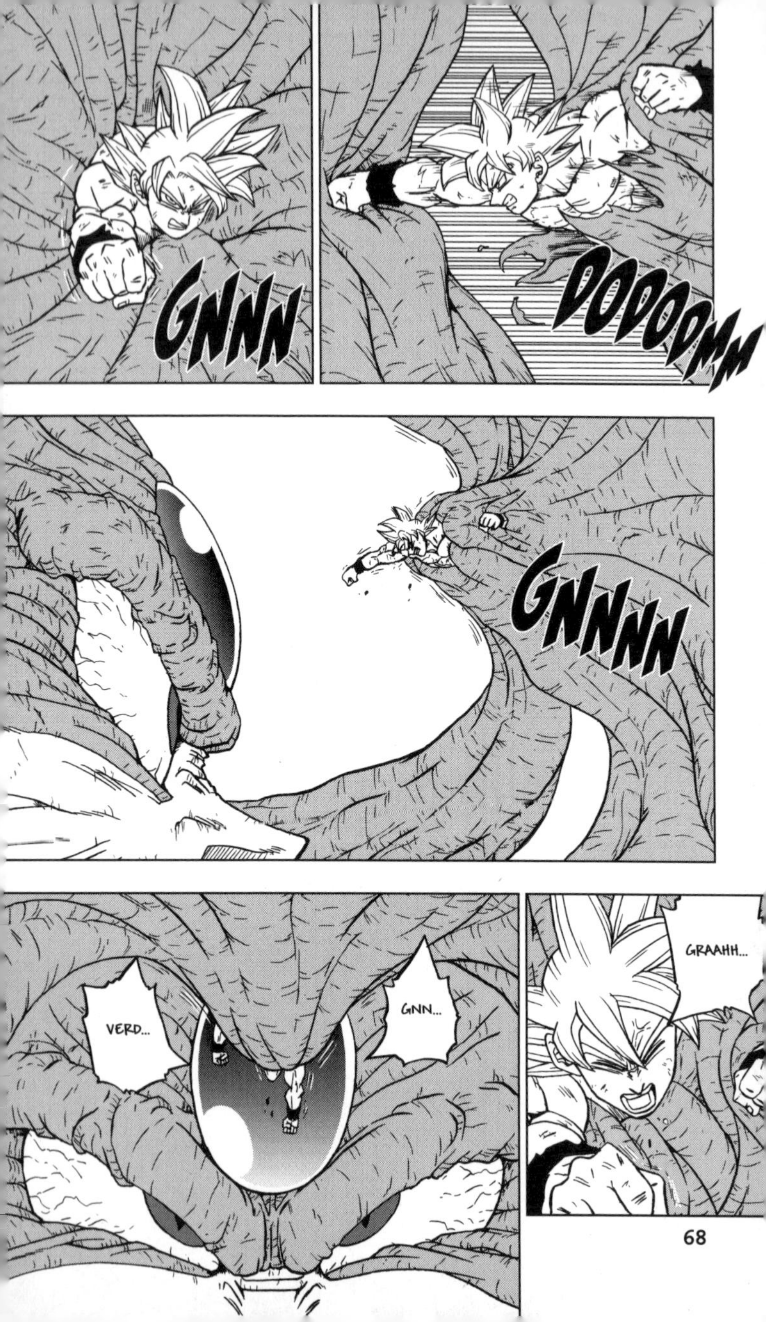
DODOOMM
GNNN
GNNNN
GRAAHH...
GNN...
VERD...

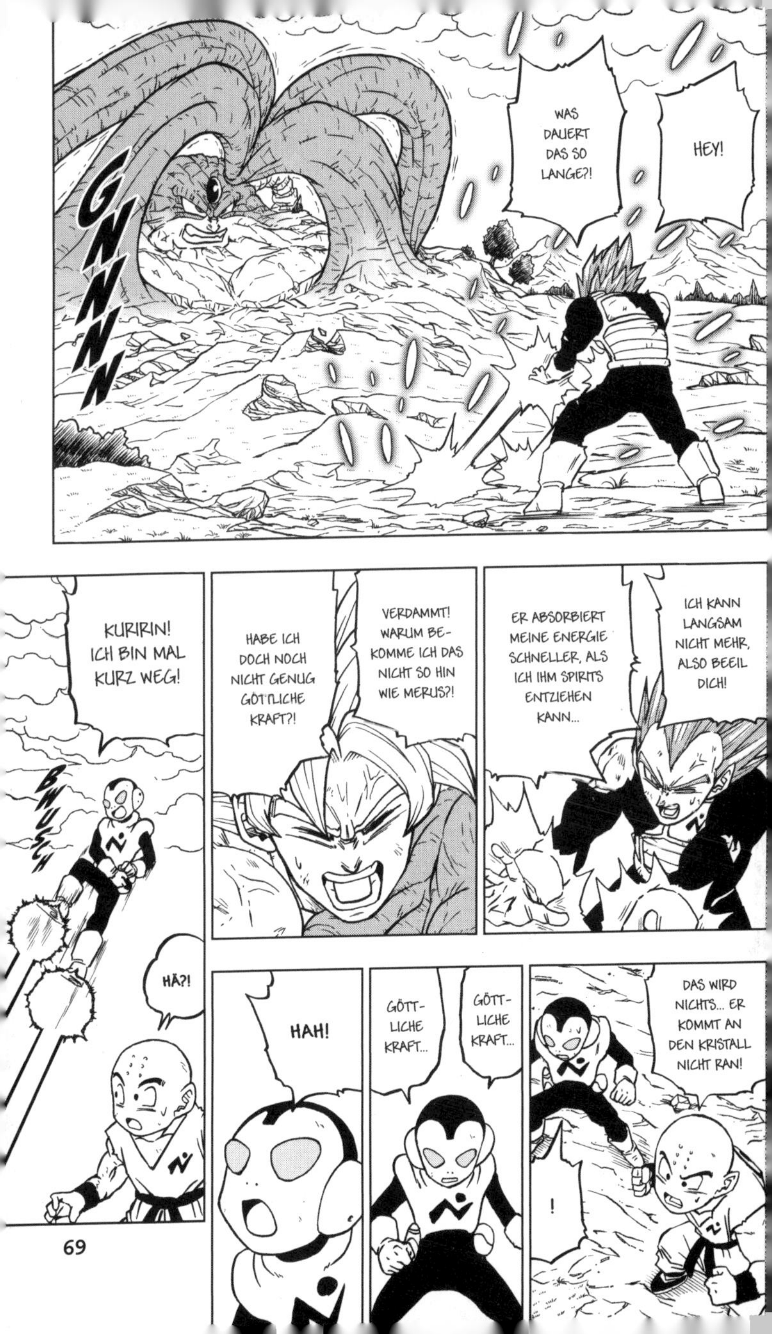

HEY!
WAS DAUERT DAS SO LANGE?!
GNNNNN
ICH KANN LANGSAM NICHT MEHR, ALSO BEEIL DICH!
ER ABSORBIERT MEINE ENERGIE SCHNELLER, ALS ICH IHM SPIRITS ENTZIEHEN KANN...
VERDAMMT! WARUM BEKOMME ICH DAS NICHT SO HIN WIE MERUS?!
HABE ICH DOCH NOCH NICHT GENUG GÖTTLICHE KRAFT?!
DAS WIRD NICHTS... ER KOMMT AN DEN KRISTALL NICHT RAN!
!
GÖTTLICHE KRAFT...
GÖTTLICHE KRAFT...
HAH!
KURIRIN! ICH BIN MAL KURZ WEG!
BWUSCH
HÄ?!

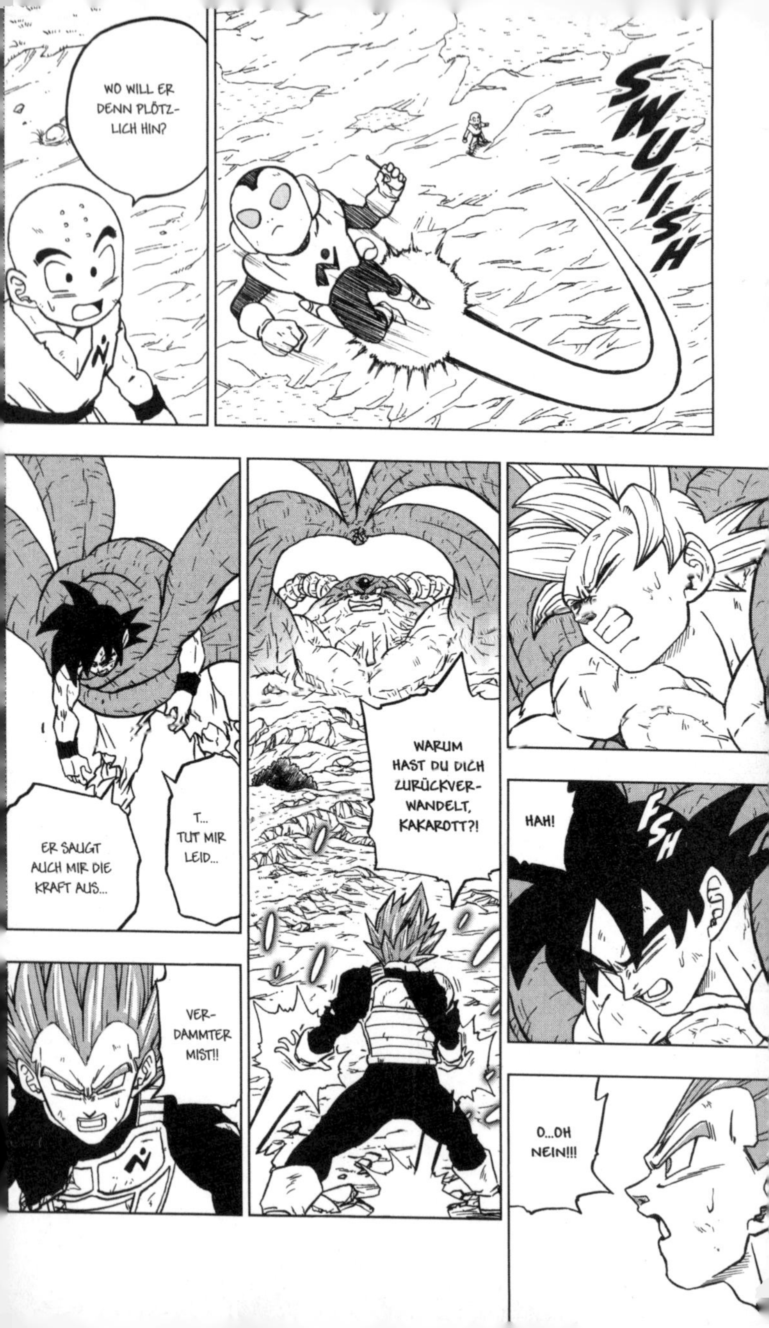

SWUISH
WO WILL ER DENN PLÖTZLICH HIN?
WARUM HAST DU DICH ZURÜCKVERWANDELT, KAKAROTT?!
FSH
HAH!
T... TUT MIR LEID...
ER SAUGT AUCH MIR DIE KRAFT AUS...
VER-DAMMTER MIST!!
O...OH NEIN!!!

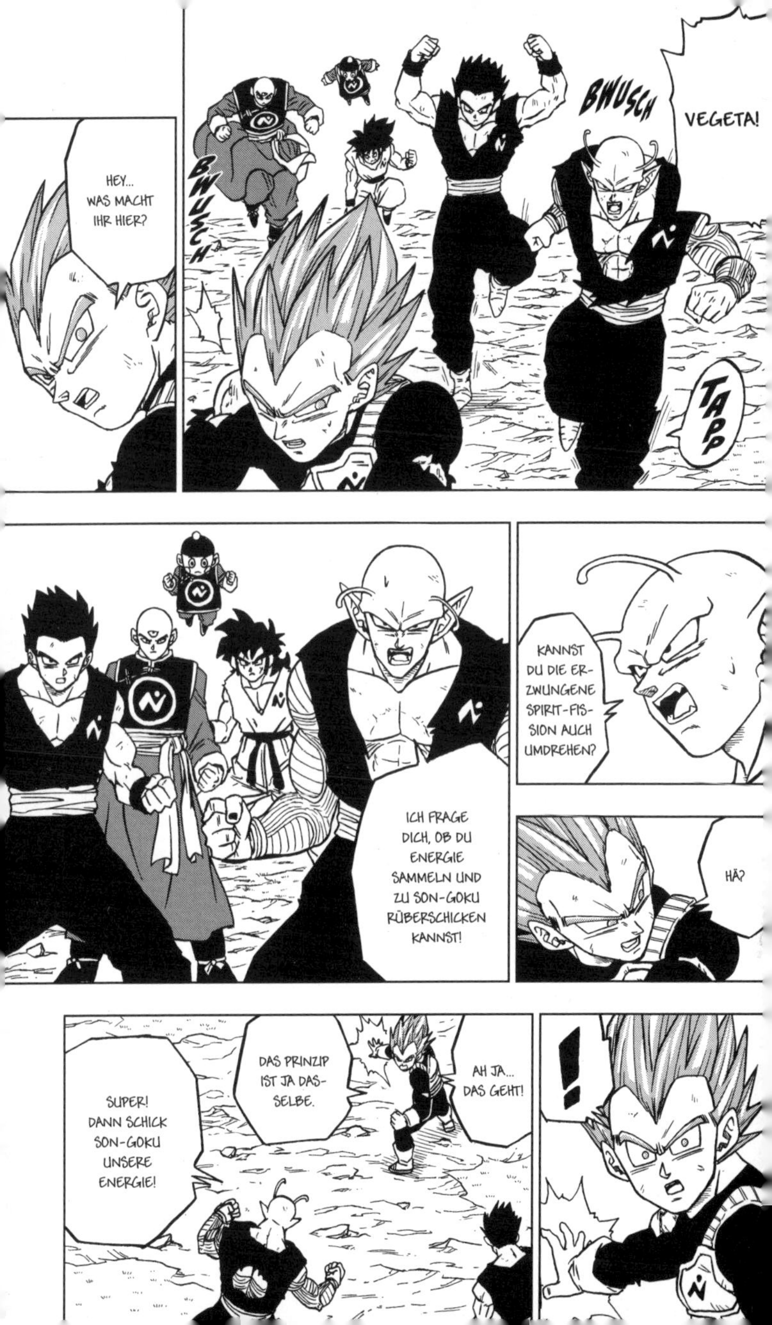
VEGETA!
BWUSCH
BWUSCH
TAPP
HEY... WAS MACHT IHR HIER?
KANNST DU DIE ERZWUNGENE SPIRIT-FISSION AUCH UMDREHEN?
HÄ?
ICH FRAGE DICH, OB DU ENERGIE SAMMELN UND ZU SON-GOKU RÜBERSCHICKEN KANNST!
!
AH JA... DAS GEHT!
DAS PRINZIP IST JA DASSELBE.
SUPER! DANN SCHICK SON-GOKU UNSERE ENERGIE!

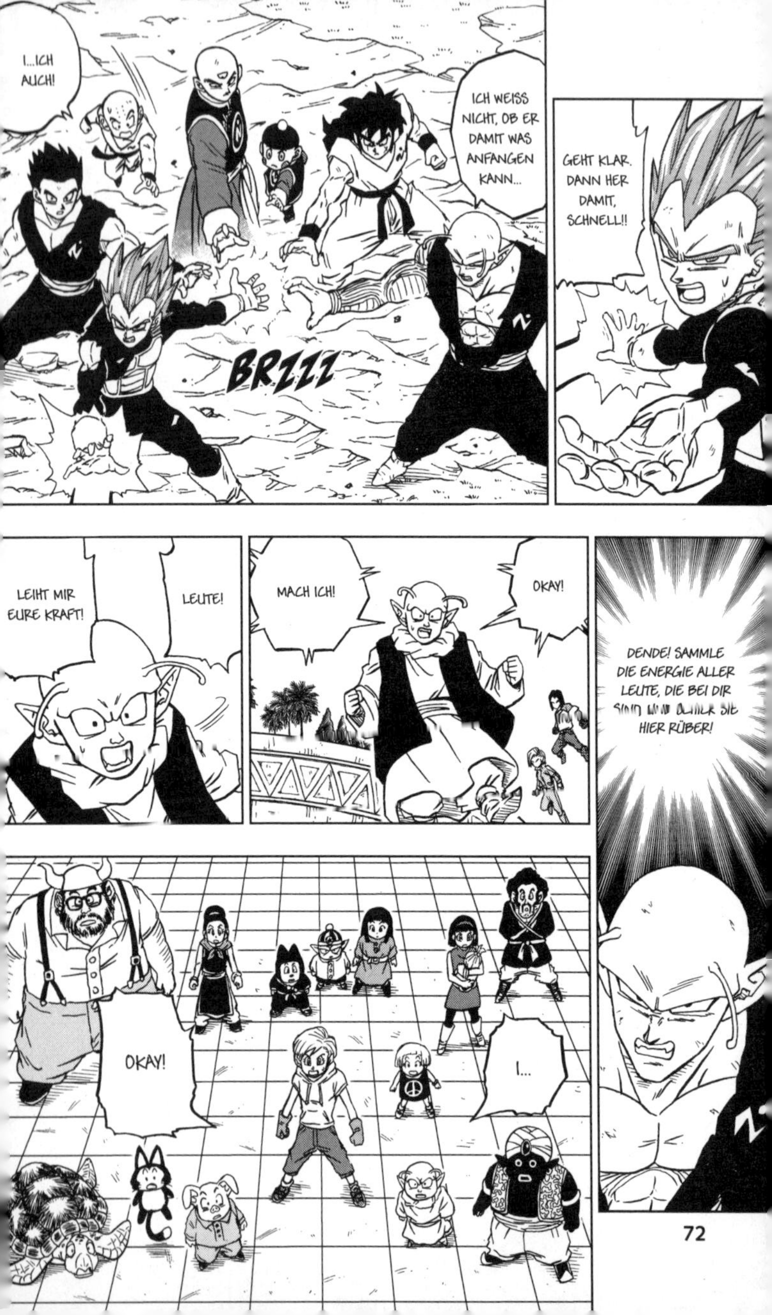
GEHT KLAR. DANN HER DAMIT, SCHNELL!!
ICH WEISS NICHT, OB ER DAMIT WAS ANFANGEN KANN...
BRZZZ
I...ICH AUCH!
DENDE! SAMMLE DIE ENERGIE ALLER LEUTE, DIE BEI DIR
HIER RÜBER!
OKAY!
MACH ICH!
LEUTE!
LEIHT MIR EURE KRAFT!
I...
OKAY!

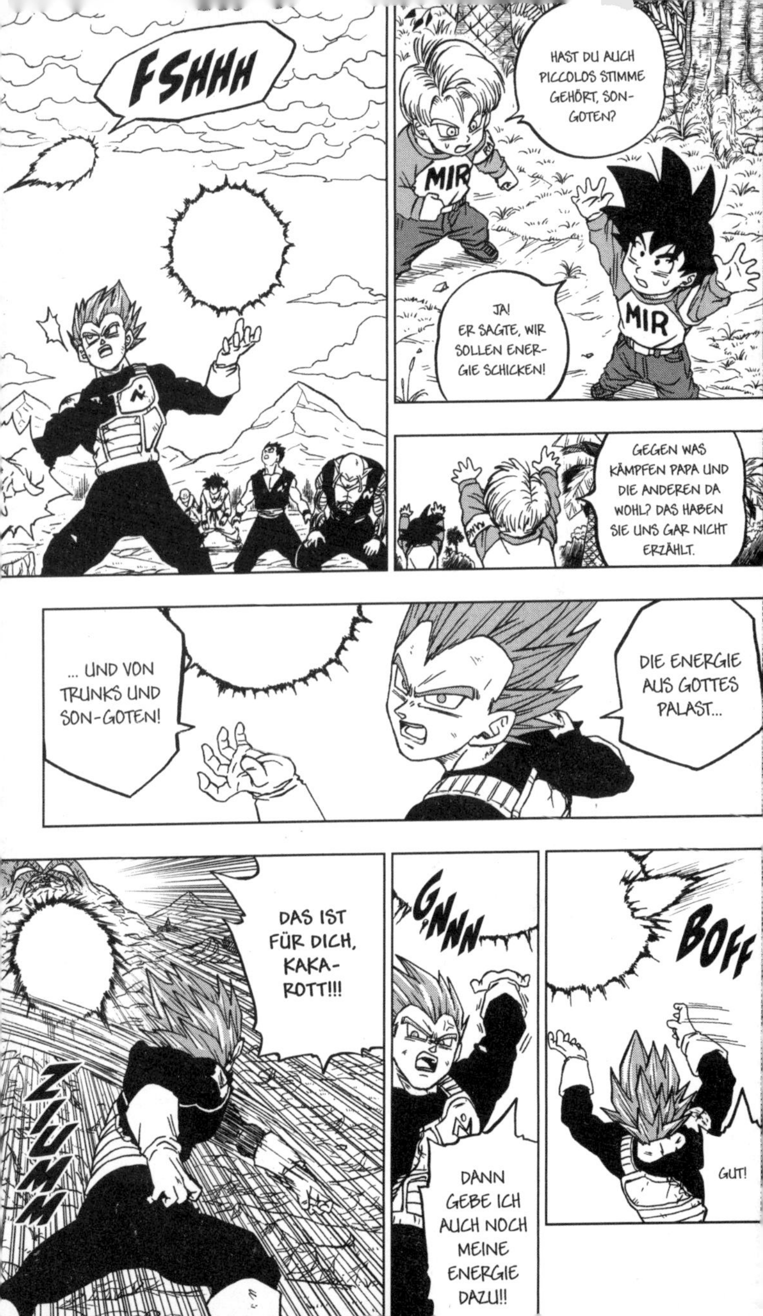
FSHHH
HAST DU AUCH PICCOLOS STIMME GEHÖRT, SON-GOTEN?
MIR
MIR
JA! ER SAGTE, WIR SOLLEN ENERGIE SCHICKEN!
GEGEN WAS KÄMPFEN PAPA UND DIE ANDEREN DA WOHL? DAS HABEN SIE UNS GAR NICHT ERZÄHLT.
DIE ENERGIE AUS GOTTES PALAST...
... UND VON TRUNKS UND SON-GOTEN!
DAS IST FÜR DICH, KAKAROTT!!!
ZUMM
GNNN
DANN GEBE ICH AUCH NOCH MEINE ENERGIE DAZU!!
BOFF
GUT!

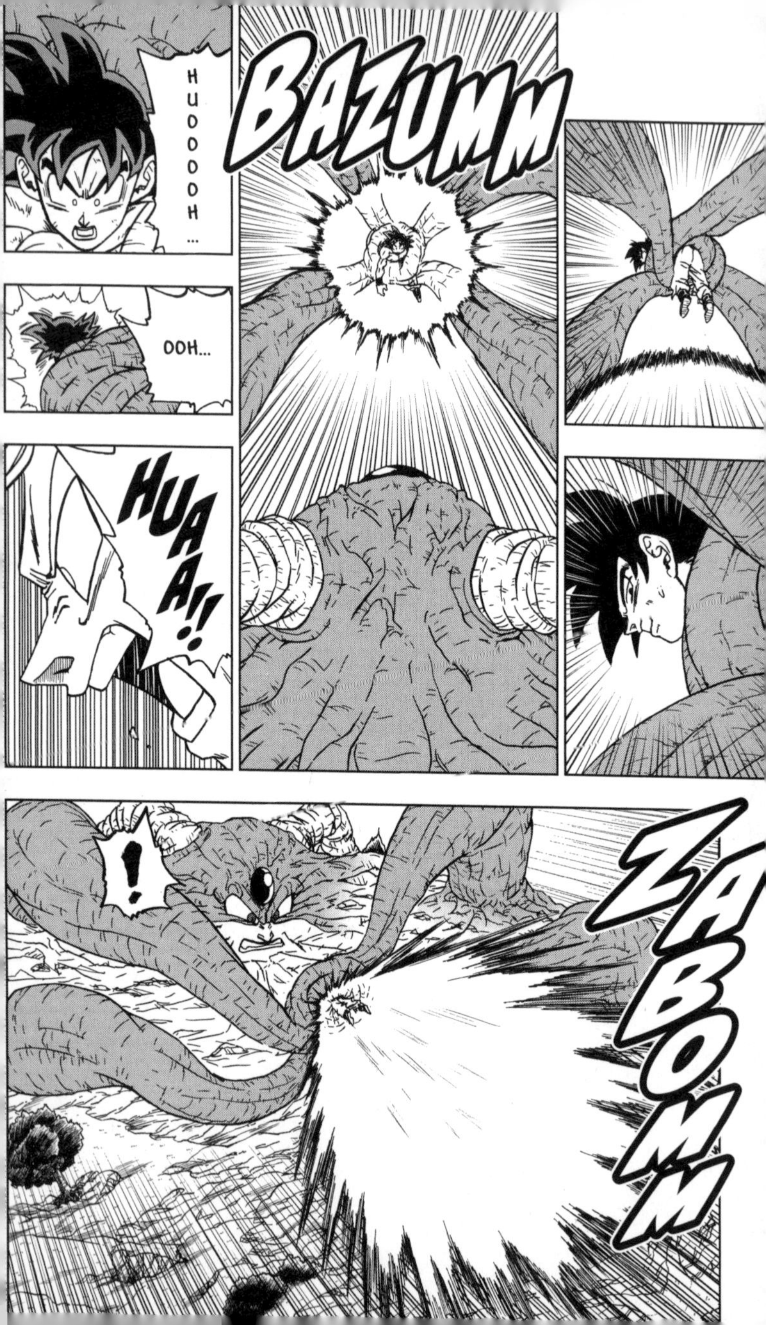
BAZUMM
HUOOOOOH...
OOH...
HUAAA!!
!
ZABOMM

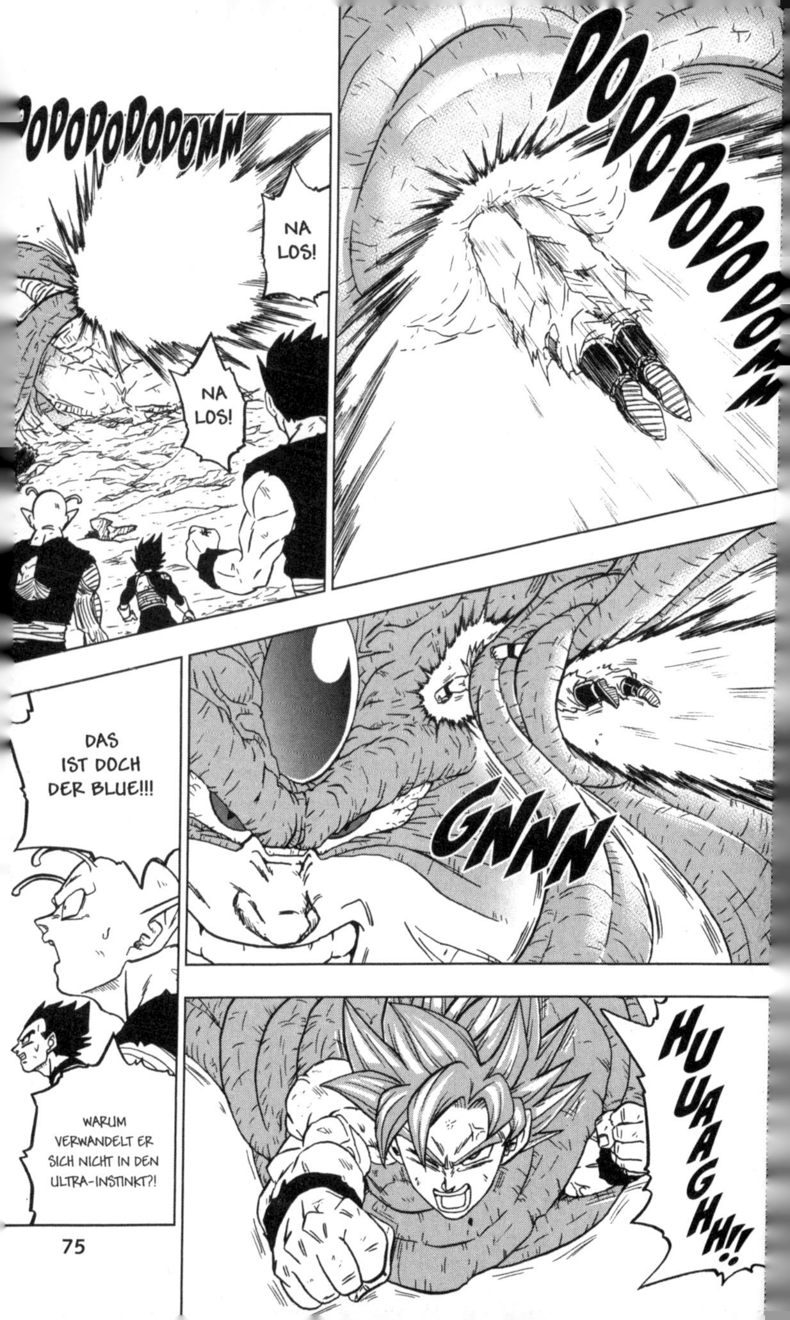

DODODODODODOMM
DODODODODOMM
NA LOS!
NA LOS!
GNNN
DAS IST DOCH DER BLUE!!!
HUAAGHH!!
WARUM VERWANDELT ER SICH NICHT IN DEN ULTRA-INSTINKT?!

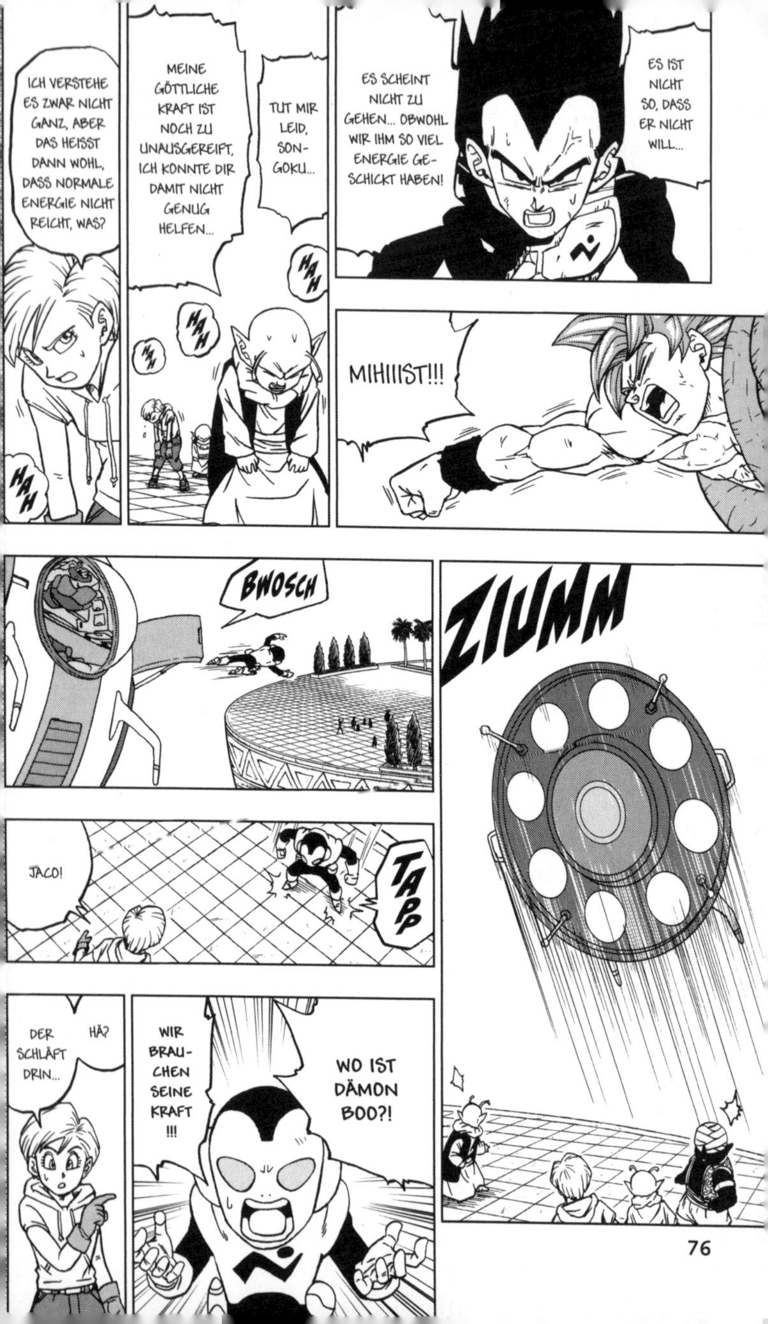

ES IST NICHT SO, DASS ER NICHT WILL...
ES SCHEINT NICHT ZU GEHEN... OBWOHL WIR IHM SO VIEL ENERGIE GESCHICKT HABEN!
TUT MIR LEID, SON-GOKU...
HAH
MEINE GÖTTLICHE KRAFT IST NOCH ZU UNAUSGEREIFT, ICH KONNTE DIR DAMIT NICHT GENUG HELFEN...
HAH
HAH
ICH VERSTEHE ES ZWAR NICHT GANZ, ABER DAS HEISST DANN WOHL, DASS NORMALE ENERGIE NICHT REICHT, WAS?
HAH
MIHIIIST!!!
ZIUMM
BWOSCH
TAPP
JACO!
WO IST DÄMON BOO?!
WIR BRAUCHEN SEINE KRAFT!!!
HÄ?
DER SCHLÄFT DRIN...

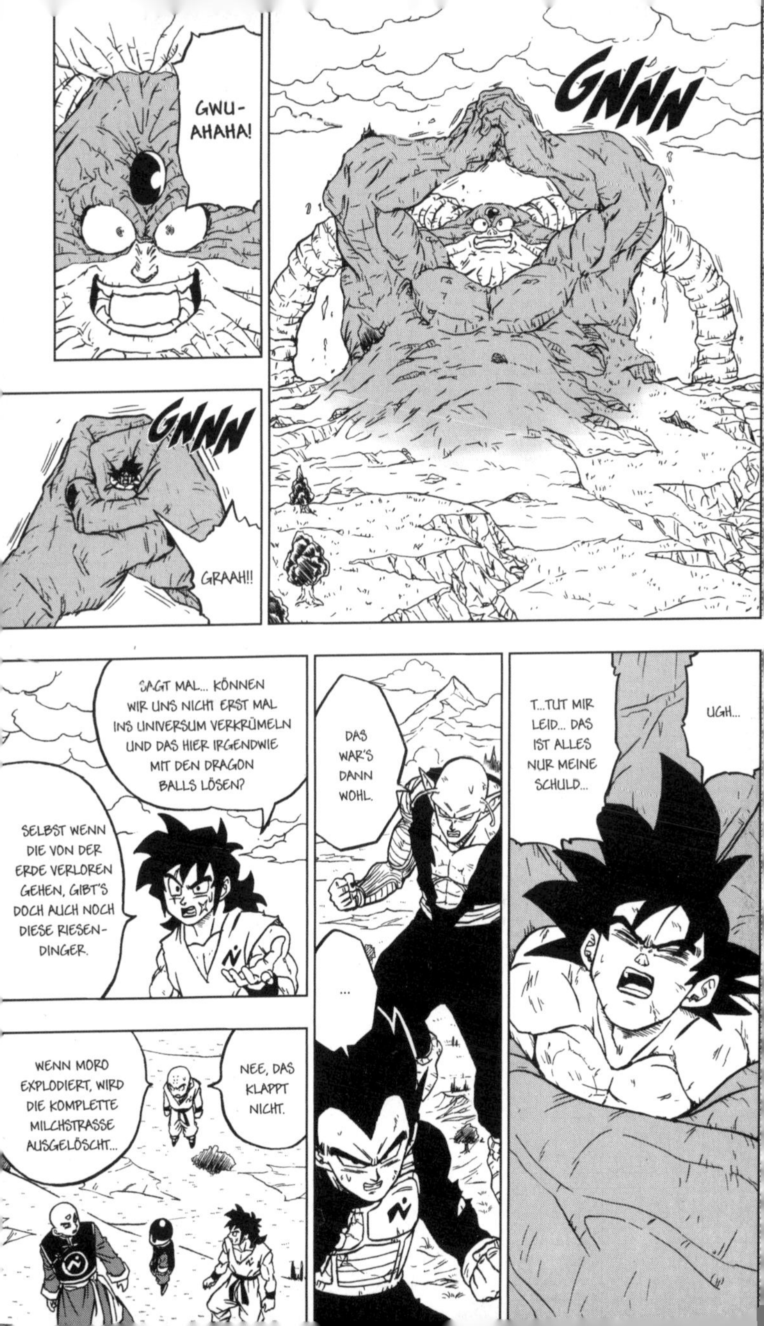
GNNN
GWU-AHAHA!
GNNN
GRAAH!!
UGH...
T...TUT MIR LEID... DAS IST ALLES NUR MEINE SCHULD...
DAS WAR'S DANN WOHL.
...
SAGT MAL... KÖNNEN WIR UNS NICHT ERST MAL INS UNIVERSUM VERKRÜMELN UND DAS HIER IRGENDWIE MIT DEN DRAGON BALLS LÖSEN?
SELBST WENN DIE VON DER ERDE VERLOREN GEHEN, GIBT'S DOCH AUCH NOCH DIESE RIESEN-DINGER.
NEE, DAS KLAPPT NICHT.
WENN MORO EXPLODIERT, WIRD DIE KOMPLETTE MILCHSTRASSE AUSGELÖSCHT...

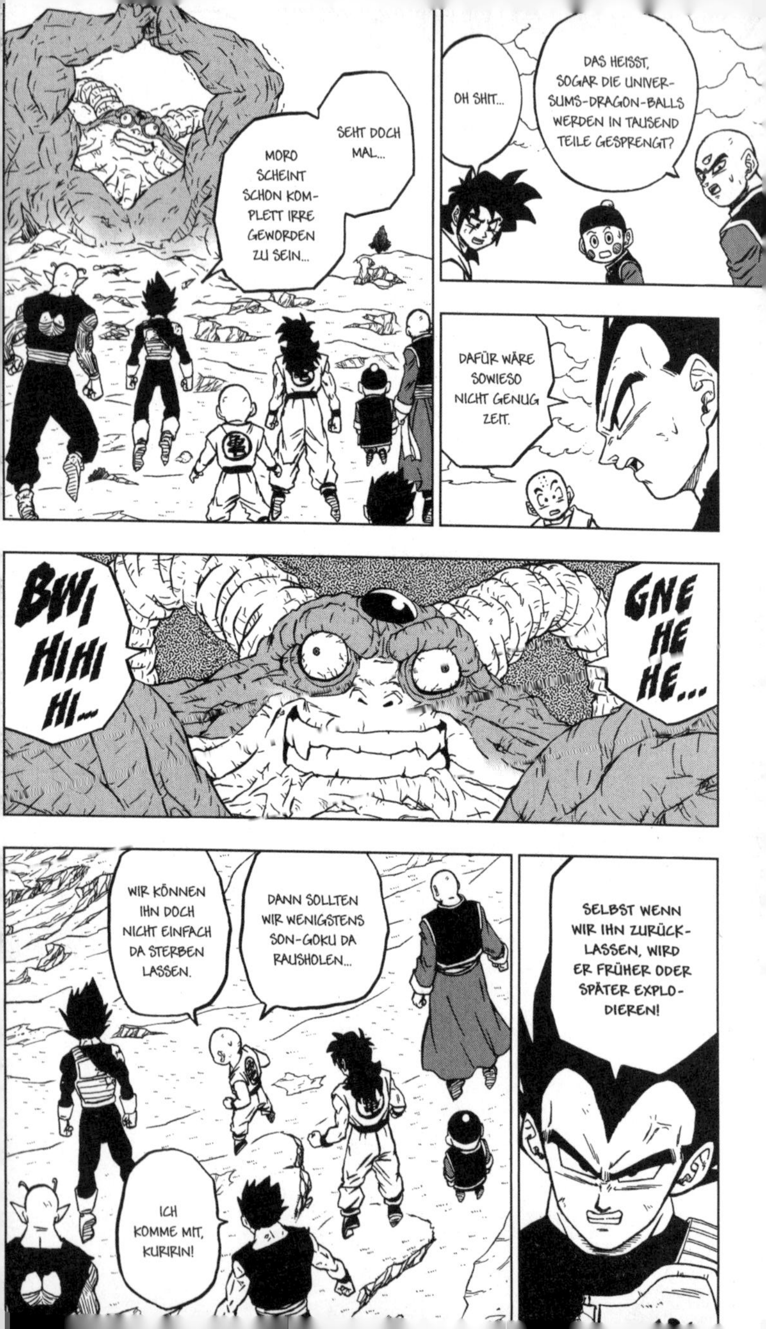
DAS HEISST, SOGAR DIE UNIVERSUMS-DRAGON-BALLS WERDEN IN TAUSEND TEILE GESPRENGT?
OH SHIT...
DAFÜR WÄRE SOWIESO NICHT GENUG ZEIT.
SEHT DOCH MAL...
MORO SCHEINT SCHON KOMPLETT IRRE GEWORDEN ZU SEIN...
GNE HE HE...
BWI HIHI HI...
SELBST WENN WIR IHN ZURÜCKLASSEN, WIRD ER FRÜHER ODER SPÄTER EXPLODIEREN!
DANN SOLLTEN WIR WENIGSTENS SON-GOKU DA RAUSHOLEN...
WIR KÖNNEN IHN DOCH NICHT EINFACH DA STERBEN LASSEN.
ICH KOMME MIT, KURIRIN!

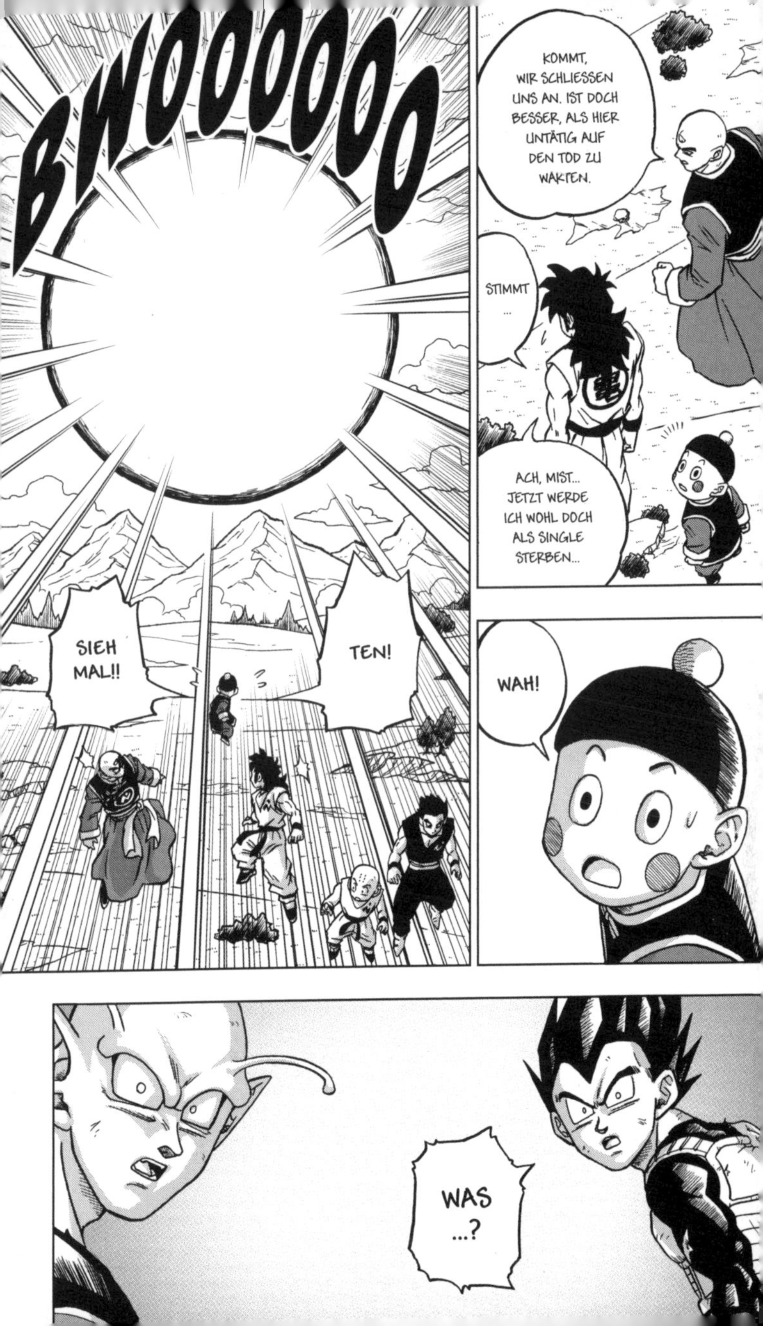
KOMMT, WIR SCHLIESSEN UNS AN. IST DOCH BESSER, ALS HIER UNTÄTIG AUF DEN TOD ZU WARTEN.
STIMMT ...
ACH, MIST... JETZT WERDE ICH WOHL DOCH ALS SINGLE STERBEN...
BWOOOOOO
SIEH MAL!!
TEN!
WAH!
WAS ...?

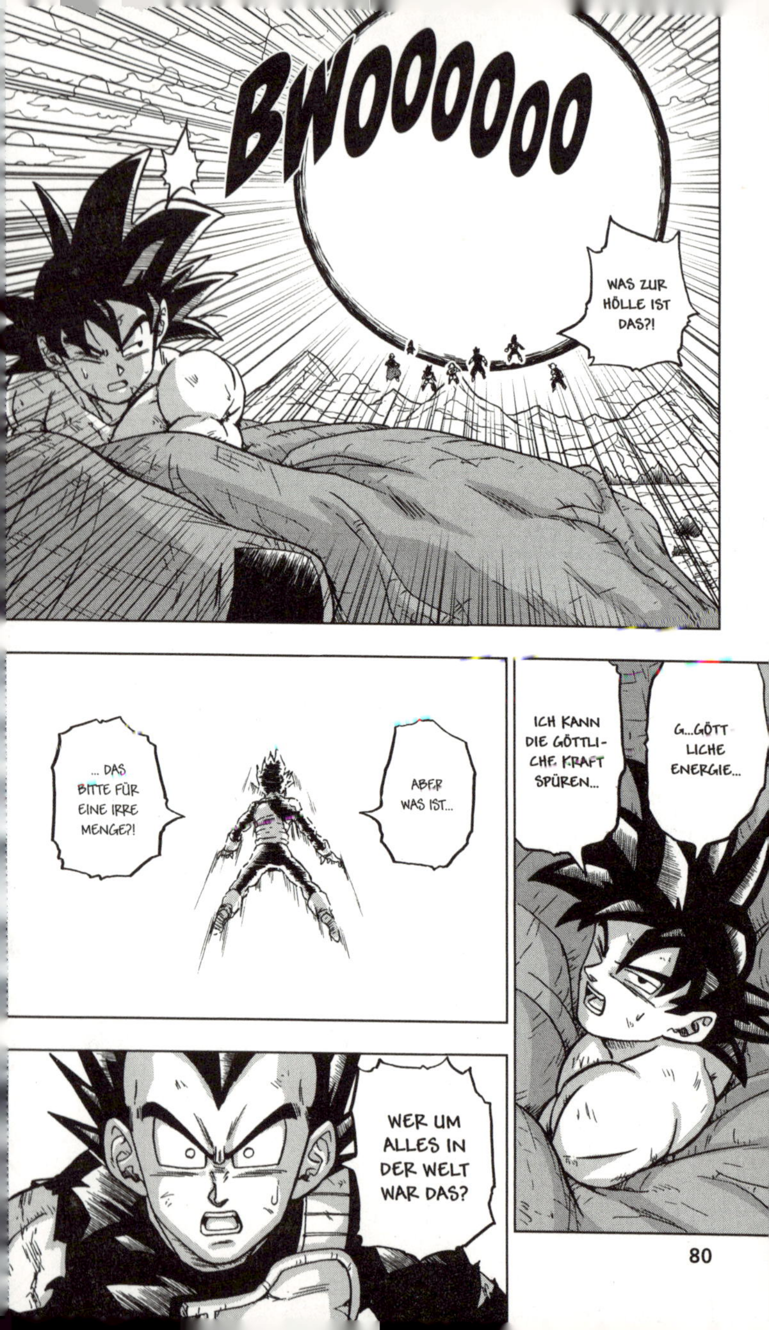
BWOOOOOO
WAS ZUR HÖLLE IST DAS?!
G...GÖTT LICHE ENERGIE...
ICH KANN DIE GÖTTLI- CHE KRAFT SPÜREN...
ABER WAS IST...
... DAS BITTE FÜR EINE IRRE MENGE?!
WER UM ALLES IN DER WELT WAR DAS?

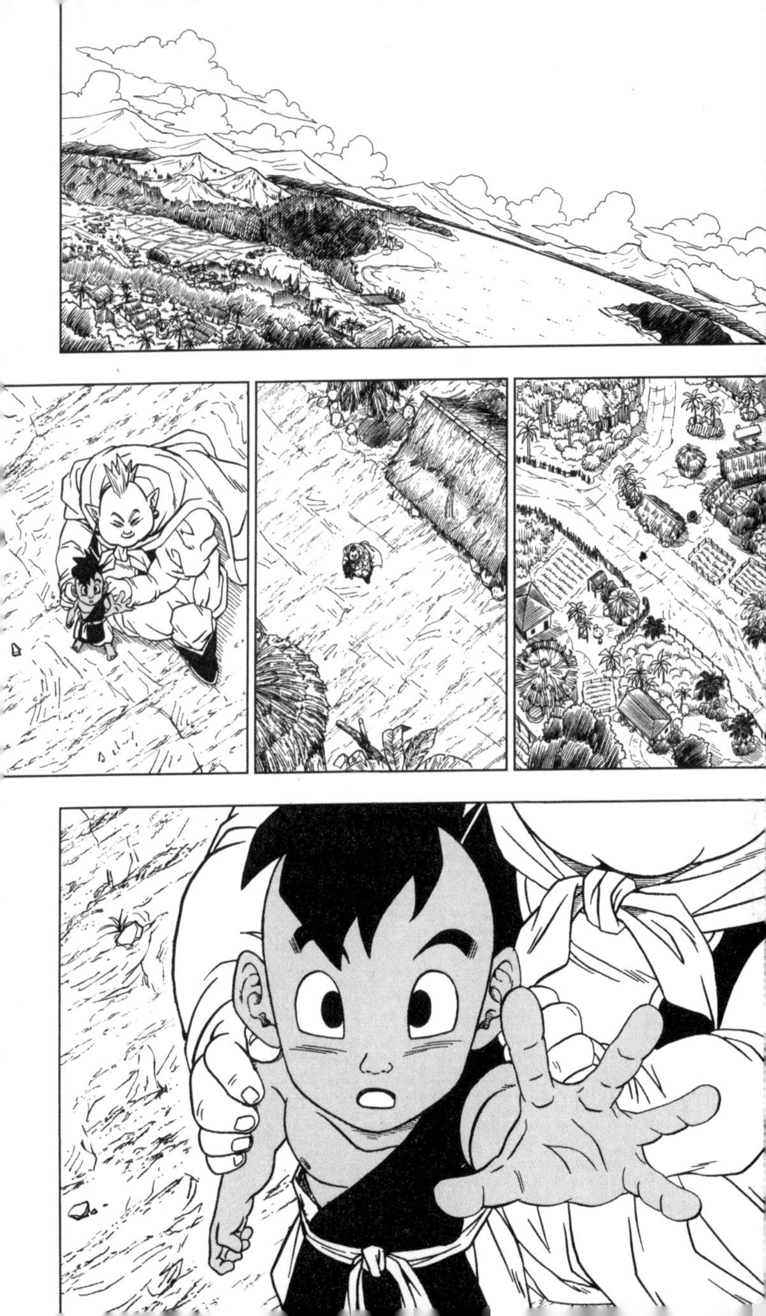

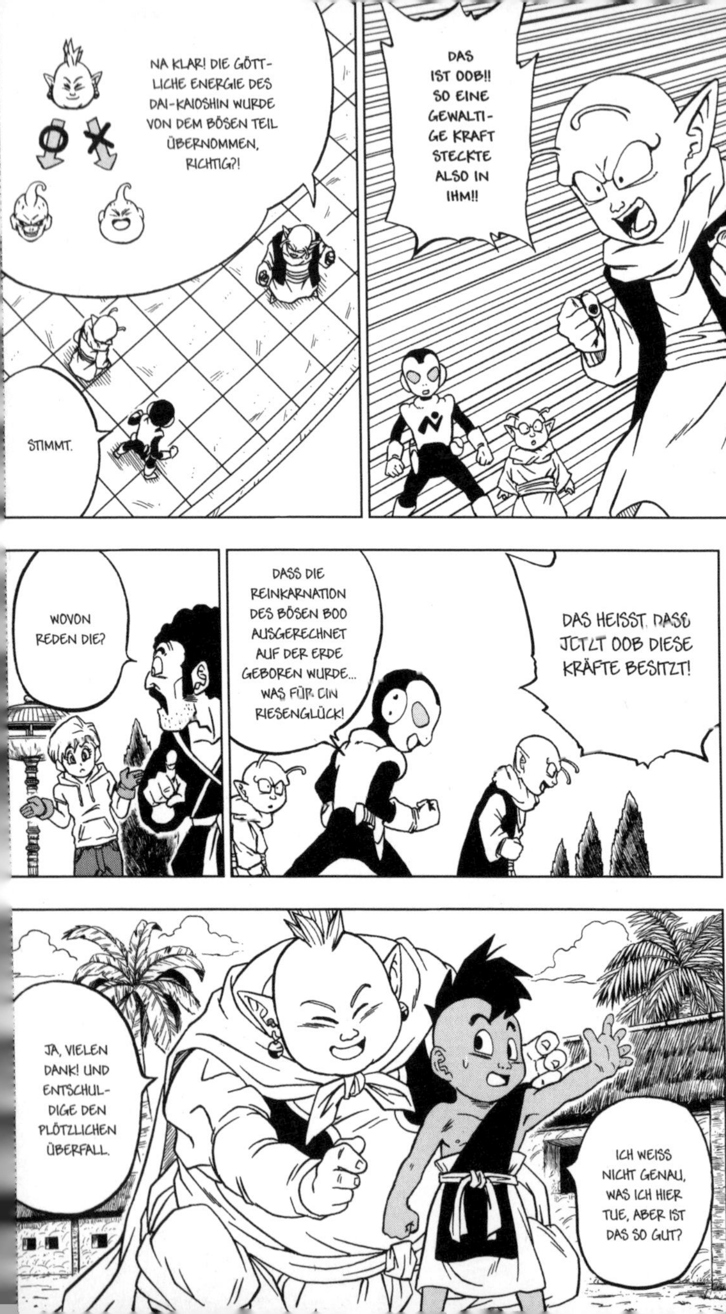
DAS IST OOB!! SO EINE GEWALTIGE KRAFT STECKTE ALSO IN IHM!!
NA KLAR! DIE GÖTTLICHE ENERGIE DES DAI-KAIOSHIN WURDE VON DEM BÖSEN TEIL ÜBERNOMMEN, RICHTIG?!
STIMMT.
DAS HEISST, DASS JETZT OOB DIESE KRÄFTE BESITZT!
DASS DIE REINKARNATION DES BÖSEN BOO AUSGERECHNET AUF DER ERDE GEBOREN WURDE... WAS FÜR EIN RIESENGLÜCK!
WOVON REDEN DIE?
ICH WEISS NICHT GENAU, WAS ICH HIER TUE, ABER IST DAS SO GUT?
JA, VIELEN DANK! UND ENTSCHULDIGE DEN PLÖTZLICHEN ÜBERFALL.

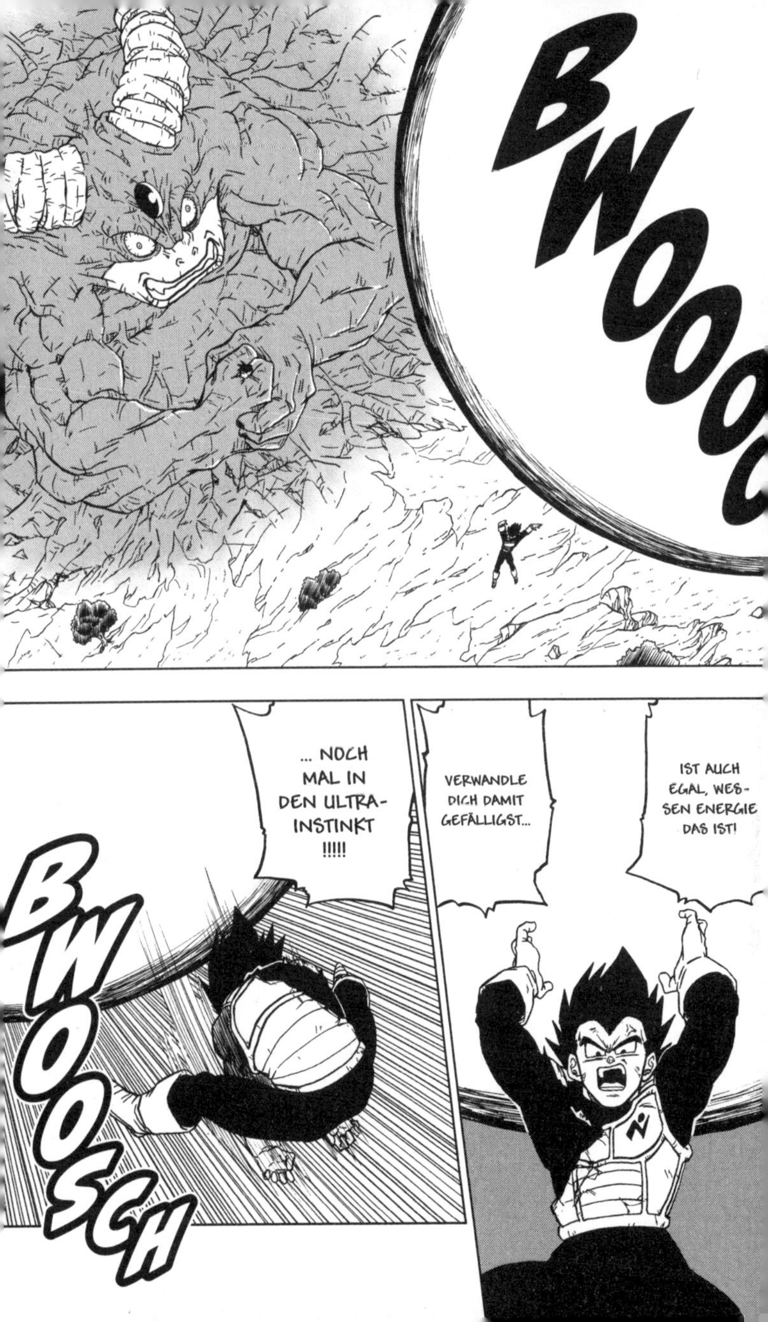
BWOOOO
IST AUCH EGAL, WESSEN ENERGIE DAS IST!
VERWANDLE DICH DAMIT GEFÄLLIGST…
… NOCH MAL IN DEN ULTRA-INSTINKT !!!!!
BWOOOSCH

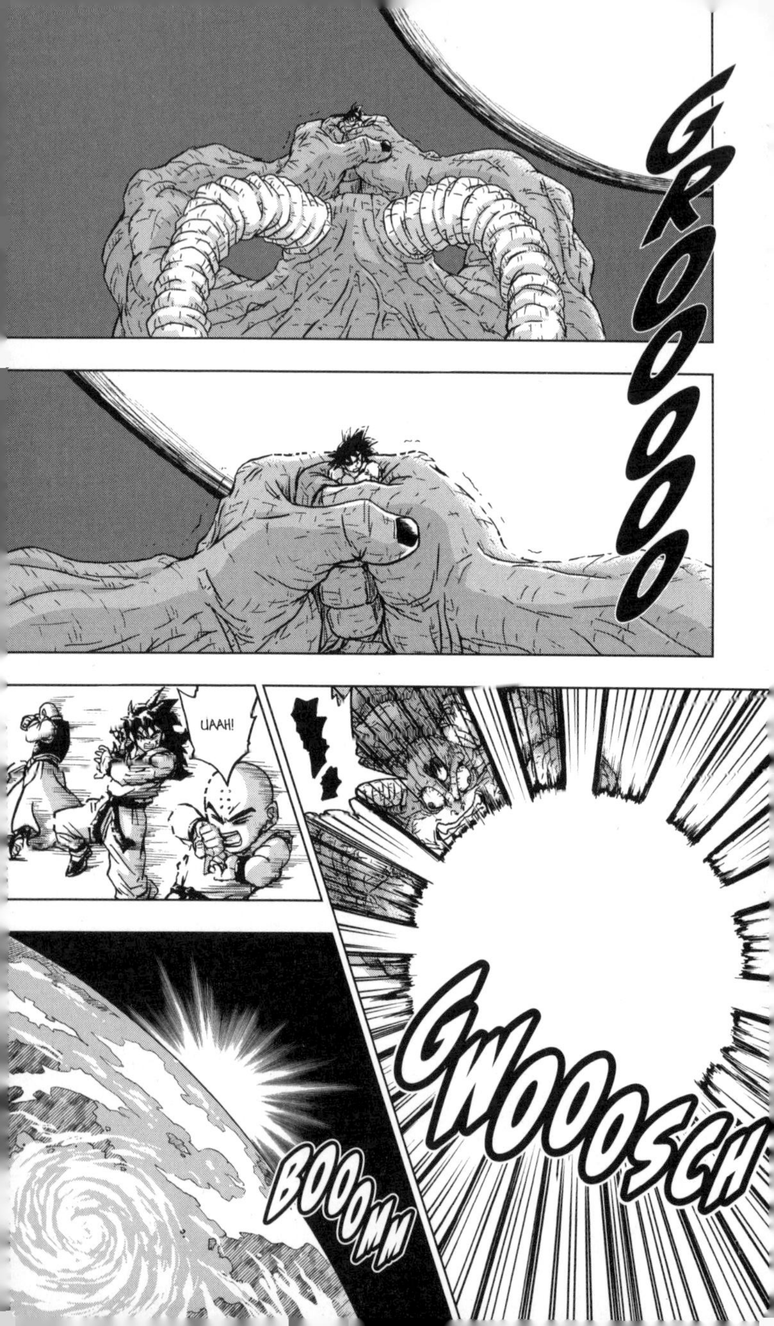
GROOOOOOO
UAAH!
GWOOOSCH
BOOOMM

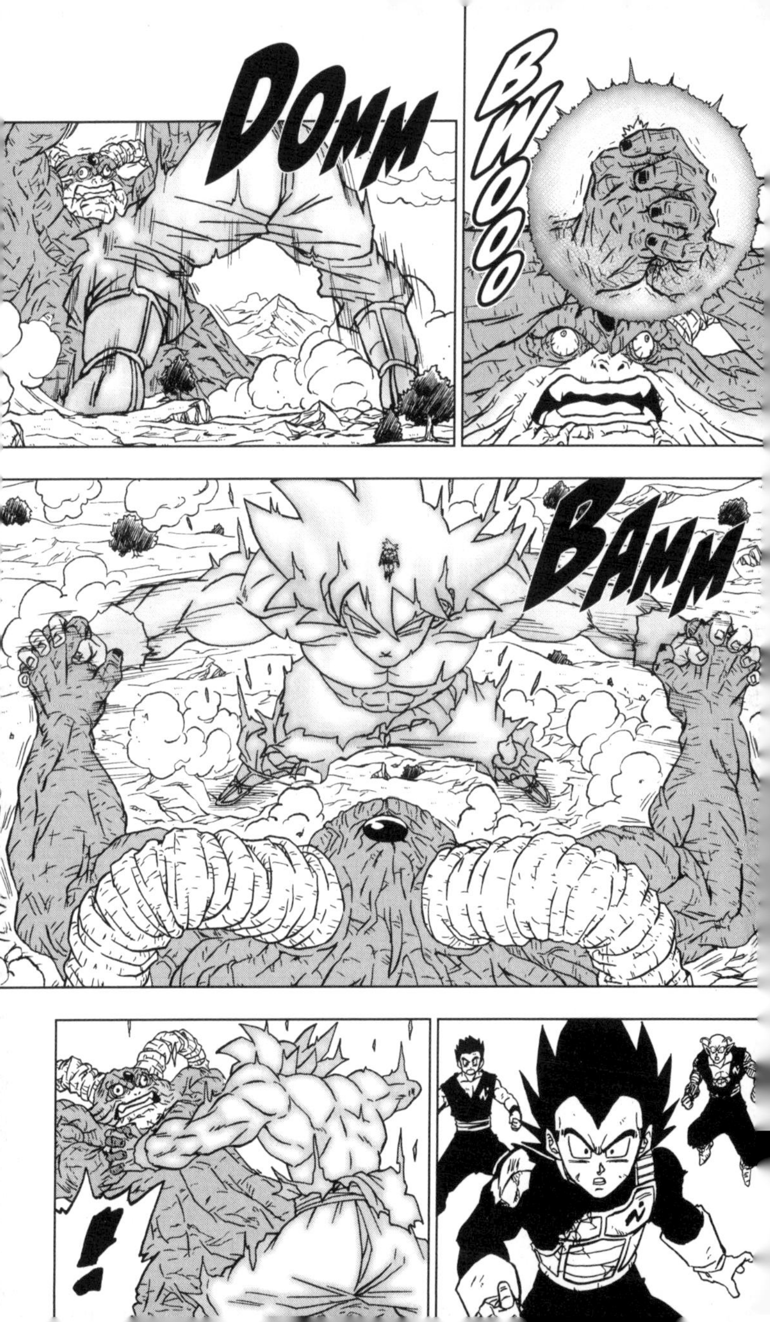

DOMM
BWOOOO
BAMM
!

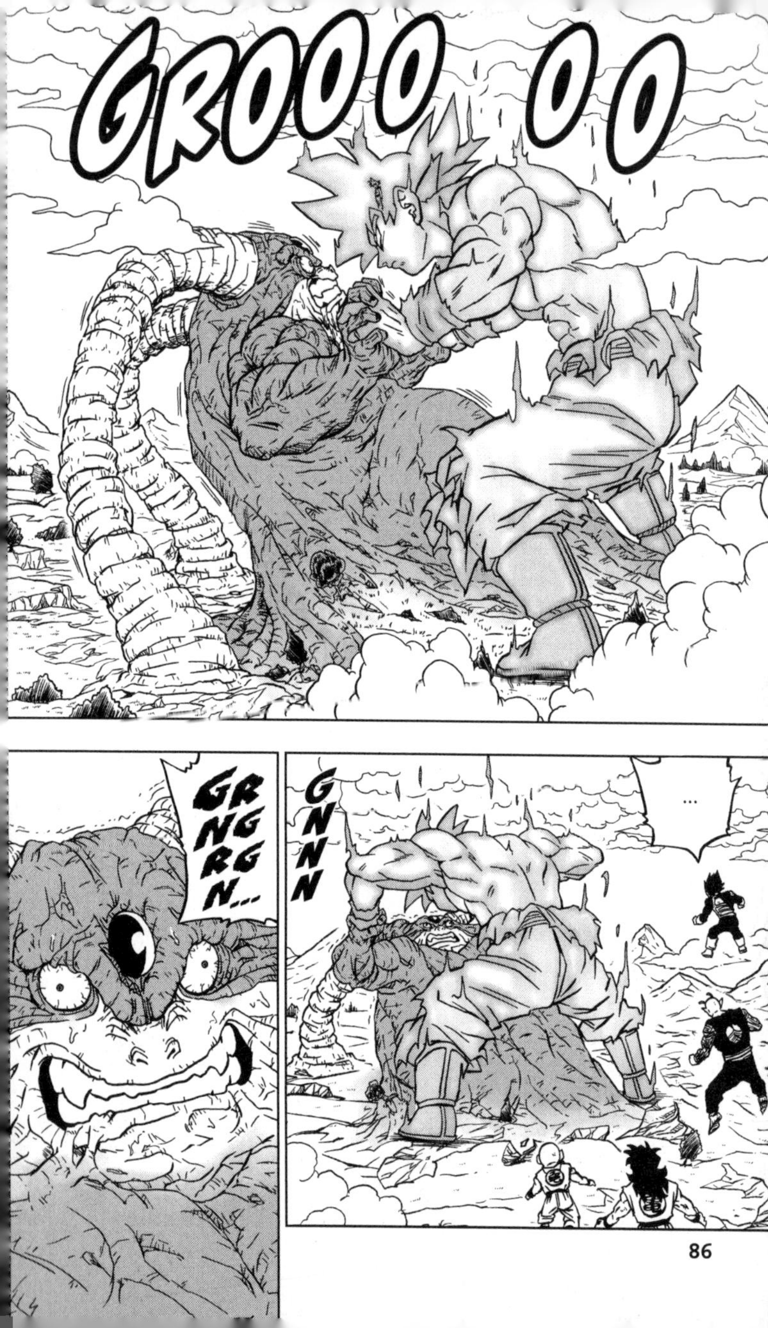
GROOO OO
GNNN
...
GRNGRGN...

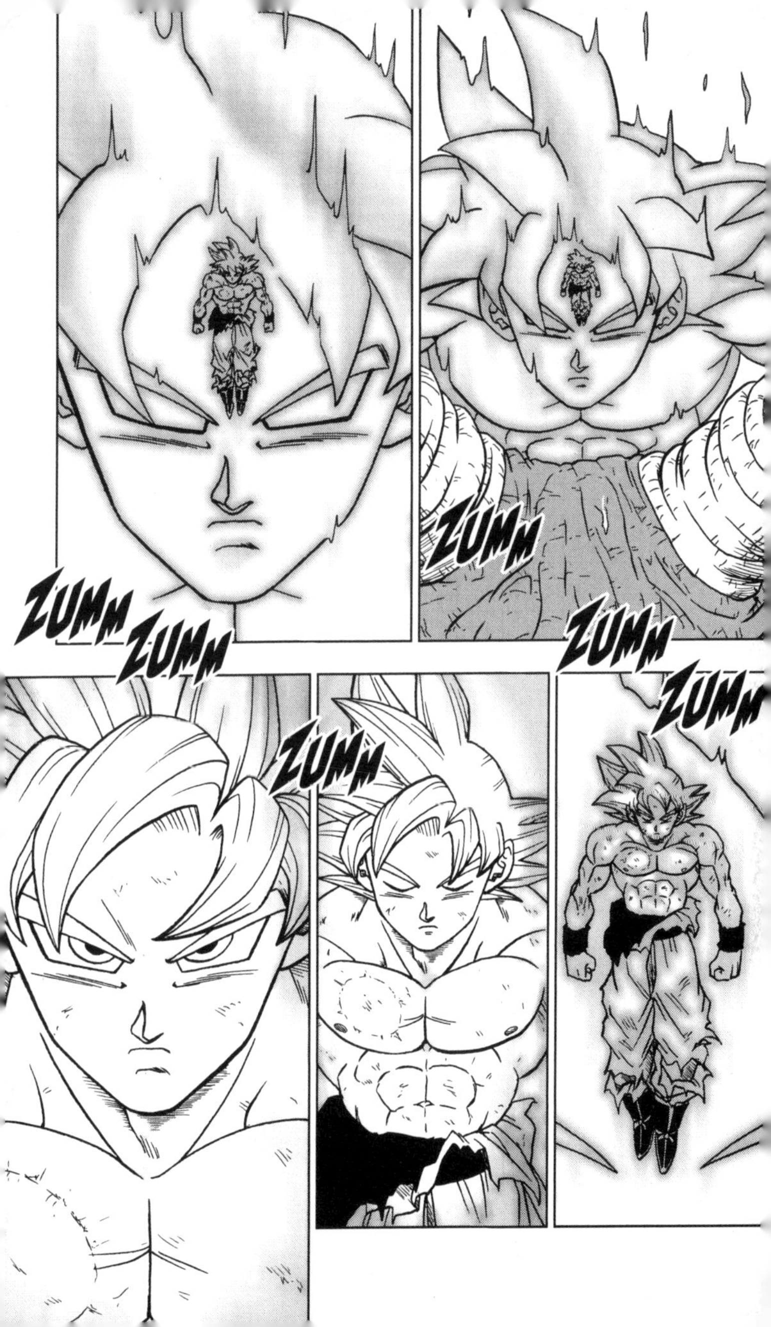
ZUMM
ZUMM
ZUMM
ZUMM
ZUMM
ZUMM

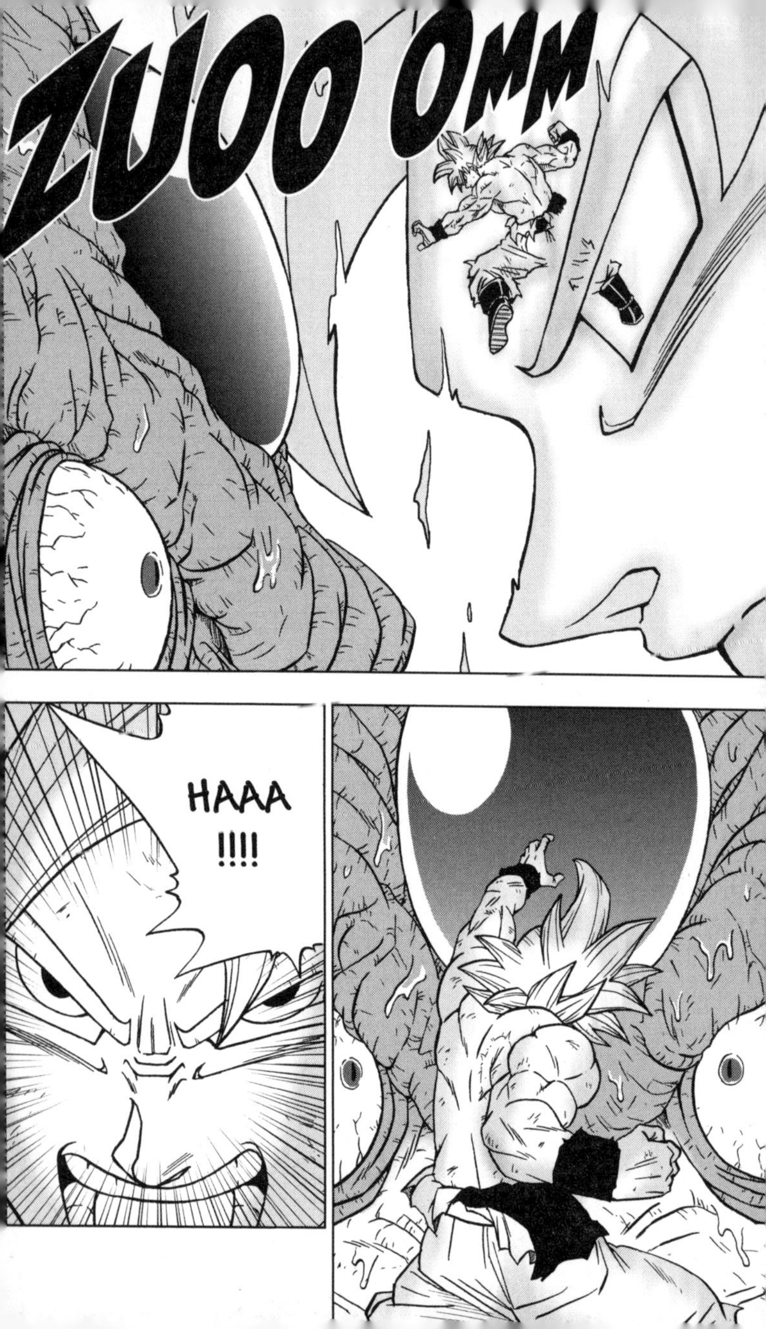
ZUOO OMM
HAAA
!!!!

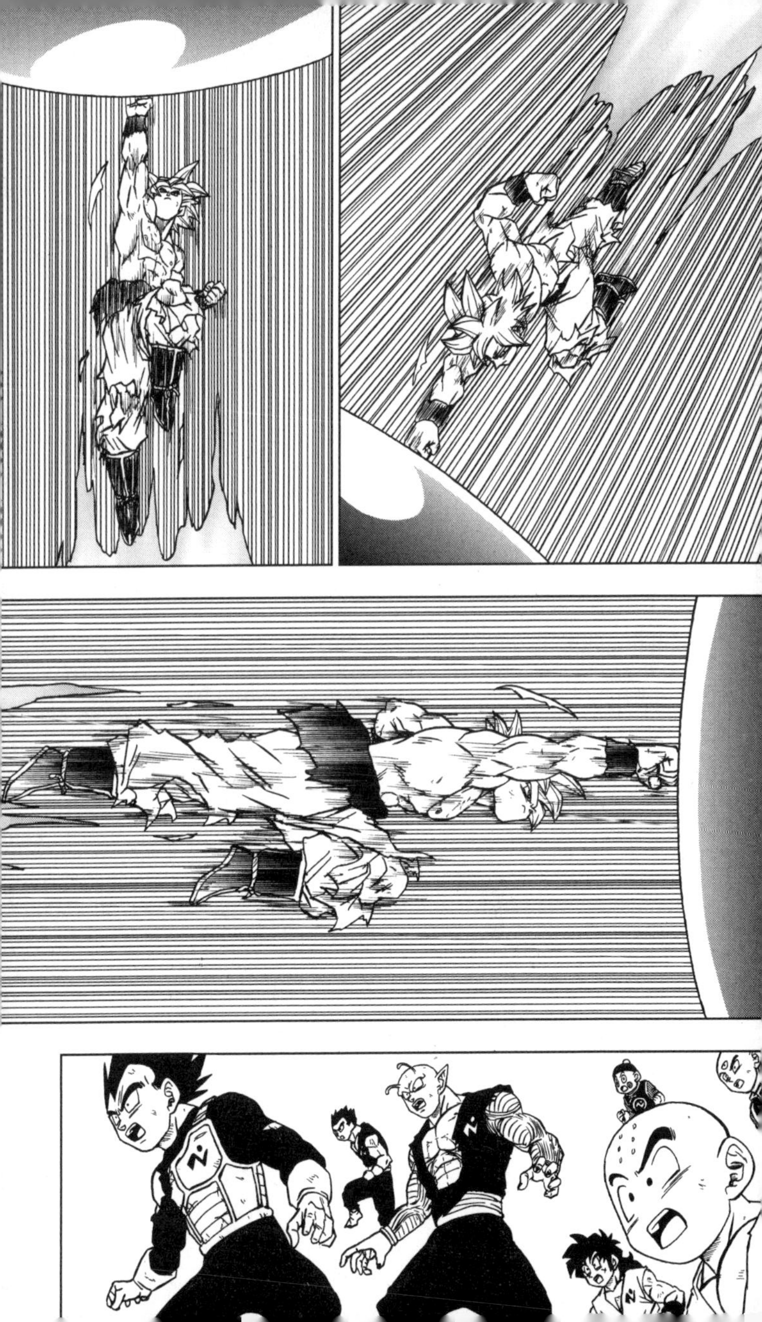

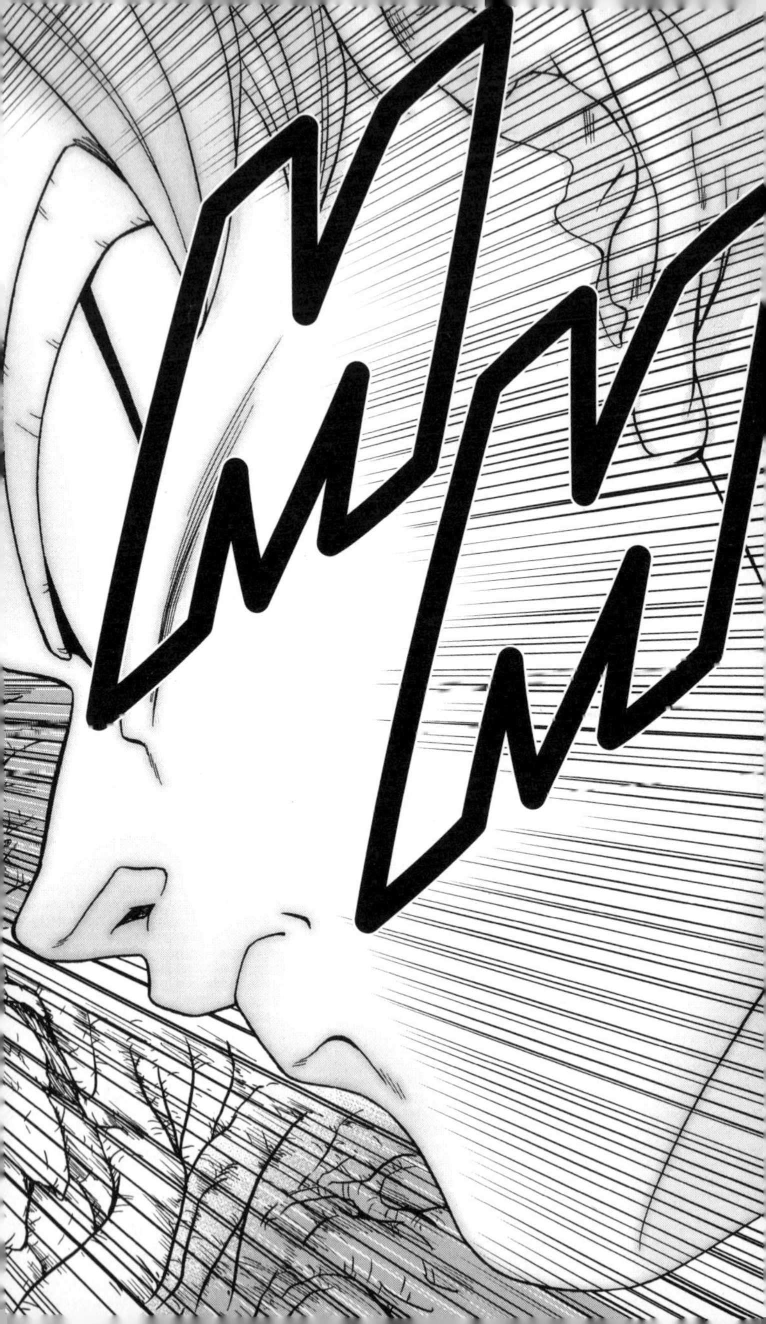

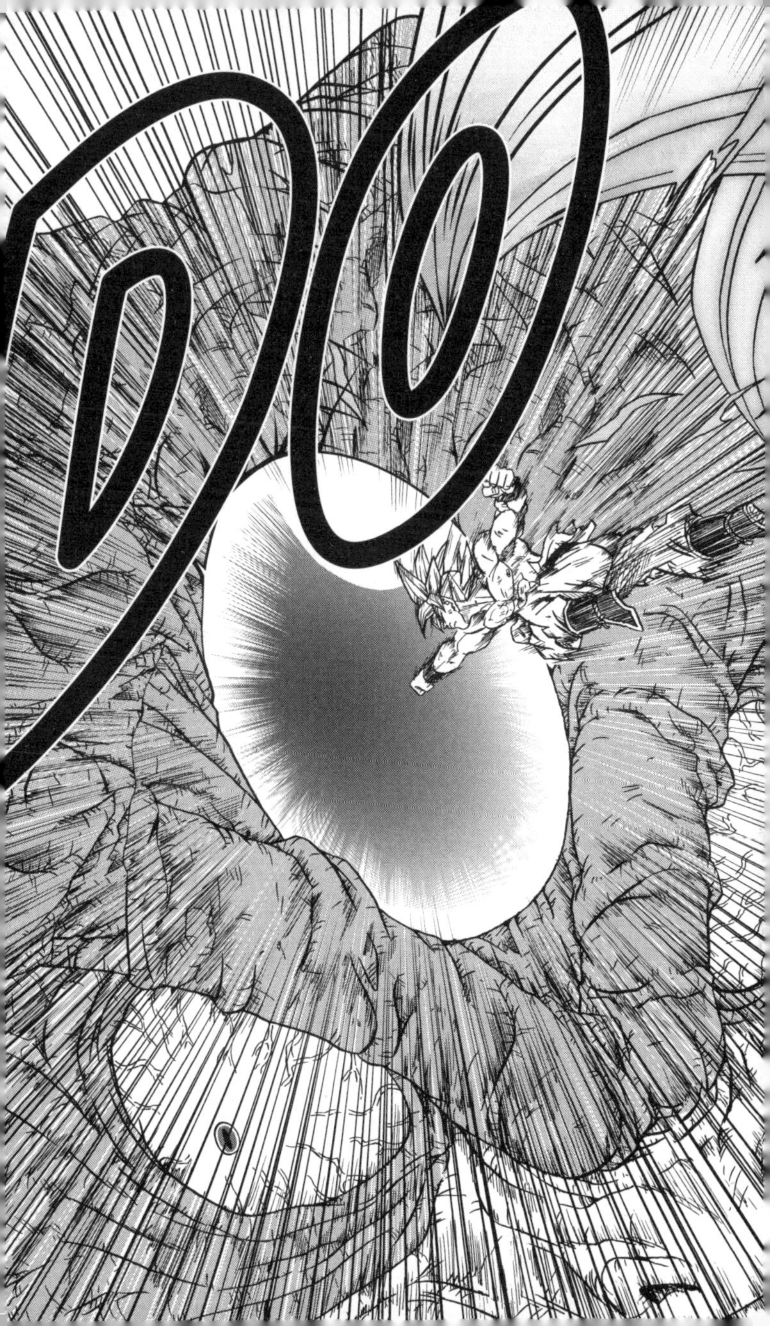
DOO

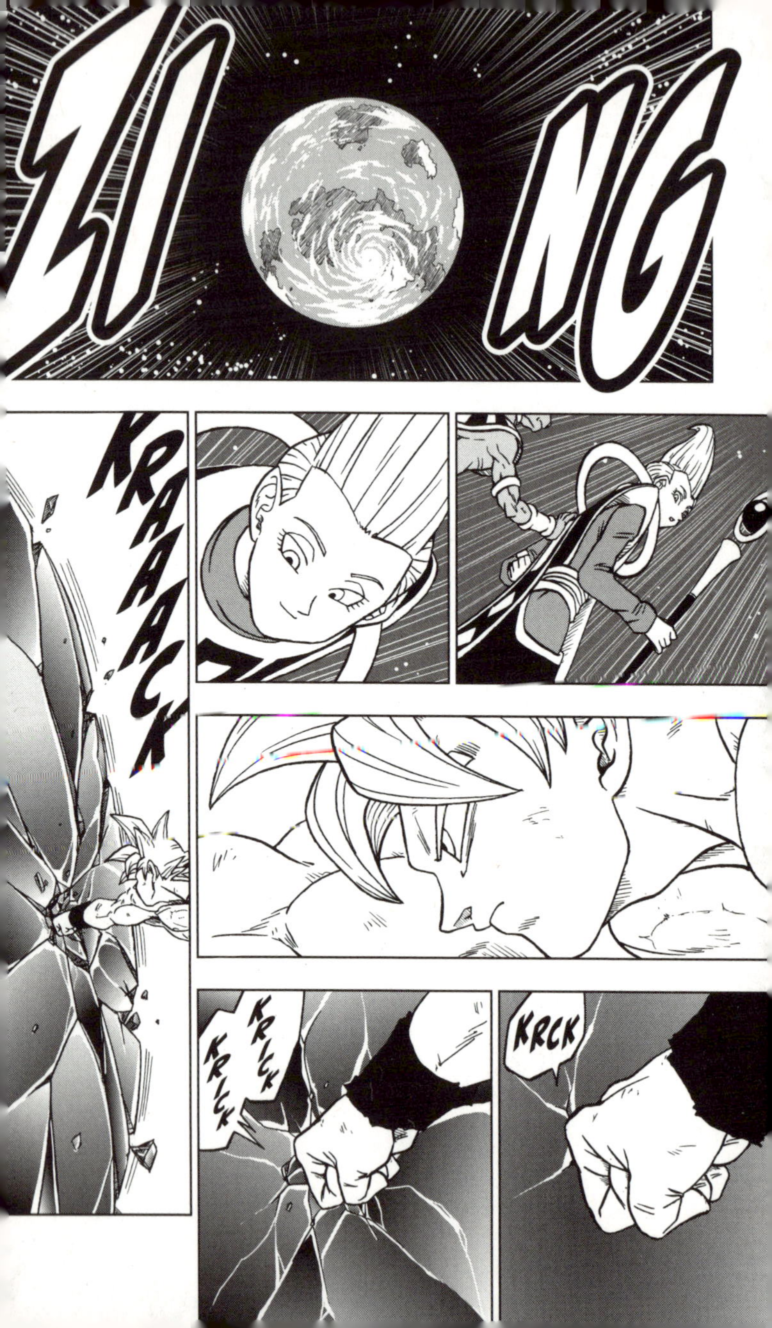
ZOOM
KRAAAAACK
KRICK
KRICK
KRCK

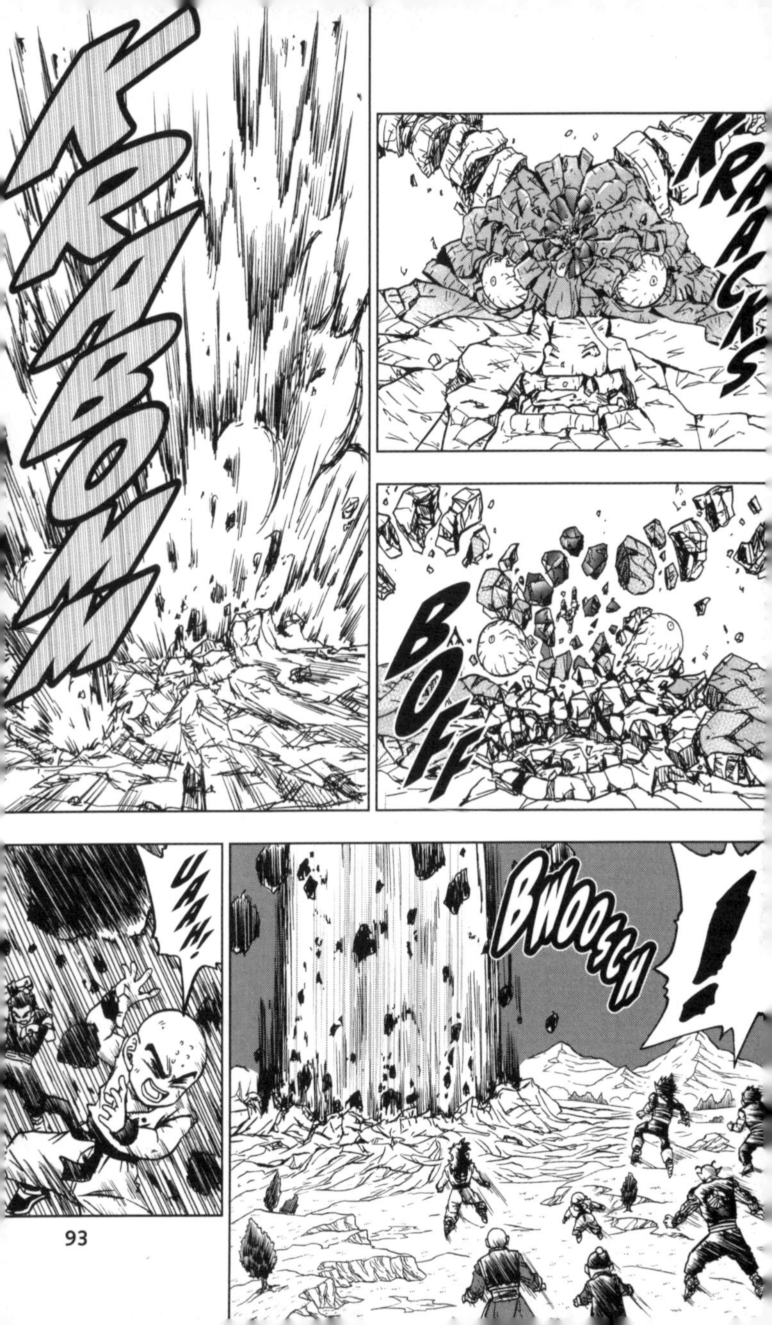
KRACKS
BOFF
KRABOOM
BWOOSCH !
UAAH!

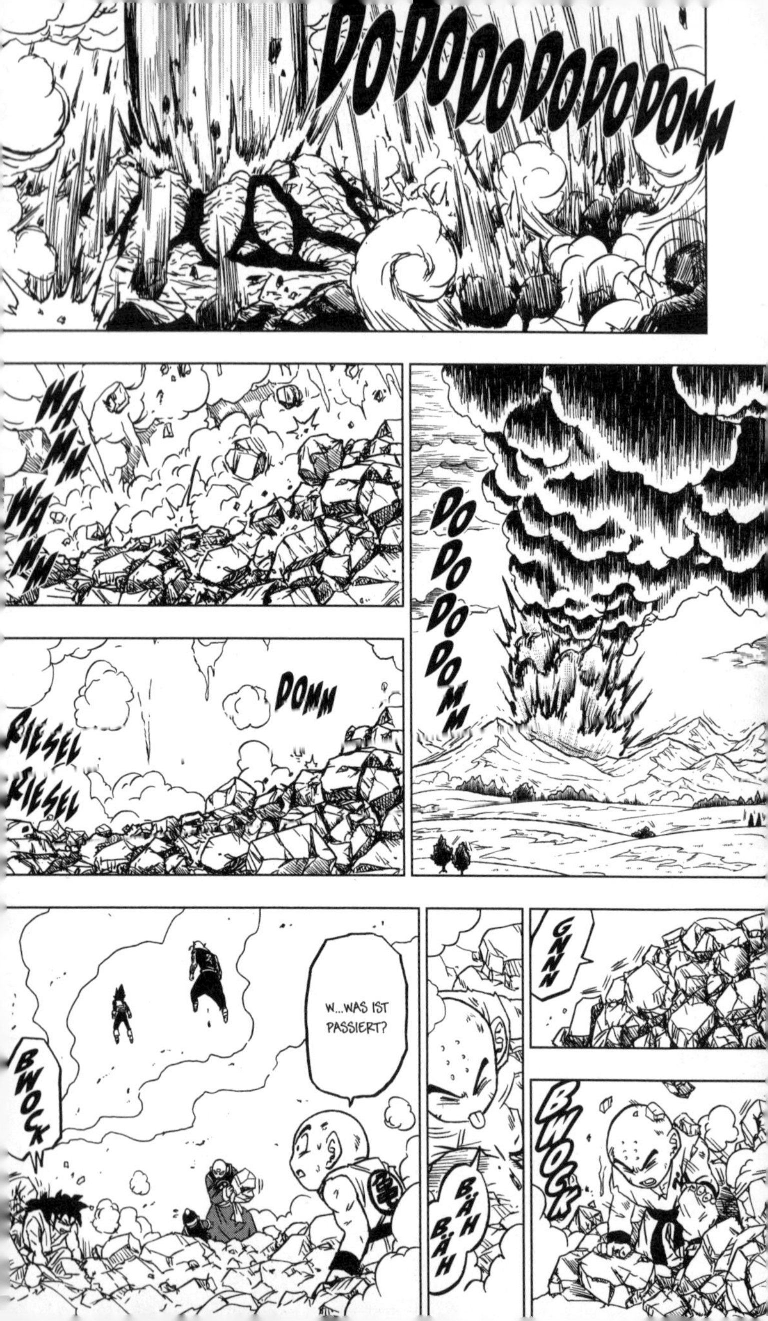

DODODODODODODOMM
WAMM WAMM
RIESEL RIESEL
DOMM
DODODODOMM
BWOCK
W...WAS IST PASSIERT?
BÄH BÄH
GNNN
BWOCK

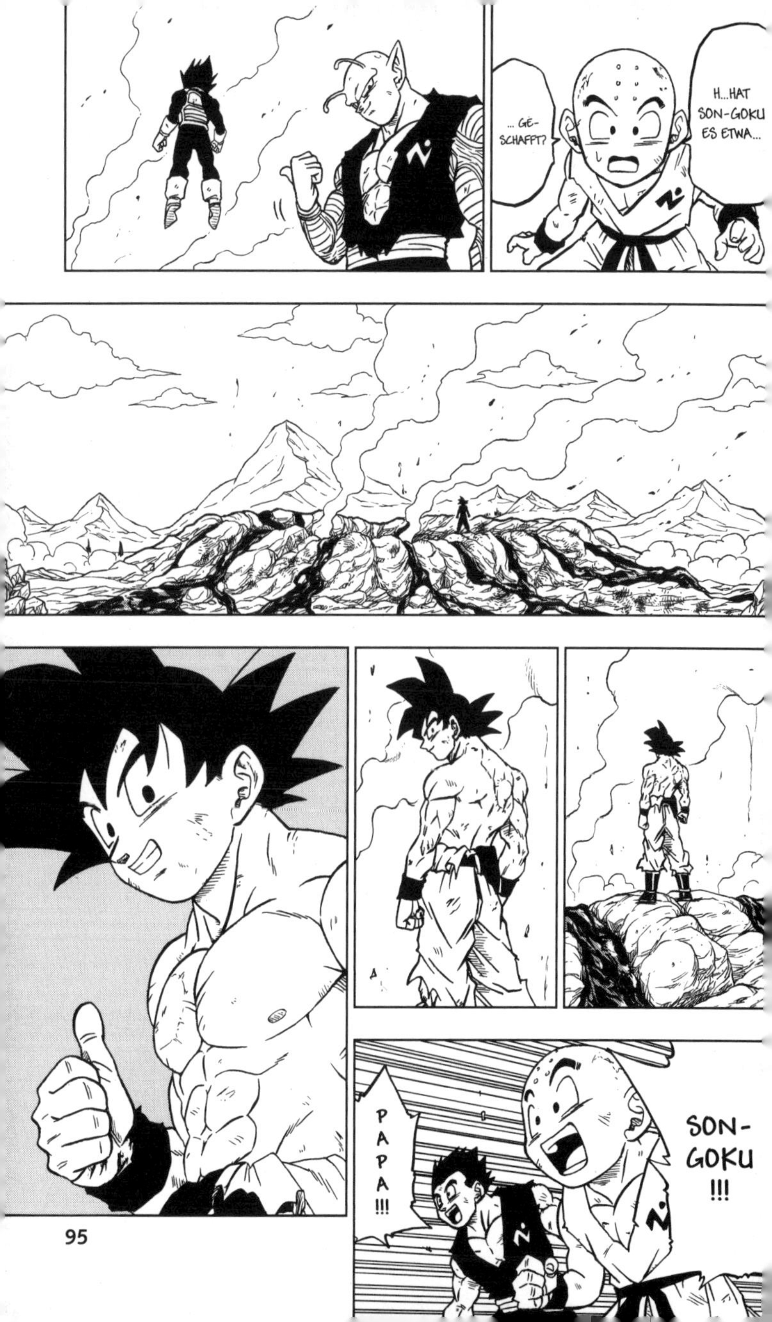
H...HAT SON-GOKU ES ETWA...
... GE-SCHAFFT?
SON-GOKU !!!
PAPA !!!

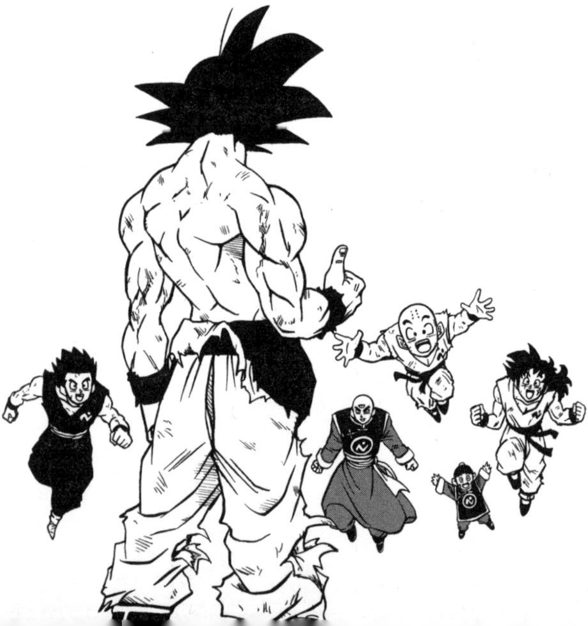

KAPITEL 67: ES IST VORBEI!

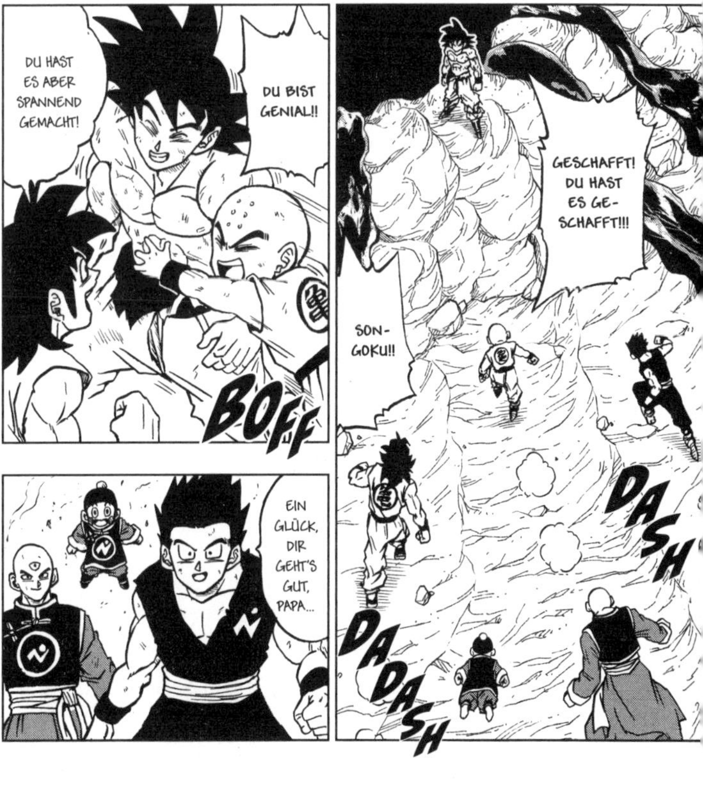

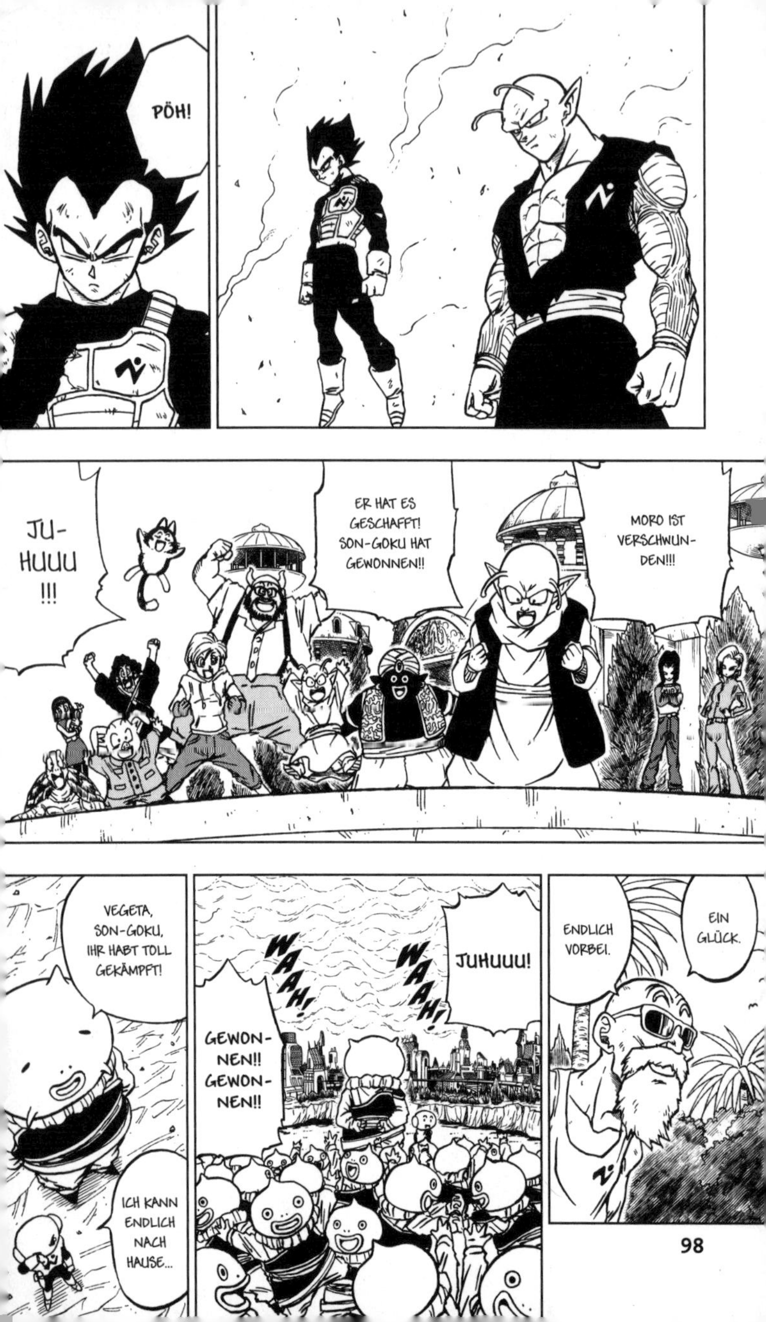
PÖH!
JU-HUUU!!!
ER HAT ES GESCHAFFT! SON-GOKU HAT GEWONNEN!!
MORO IST VERSCHWUN-DEN!!!
VEGETA, SON-GOKU, IHR HABT TOLL GEKÄMPFT!
ICH KANN ENDLICH NACH HAUSE...
WAAH!
WAAH!
JUHUUU!
GEWON-NEN!! GEWON-NEN!!
ENDLICH VORBEI.
EIN GLÜCK.

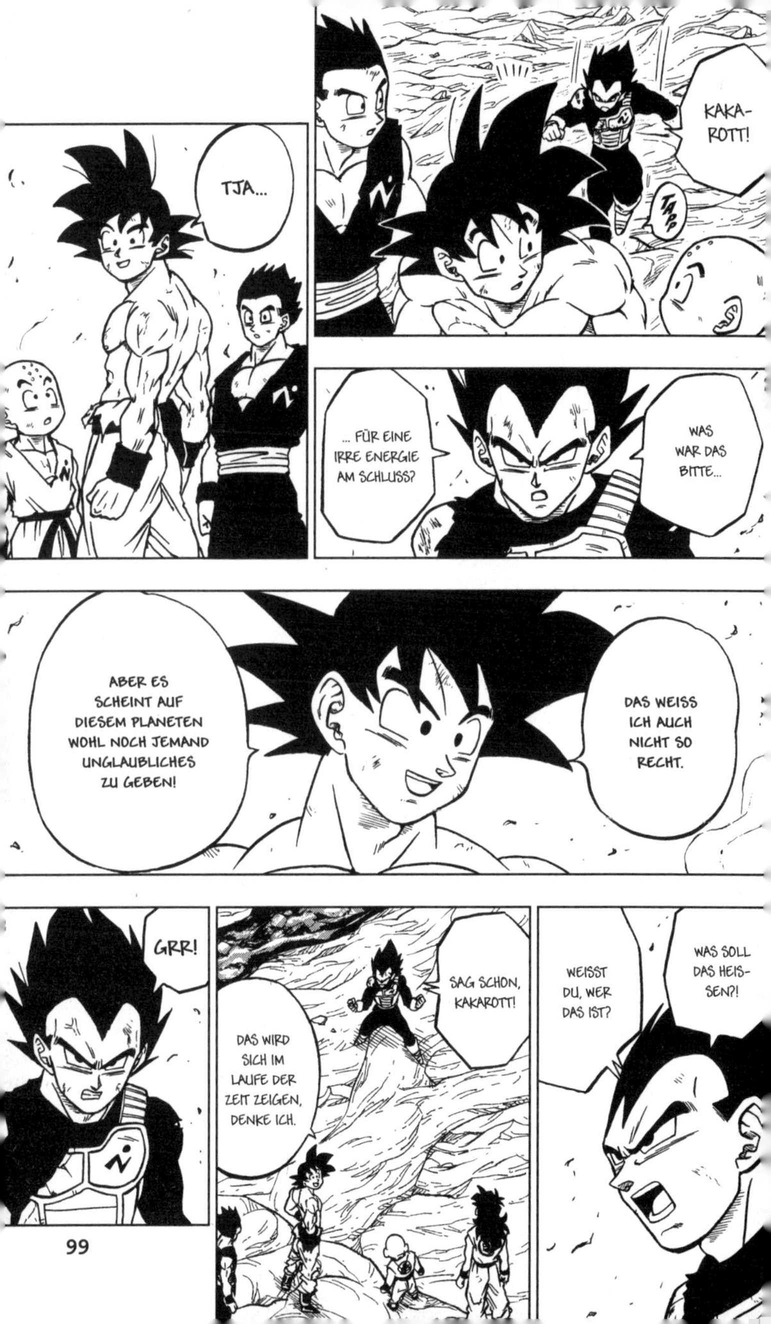
KAKA-ROTT!
TAPP
WAS WAR DAS BITTE...
... FÜR EINE IRRE ENERGIE AM SCHLUSS?
TJA...
DAS WEISS ICH AUCH NICHT SO RECHT.
ABER ES SCHEINT AUF DIESEM PLANETEN WOHL NOCH JEMAND UNGLAUBLICHES ZU GEBEN!
WAS SOLL DAS HEIS-SEN?!
WEISST DU, WER DAS IST?
SAG SCHON, KAKAROTT!
DAS WIRD SICH IM LAUFE DER ZEIT ZEIGEN, DENKE ICH.
GRR!

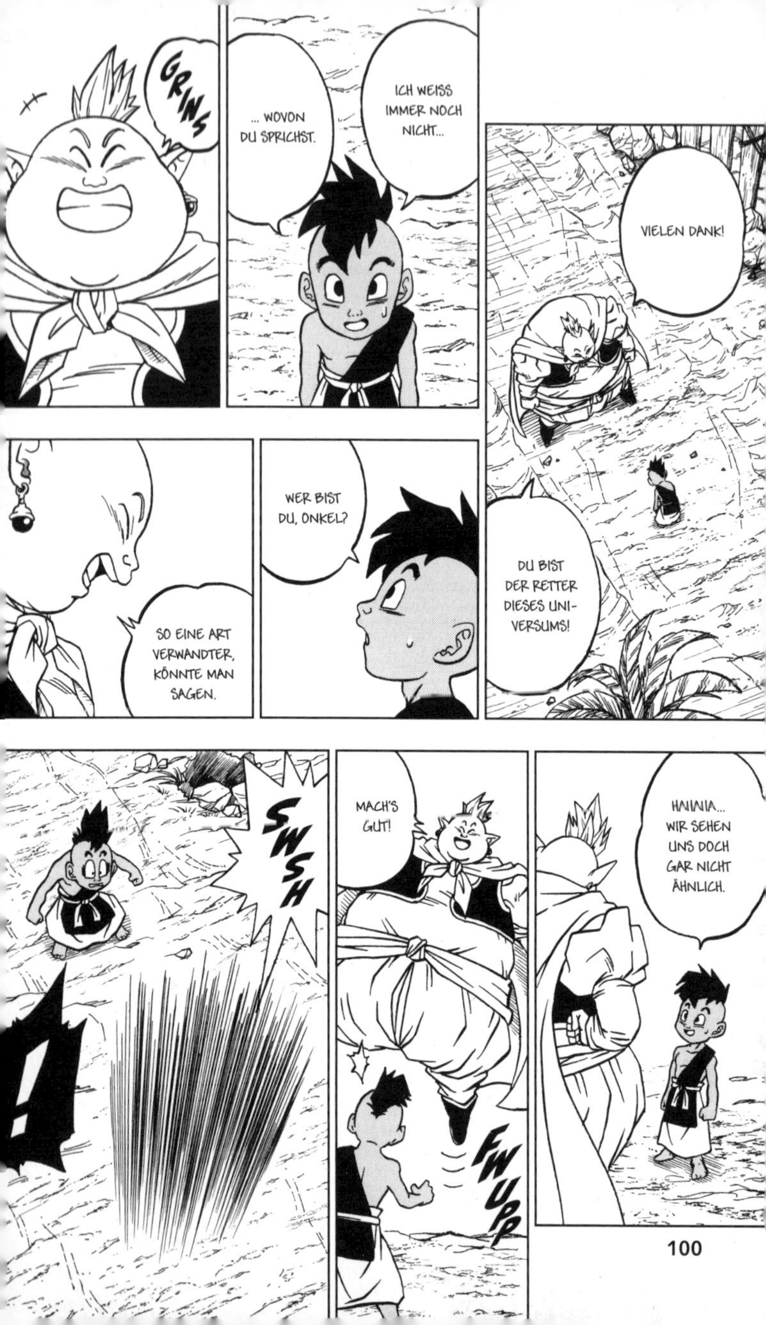
VIELEN DANK!
DU BIST DER RETTER DIESES UNI-VERSUMS!
ICH WEISS IMMER NOCH NICHT...
... WOVON DU SPRICHST.
GRINS
WER BIST DU, ONKEL?
SO EINE ART VERWANDTER, KÖNNTE MAN SAGEN.
HAHAHA... WIR SEHEN UNS DOCH GAR NICHT ÄHNLICH.
MACH'S GUT!
FWUPP
SWSH
!

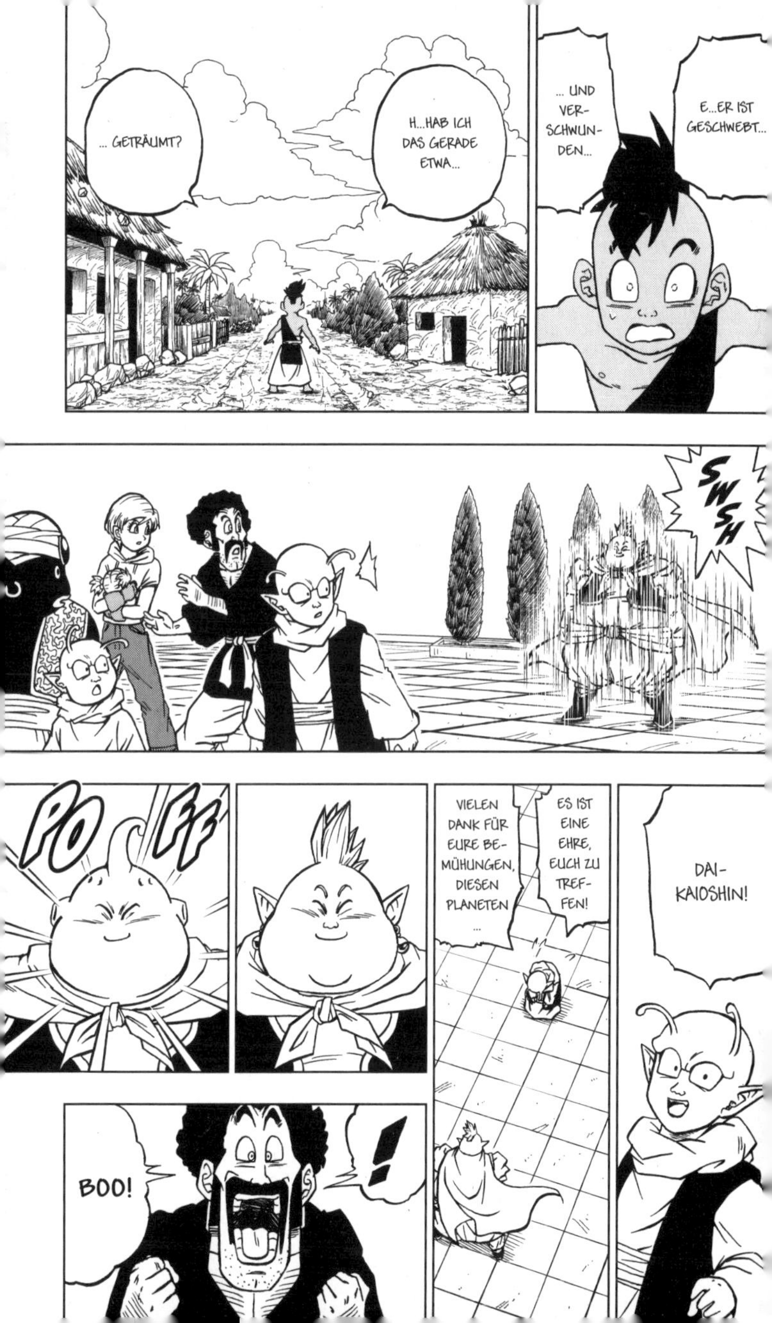
E...ER IST GESCHWEBT...
... UND VERSCHWUNDEN...
H...HAB ICH DAS GERADE ETWA...
... GETRÄUMT?
SWSH
DAI-KAIOSHIN!
ES IST EINE EHRE, EUCH ZU TREFFEN!
VIELEN DANK FÜR EURE BEMÜHUNGEN, DIESEN PLANETEN ...
POFF
!
BOO!

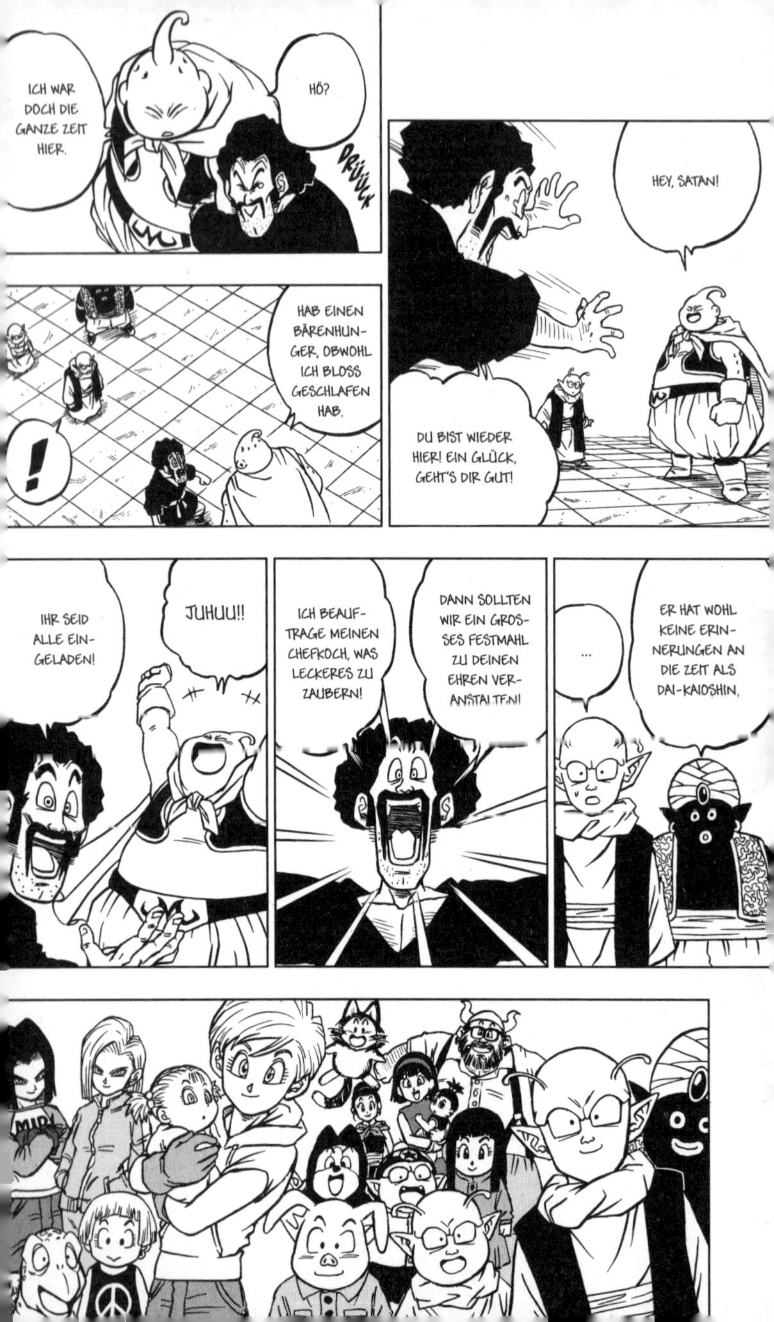
HAB EINEN BÄRENHUNGER, OBWOHL ICH BLOSS GESCHLAFEN HAB.
!
HEY, SATAN!
DU BIST WIEDER HIER! EIN GLÜCK, GEHT'S DIR GUT!
HÖ?
ICH WAR DOCH DIE GANZE ZEIT HIER.
DRÜÜCK
ER HAT WOHL KEINE ERINNERUNGEN AN DIE ZEIT ALS DAI-KAIOSHIN,
...
DANN SOLLTEN WIR EIN GROSSES FESTMAHL ZU DEINEN EHREN VERANSTALTEN!
ICH BEAUFTRAGE MEINEN CHEFKOCH, WAS LECKERES ZU ZAUBERN!
IHR SEID ALLE EINGELADEN!
JUHUU!!

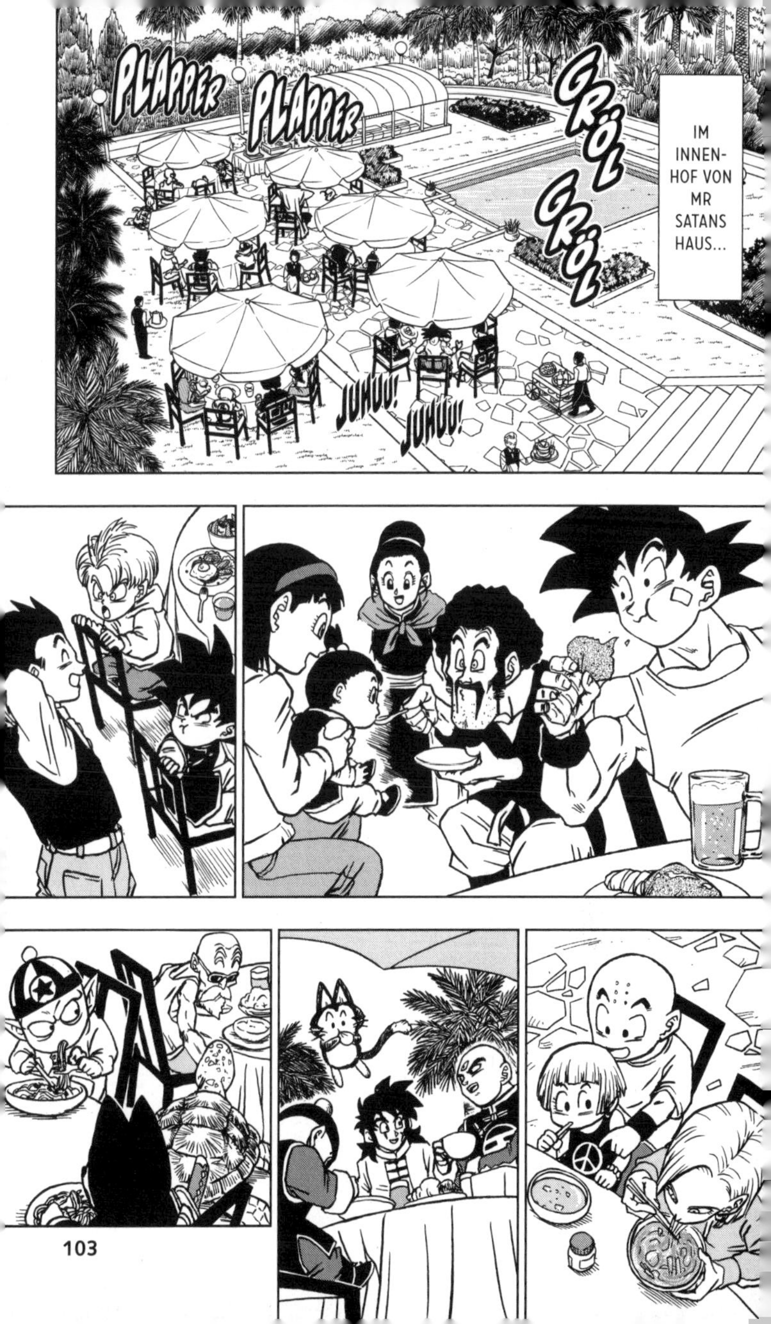
IM INNENHOF VON MR SATANS HAUS...
GRÖL GRÖL
PLAPPER PLAPPER
JUHUU! JUHUU!

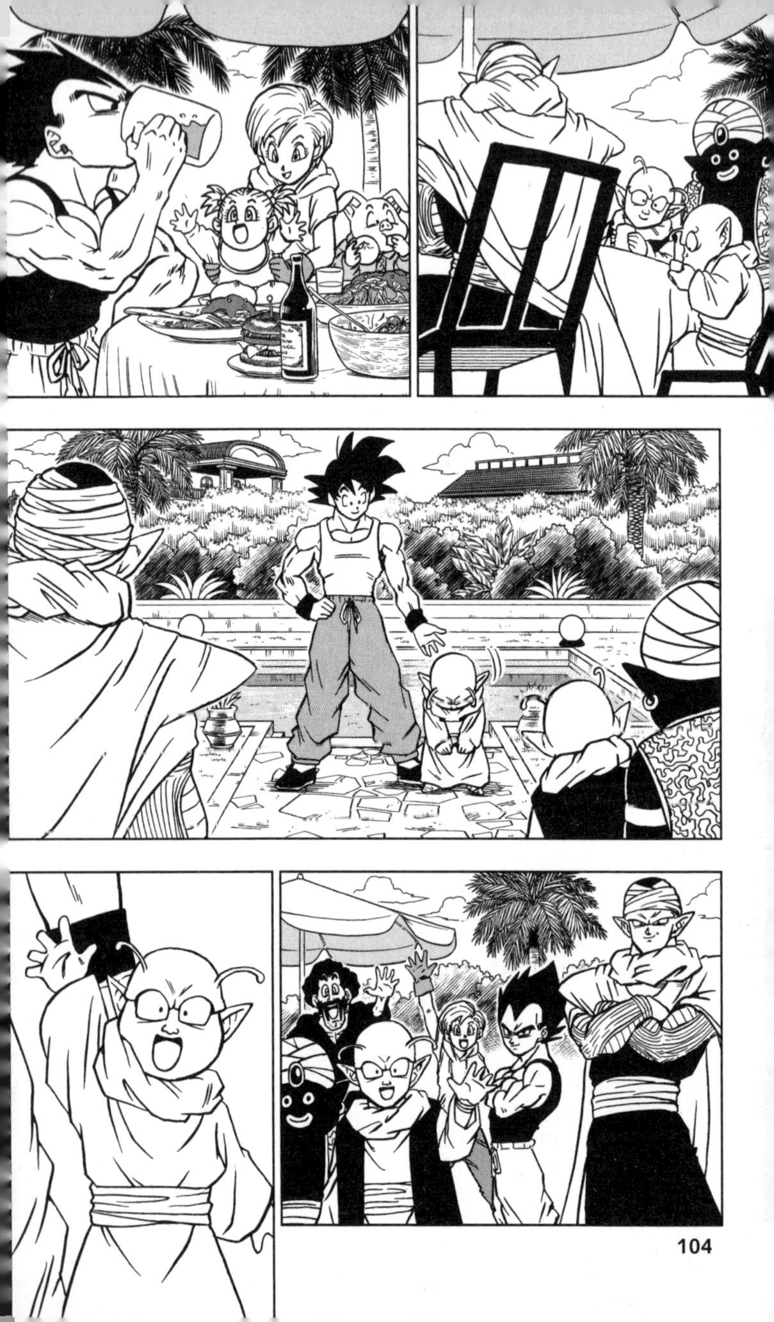

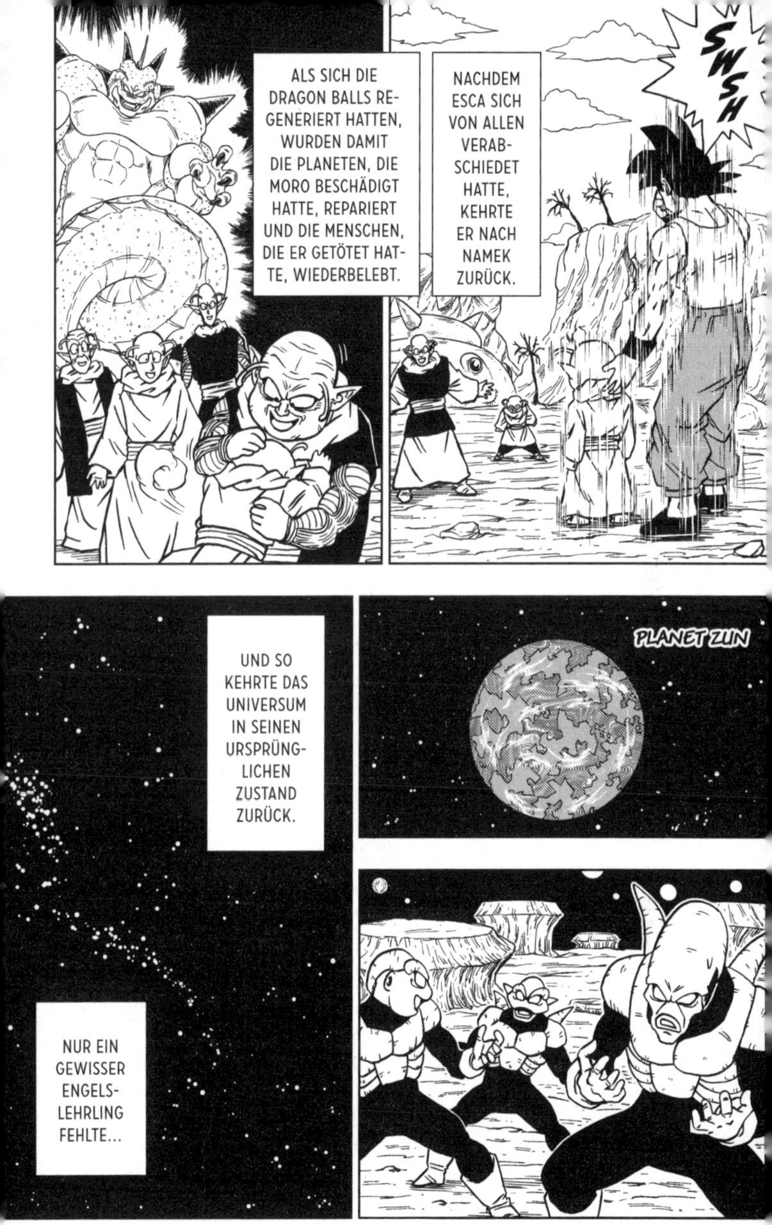
ALS SICH DIE DRAGON BALLS REGENERIERT HATTEN, WURDEN DAMIT DIE PLANETEN, DIE MORO BESCHÄDIGT HATTE, REPARIERT UND DIE MENSCHEN, DIE ER GETÖTET HATTE, WIEDERBELEBT.
NACHDEM ESCA SICH VON ALLEN VERABSCHIEDET HATTE, KEHRTE ER NACH NAMEK ZURÜCK.
SWSH
UND SO KEHRTE DAS UNIVERSUM IN SEINEN URSPRÜNGLICHEN ZUSTAND ZURÜCK.
NUR EIN GEWISSER ENGELSLEHRLING FEHLTE...
PLANET ZUN

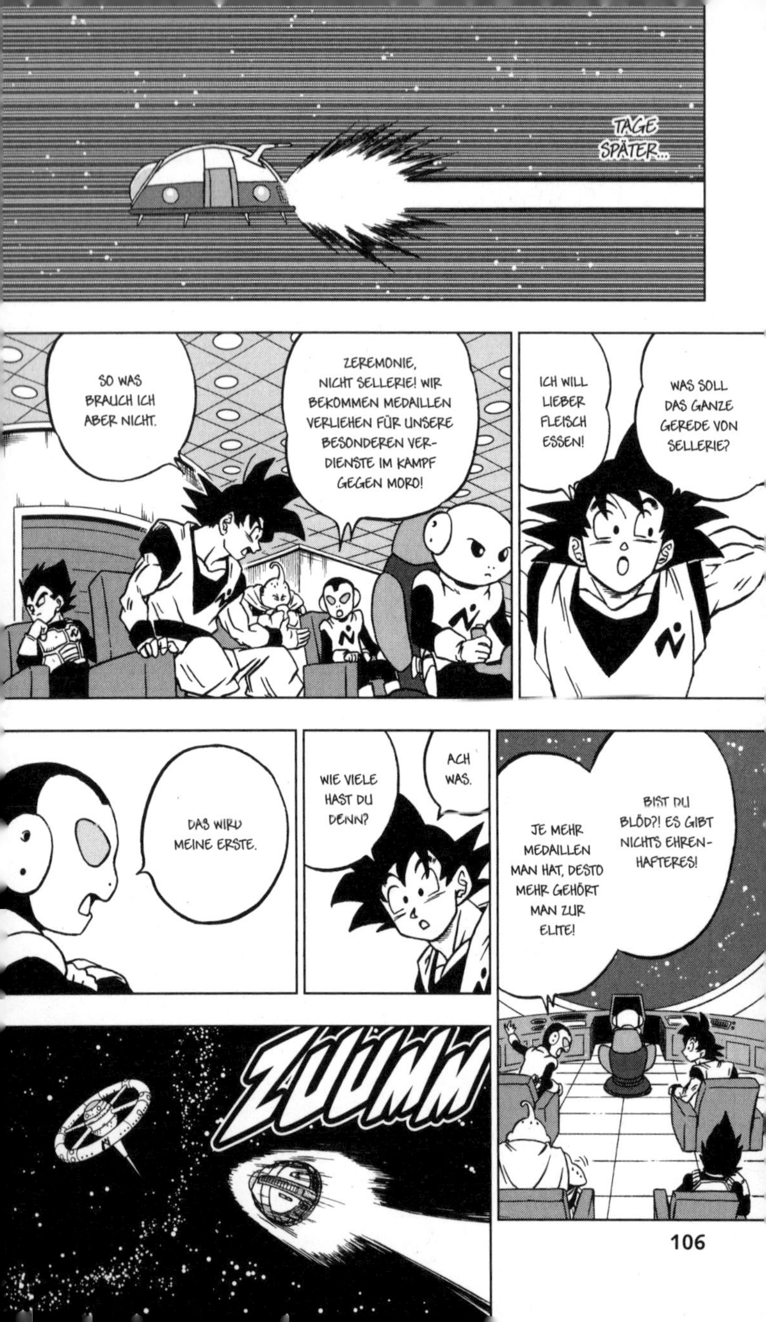
TAGE SPÄTER...
WAS SOLL DAS GANZE GEREDE VON SELLERIE?
ICH WILL LIEBER FLEISCH ESSEN!
ZEREMONIE, NICHT SELLERIE! WIR BEKOMMEN MEDAILLEN VERLIEHEN FÜR UNSERE BESONDEREN VERDIENSTE IM KAMPF GEGEN MORO!
SO WAS BRAUCH ICH ABER NICHT.
BIST DU BLÖD?! ES GIBT NICHTS EHRENHAFTERES!
JE MEHR MEDAILLEN MAN HAT, DESTO MEHR GEHÖRT MAN ZUR ELITE!
ACH WAS.
WIE VIELE HAST DU DENN?
DAS WIRD MEINE ERSTE.
ZOOMM

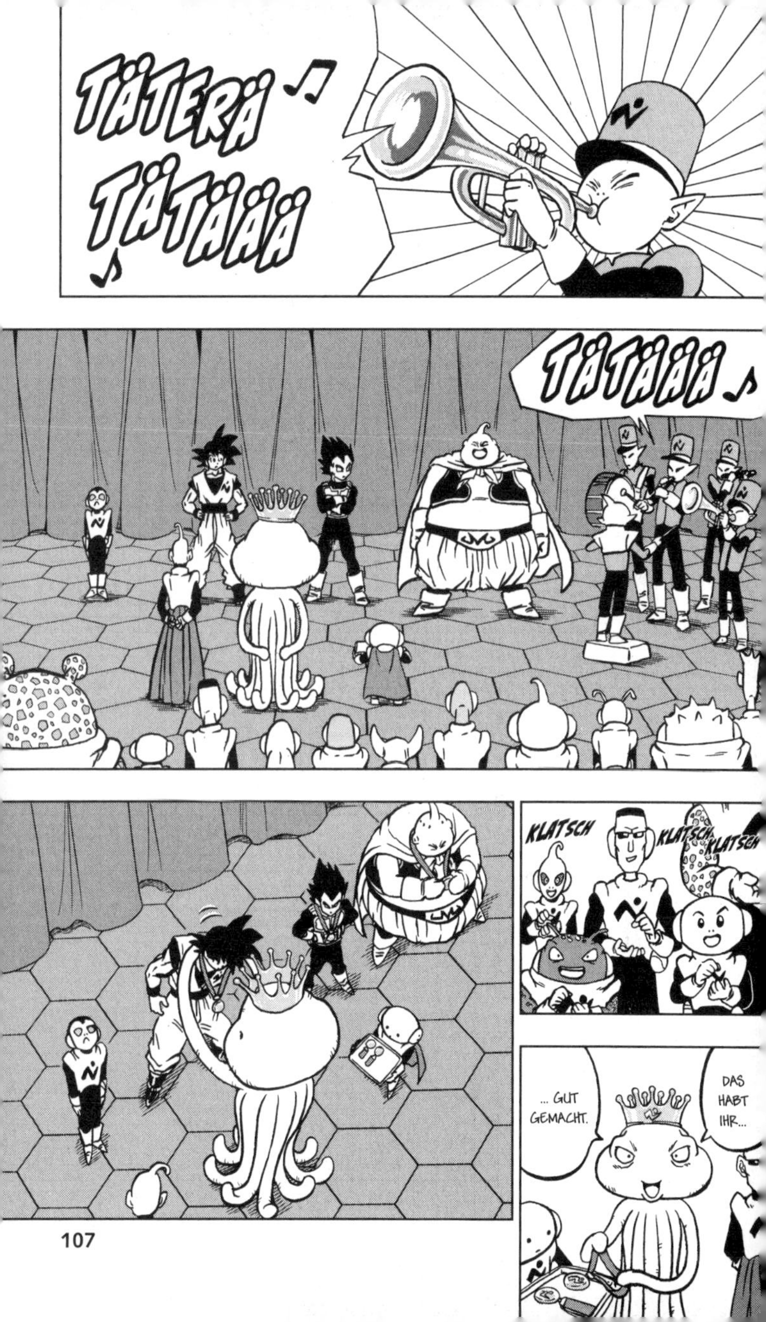
TÄTERÄ ♪
TÄTÄÄÄ ♪
TÄTÄÄÄ ♪
KLATSCH
KLATSCH
KLATSCH
DAS HABT IHR...
... GUT GEMACHT.

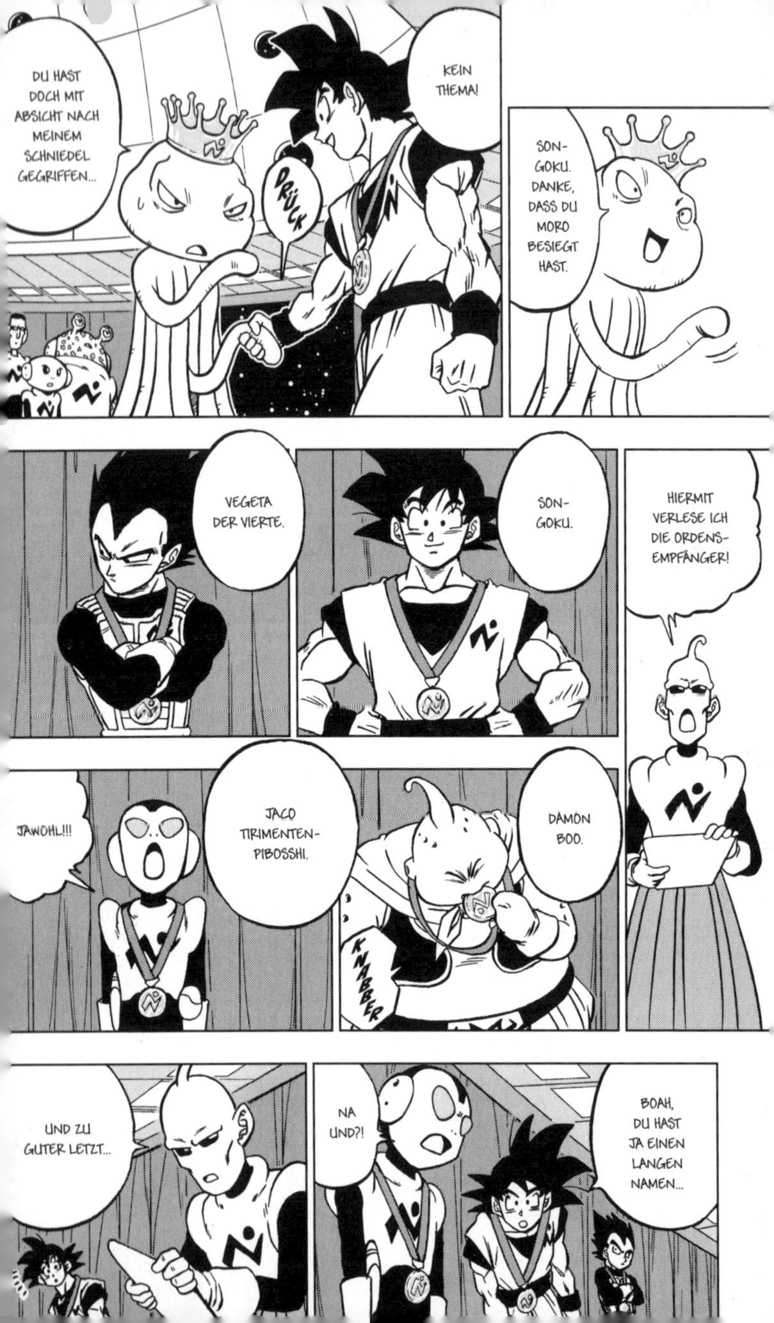
SON-GOKU. DANKE, DASS DU MORO BESIEGT HAST.
KEIN THEMA!
DRÜCK
DU HAST DOCH MIT ABSICHT NACH MEINEM SCHNIEDEL GEGRIFFEN...
HIERMIT VERLESE ICH DIE ORDENS-EMPFÄNGER!
SON-GOKU.
VEGETA DER VIERTE.
DAMON BOO.
KNABBER
JACO TIRIMENTEN-PIBOSSHI.
JAWOHL!!!
BOAH, DU HAST JA EINEN LANGEN NAMEN...
NA UND?!
UND ZU GUTER LETZT...

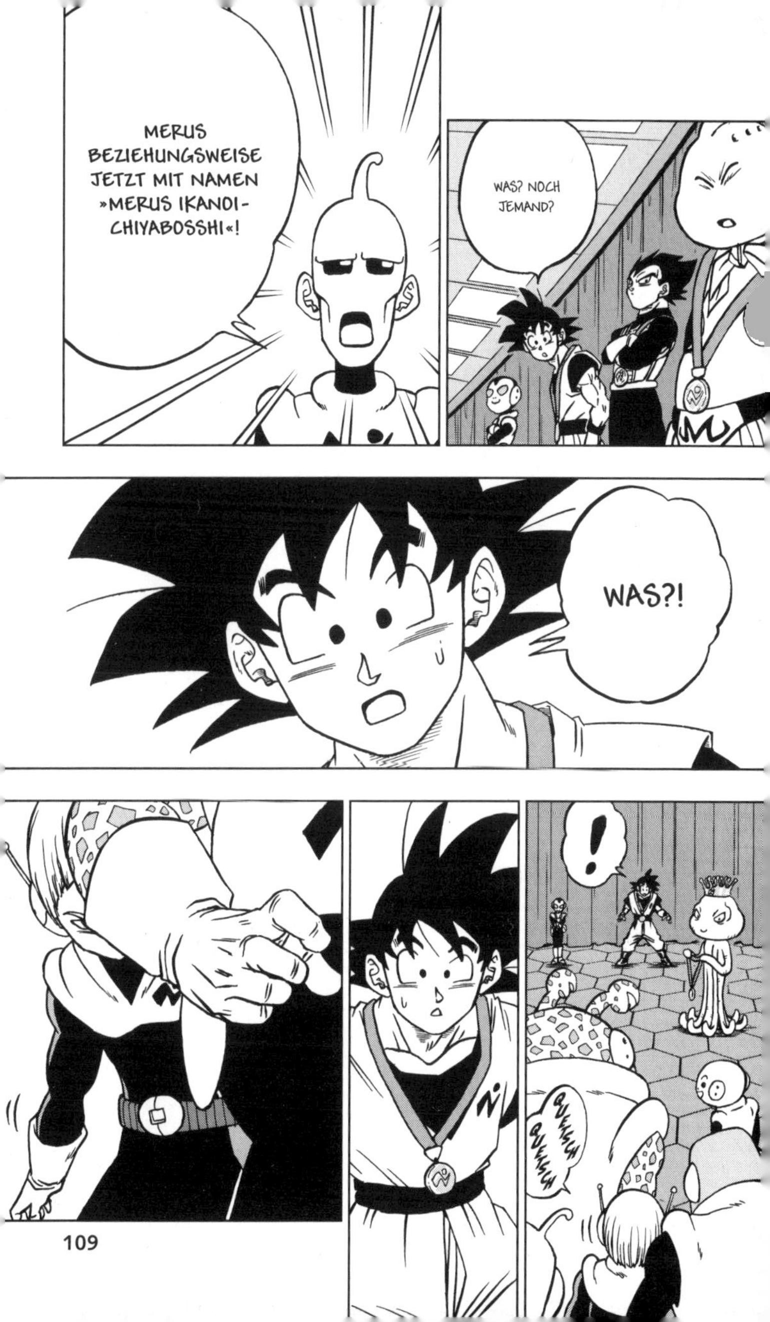
WAS? NOCH JEMAND?
MERUS BEZIEHUNGSWEISE JETZT MIT NAMEN »MERUS IKANDI-CHIYABOSSHI«!
WAS?!
!
QUEKSCH QUEKSCH

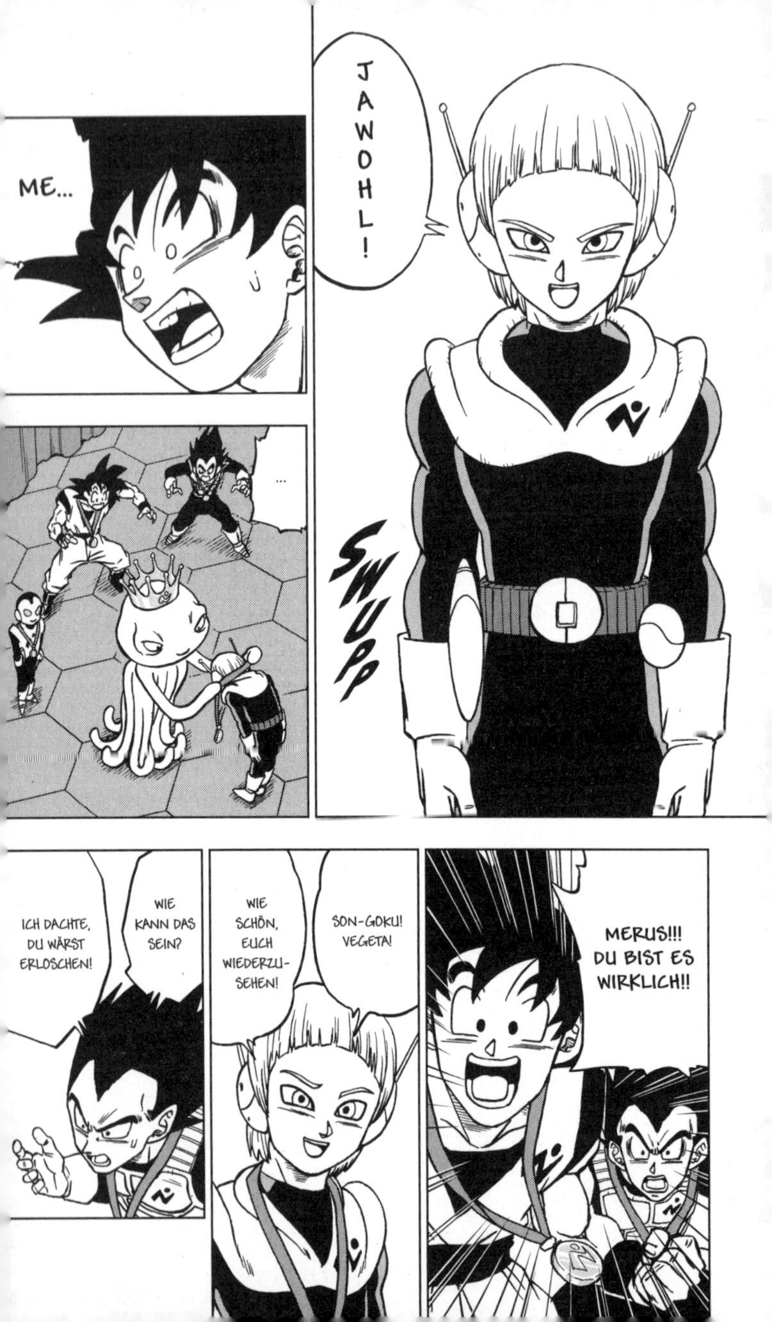
JAWOHL!
SWUPP
ME...
...
MERUS!!! DU BIST ES WIRKLICH!!
SON-GOKU! VEGETA!
WIE SCHÖN, EUCH WIEDERZU-SEHEN!
WIE KANN DAS SEIN?
ICH DACHTE, DU WÄRST ERLOSCHEN!

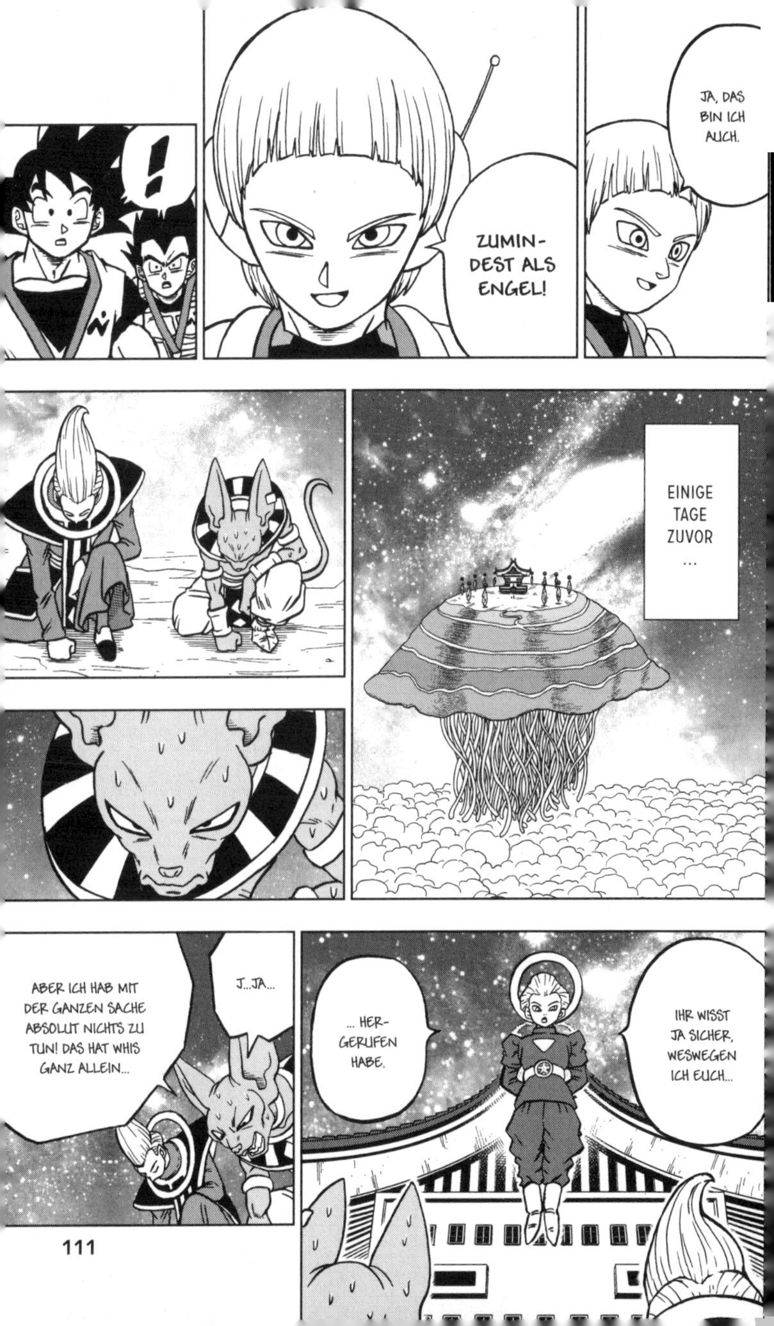
JA, DAS BIN ICH AUCH.
ZUMIN-DEST ALS ENGEL!
!
EINIGE TAGE ZUVOR ...
IHR WISST JA SICHER, WESWEGEN ICH EUCH...
... HER-GERUFEN HABE.
J...JA...
ABER ICH HAB MIT DER GANZEN SACHE ABSOLUT NICHTS ZU TUN! DAS HAT WHIS GANZ ALLEIN...

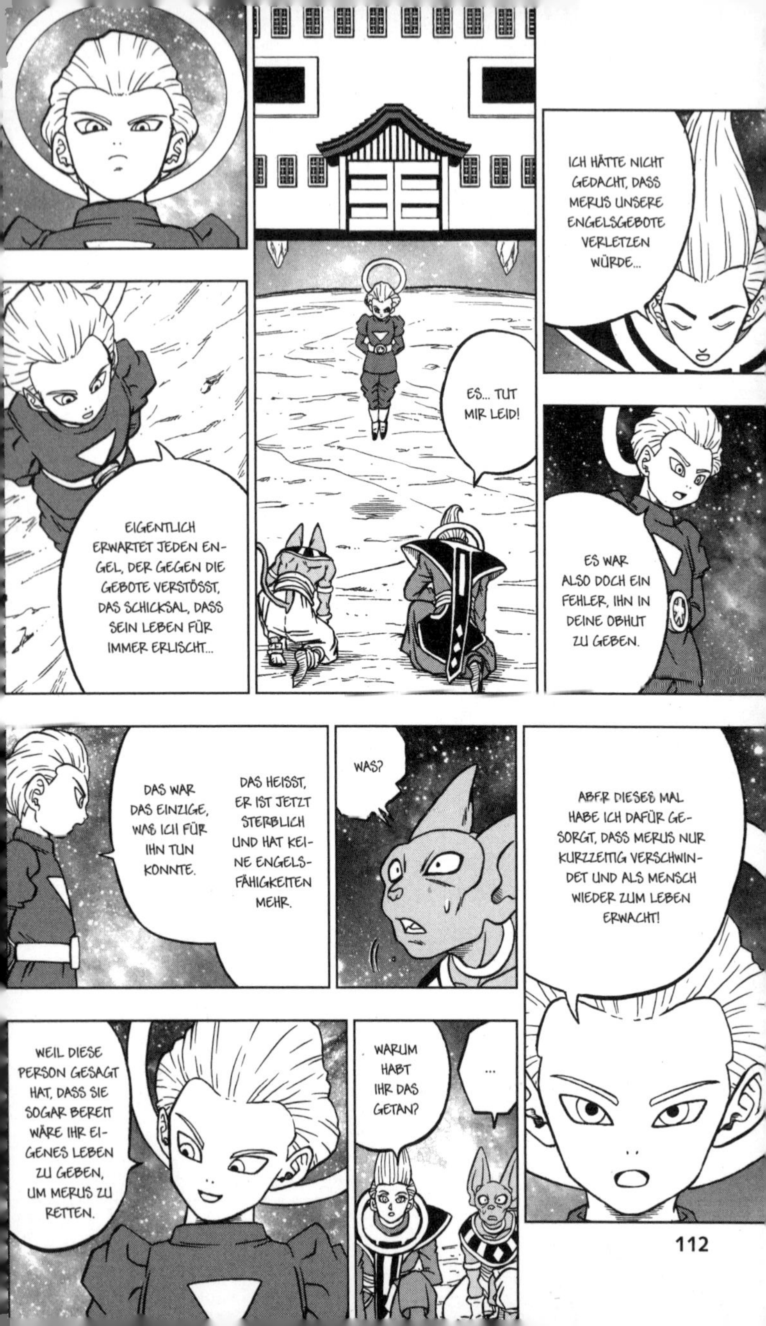
ICH HÄTTE NICHT GEDACHT, DASS MERUS UNSERE ENGELSGEBOTE VERLETZEN WÜRDE...
ES... TUT MIR LEID!
ES WAR ALSO DOCH EIN FEHLER, IHN IN DEINE OBHUT ZU GEBEN.
EIGENTLICH ERWARTET JEDEN ENGEL, DER GEGEN DIE GEBOTE VERSTÖSST, DAS SCHICKSAL, DASS SEIN LEBEN FÜR IMMER ERLISCHT...
ABER DIESES MAL HABE ICH DAFÜR GESORGT, DASS MERUS NUR KURZZEITIG VERSCHWINDET UND ALS MENSCH WIEDER ZUM LEBEN ERWACHT!
WAS?
DAS HEISST, ER IST JETZT STERBLICH UND HAT KEINE ENGELSFÄHIGKEITEN MEHR.
DAS WAR DAS EINZIGE, WAS ICH FÜR IHN TUN KONNTE.
WARUM HABT IHR DAS GETAN?
...
WEIL DIESE PERSON GESAGT HAT, DASS SIE SOGAR BEREIT WÄRE IHR EIGENES LEBEN ZU GEBEN, UM MERUS ZU RETTEN.

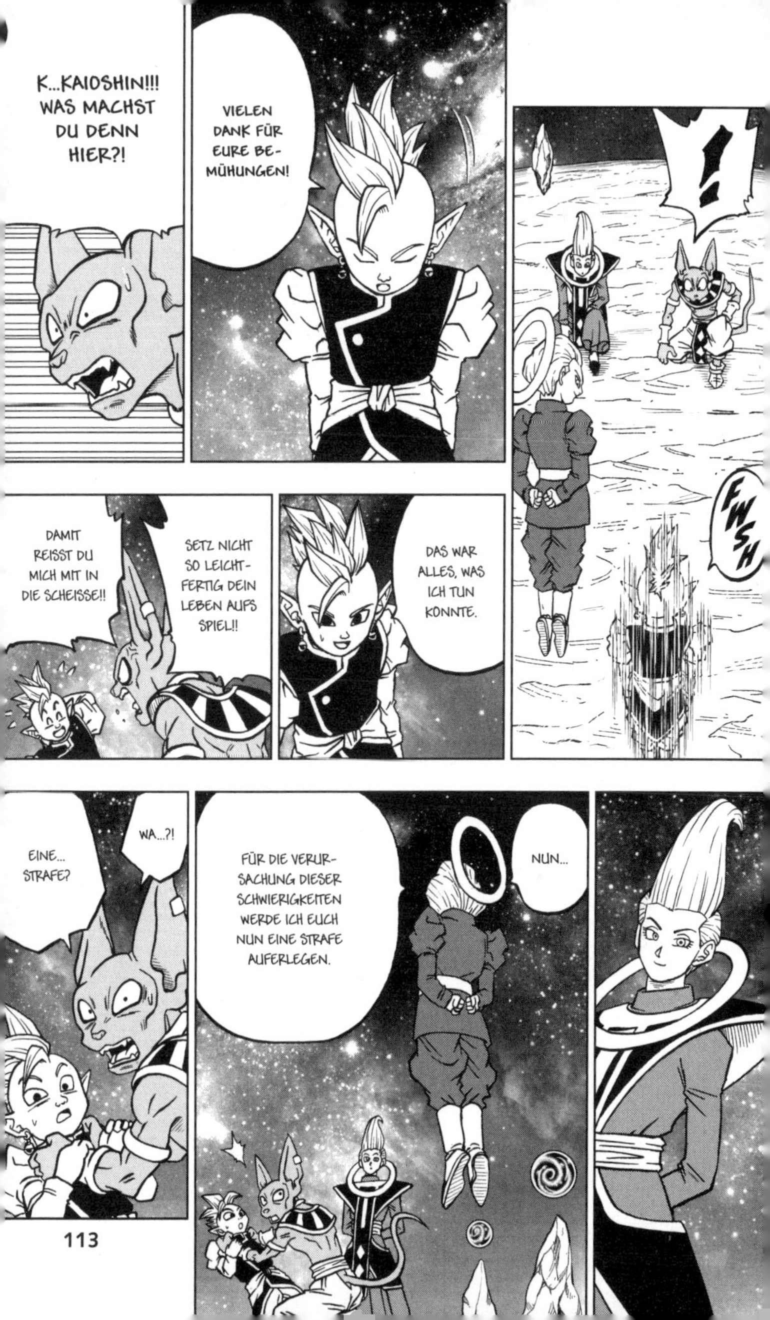
!
FWSH
VIELEN DANK FÜR EURE BE- MÜHUNGEN!
K...KAIOSHIN!!! WAS MACHST DU DENN HIER?!
DAS WAR ALLES, WAS ICH TUN KONNTE.
SETZ NICHT SO LEICHT- FERTIG DEIN LEBEN AUFS SPIEL!!
DAMIT REISST DU MICH MIT IN DIE SCHEISSE!!
NUN...
FÜR DIE VERUR- SACHUNG DIESER SCHWIERIGKEITEN WERDE ICH EUCH NUN EINE STRAFE AUFERLEGEN.
WA...?!
EINE... STRAFE?

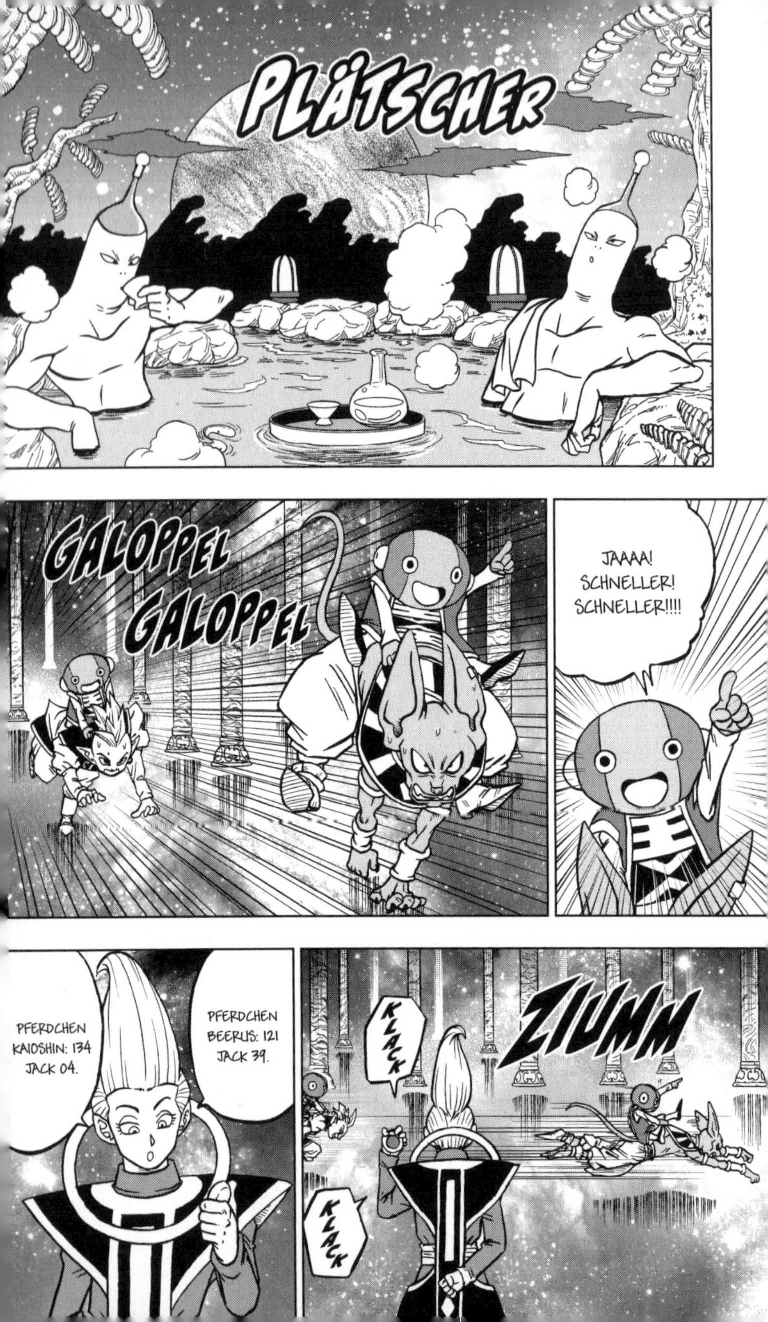
PLÄTSCHER
GALOPPEL
GALOPPEL
JAAAA! SCHNELLER! SCHNELLER!!!!
PFERDCHEN BEERUS: 121 JACK 39.
PFERDCHEN KAIOSHIN: 134 JACK 04.
KLACK
ZIUMM
KLACK

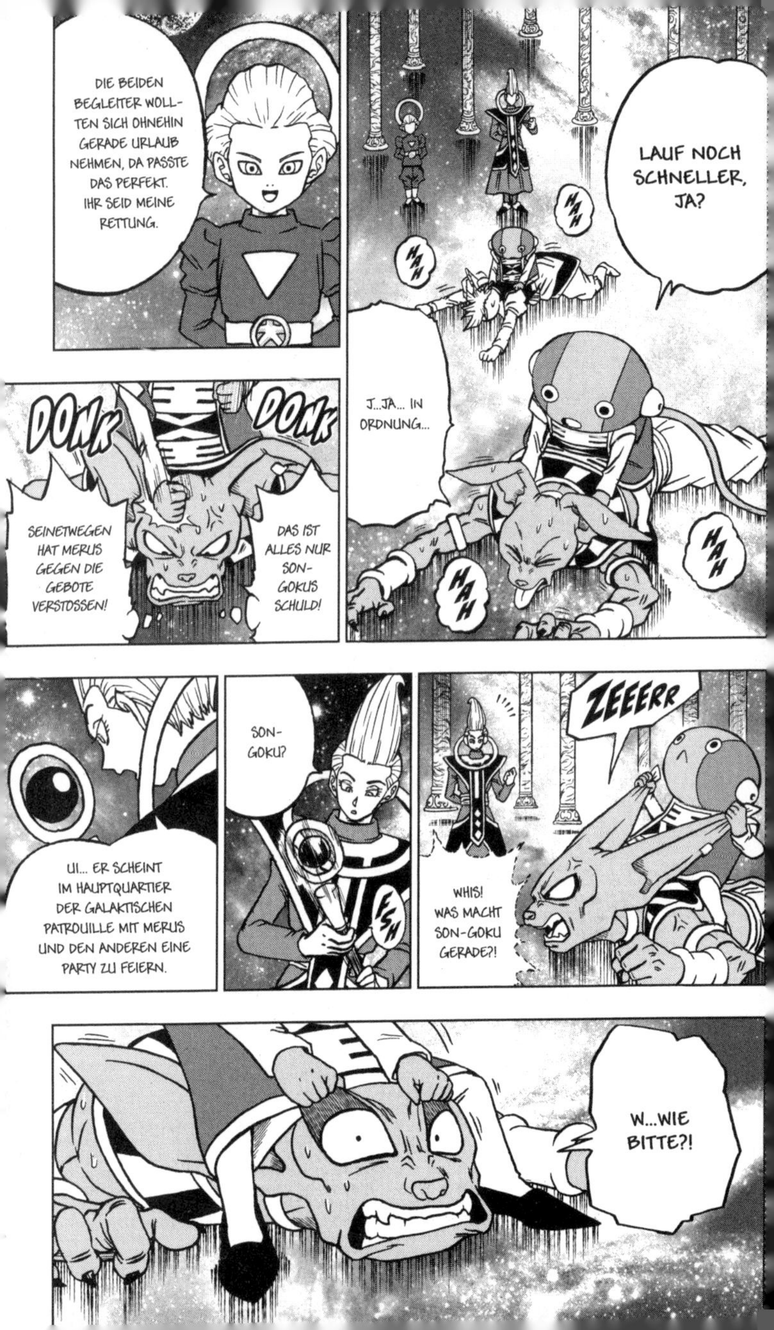

LAUF NOCH SCHNELLER, JA?
HAH
HAH
J...JA... IN ORDNUNG...
HAH
HAH
DIE BEIDEN BEGLEITER WOLLTEN SICH OHNEHIN GERADE URLAUB NEHMEN, DA PASSTE DAS PERFEKT. IHR SEID MEINE RETTUNG.
DONK
DONK
DAS IST ALLES NUR SON-GOKUS SCHULD!
SEINETWEGEN HAT MERUS GEGEN DIE GEBOTE VERSTOSSEN!
ZEEERR
WHIS! WAS MACHT SON-GOKU GERADE?!
SON-GOKU?
FSH
UI... ER SCHEINT IM HAUPTQUARTIER DER GALAKTISCHEN PATROUILLE MIT MERUS UND DEN ANDEREN EINE PARTY ZU FEIERN.
W...WIE BITTE?!

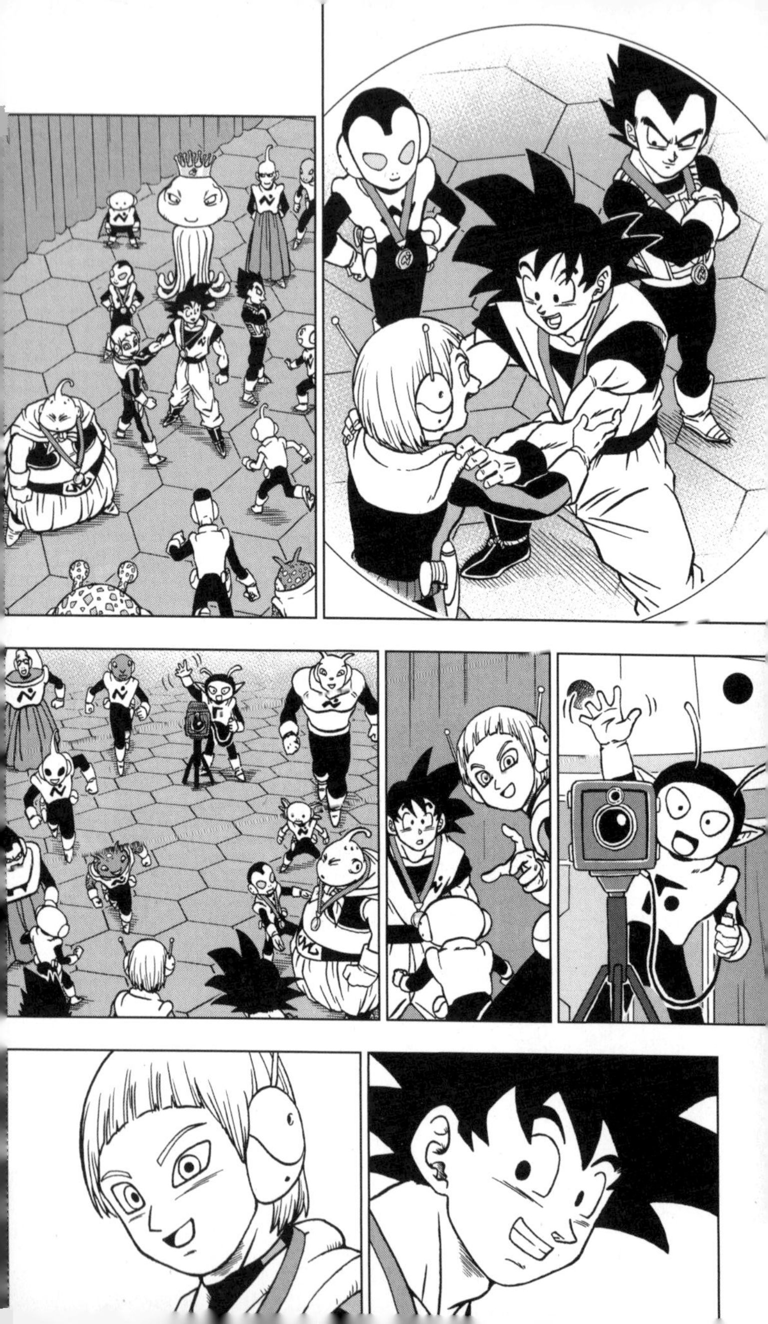

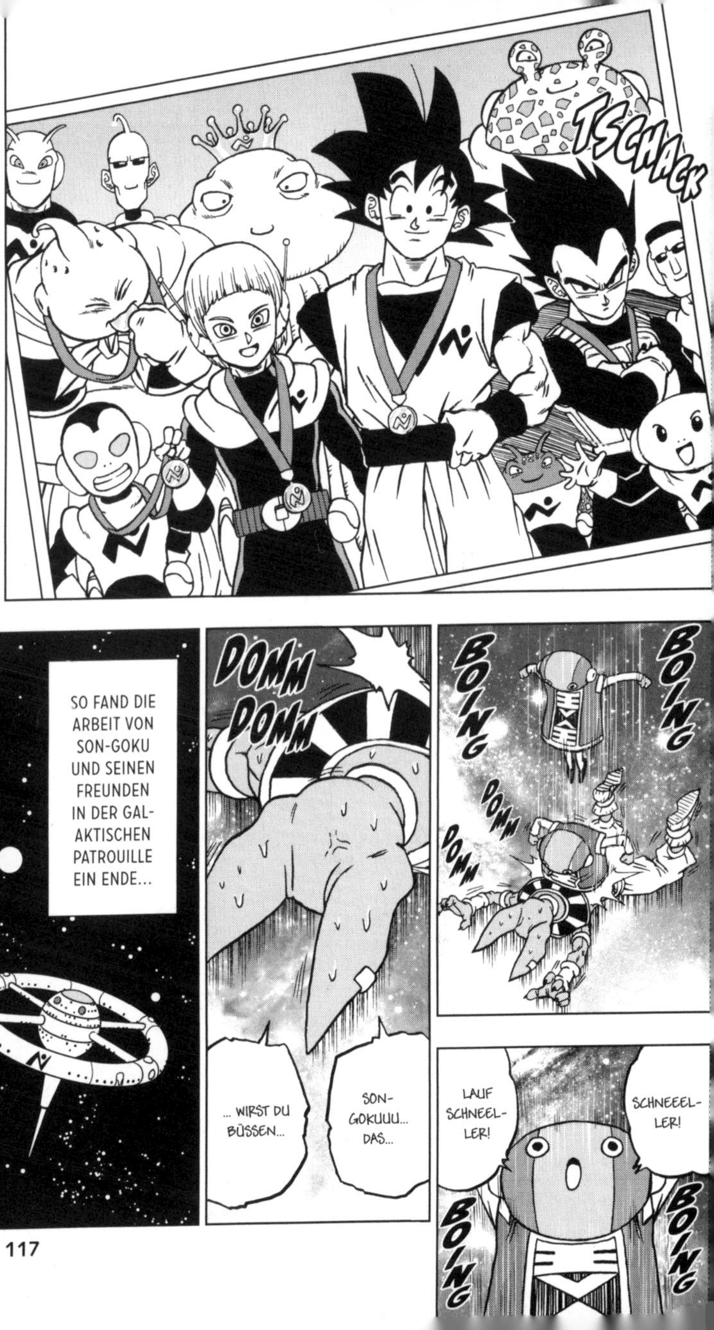
TSCHACK
BOING
BOING
DOMM
DOMM
LAUF SCHNEEL-LER!
SCHNEEEL-LER!
BOING
BOING
DOMM
DOMM
SON-GOKUUU... DAS...
... WIRST DU BÜSSEN...
SO FAND DIE ARBEIT VON SON-GOKU UND SEINEN FREUNDEN IN DER GAL-AKTISCHEN PATROUILLE EIN ENDE...

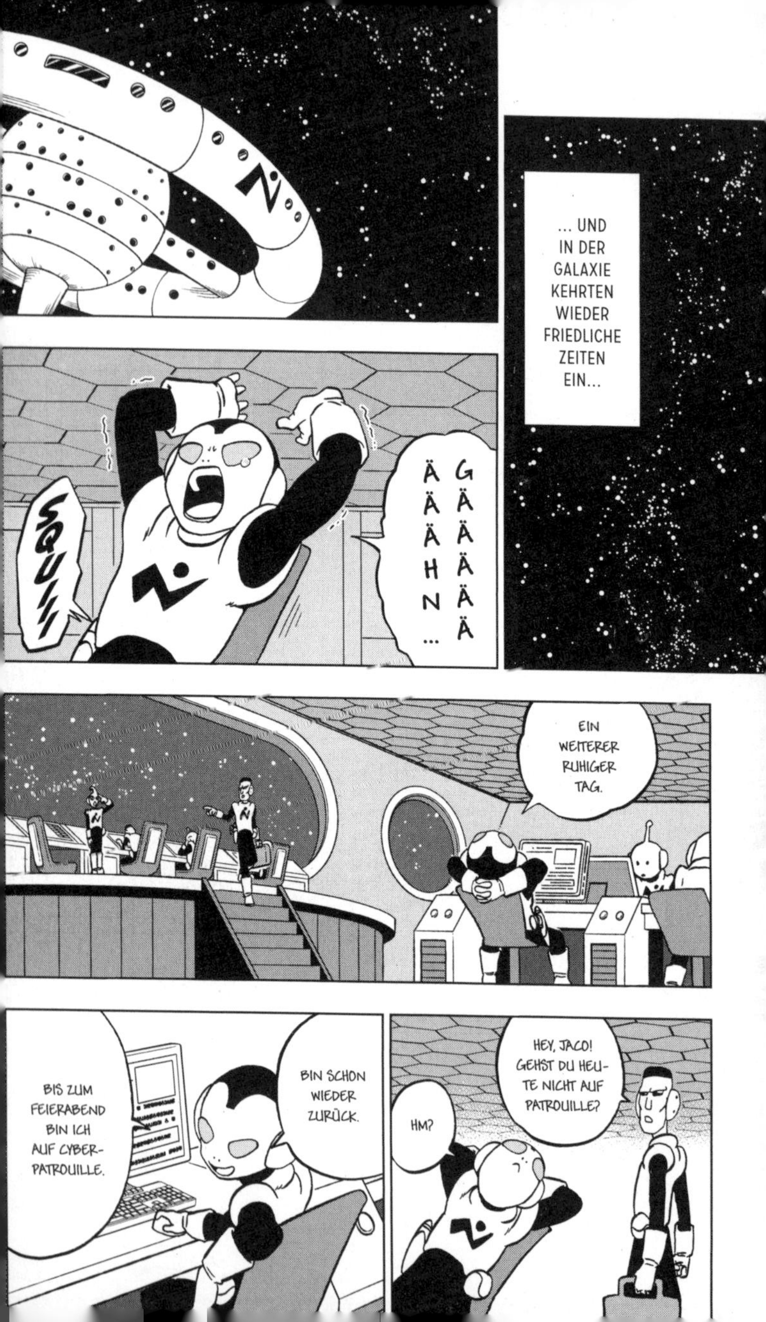
... UND IN DER GALAXIE KEHRTEN WIEDER FRIEDLICHE ZEITEN EIN...
GÄÄÄÄÄÄÄÄÄHN...
SQUIIII
EIN WEITERER RUHIGER TAG.
HEY, JACO! GEHST DU HEUTE NICHT AUF PATROUILLE?
HM?
BIN SCHON WIEDER ZURÜCK.
BIS ZUM FEIERABEND BIN ICH AUF CYBER-PATROUILLE.

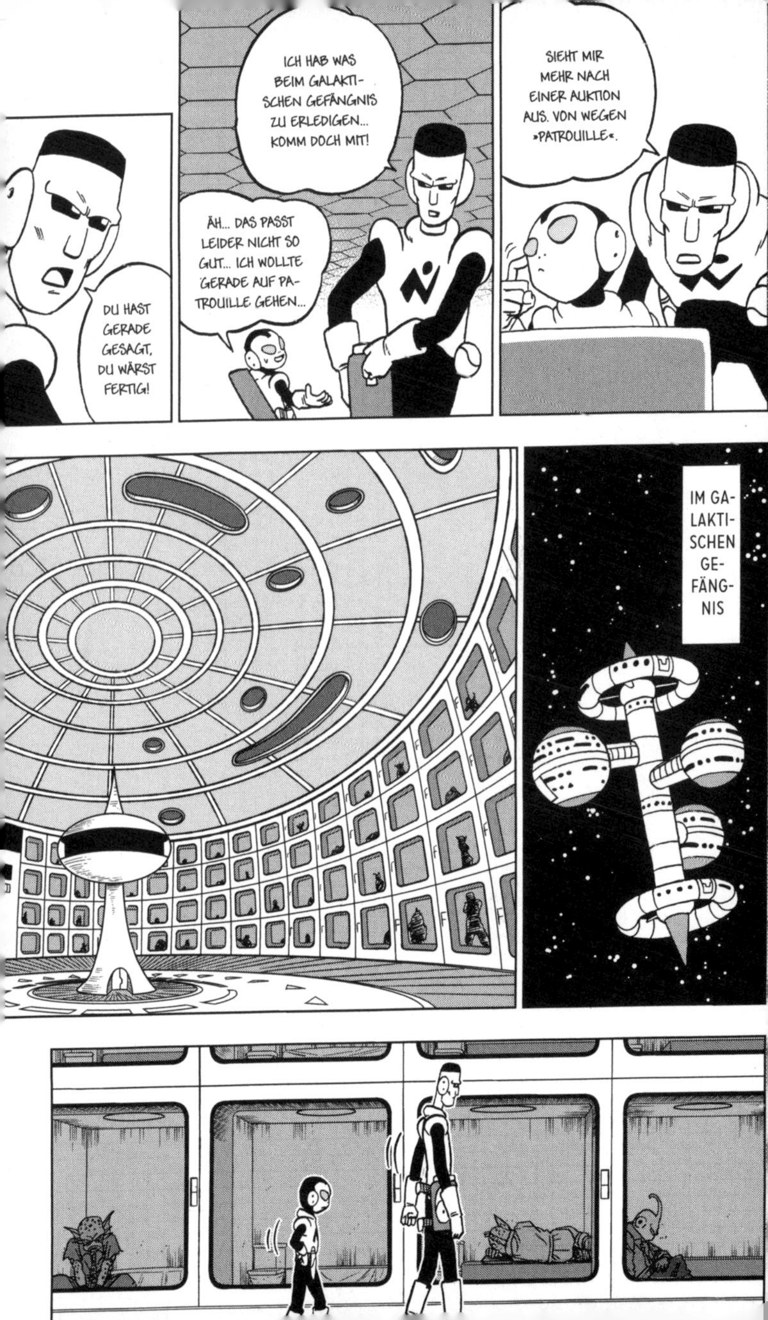

ICH HAB WAS BEIM GALAKTISCHEN GEFÄNGNIS ZU ERLEDIGEN... KOMM DOCH MIT!
ÄH... DAS PASST LEIDER NICHT SO GUT... ICH WOLLTE GERADE AUF PATROUILLE GEHEN...
DU HAST GERADE GESAGT, DU WÄRST FERTIG!
SIEHT MIR MEHR NACH EINER AUKTION AUS. VON WEGEN »PATROUILLE«.
IM GALAKTISCHEN GEFÄNGNIS

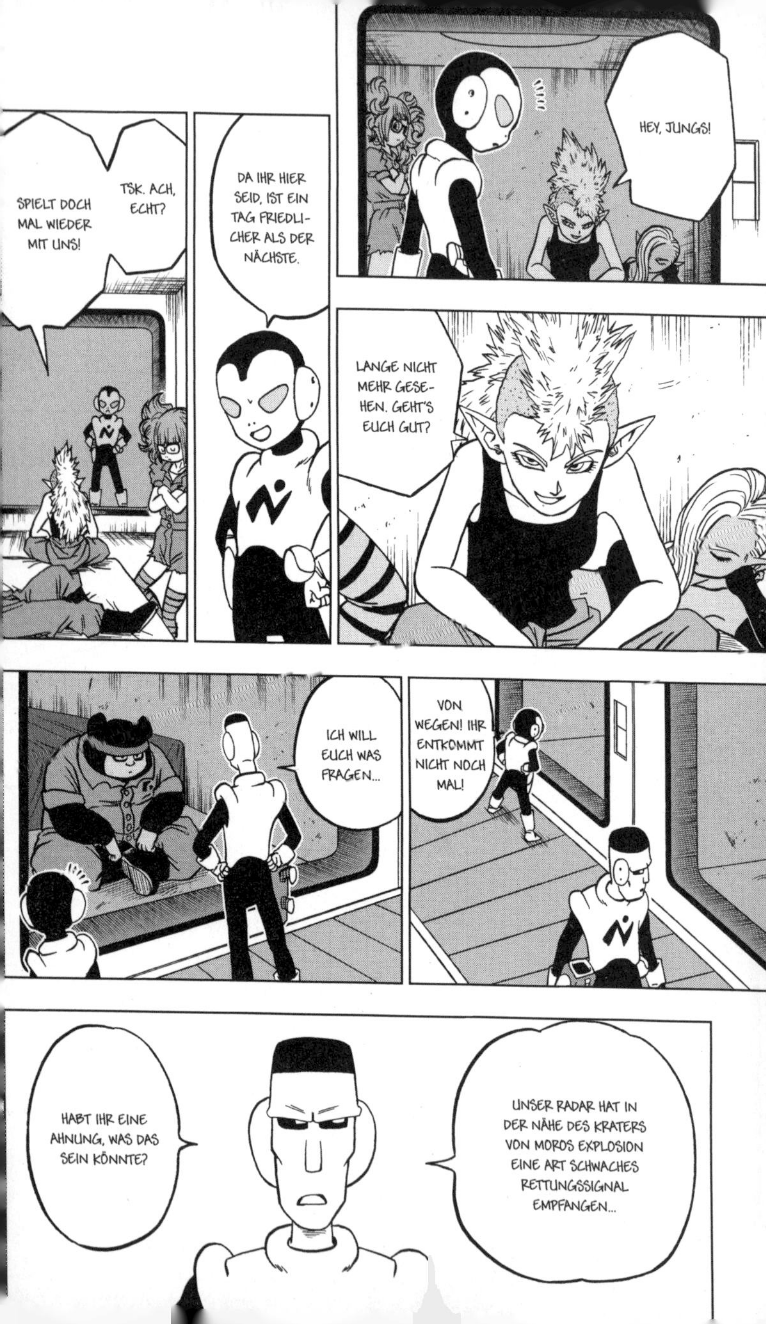
HEY, JUNGS!
LANGE NICHT MEHR GESEHEN. GEHT'S EUCH GUT?
DA IHR HIER SEID, IST EIN TAG FRIEDLICHER ALS DER NÄCHSTE.
TSK. ACH, ECHT?
SPIELT DOCH MAL WIEDER MIT UNS!
VON WEGEN! IHR ENTKOMMT NICHT NOCH MAL!
ICH WILL EUCH WAS FRAGEN...
UNSER RADAR HAT IN DER NÄHE DES KRATERS VON MOROS EXPLOSION EINE ART SCHWACHES RETTUNGSSIGNAL EMPFANGEN...
HABT IHR EINE AHNUNG, WAS DAS SEIN KÖNNTE?

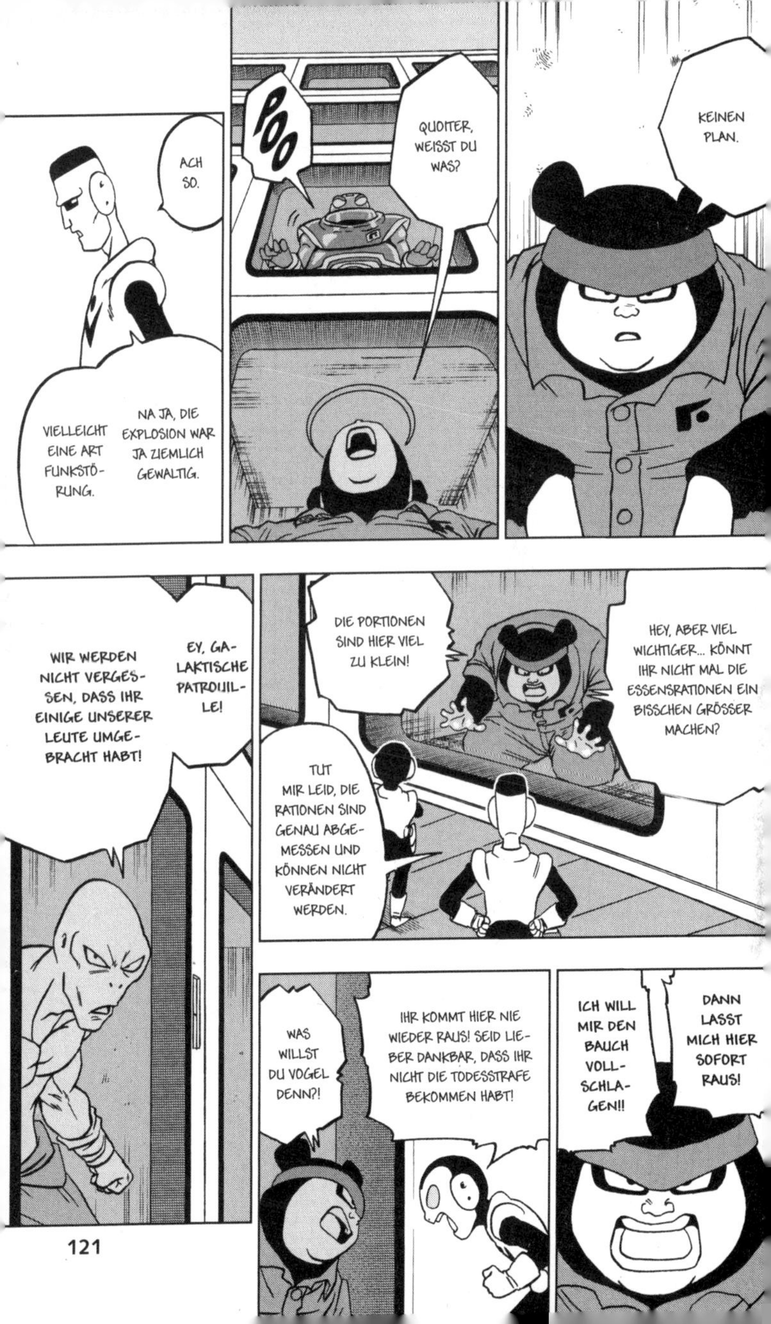
KEINEN PLAN.
POO
QUOITER, WEISST DU WAS?
ACH SO.
NA JA, DIE EXPLOSION WAR JA ZIEMLICH GEWALTIG.
VIELLEICHT EINE ART FUNKSTÖ-RUNG.
HEY, ABER VIEL WICHTIGER... KÖNNT IHR NICHT MAL DIE ESSENSRATIONEN EIN BISSCHEN GRÖSSER MACHEN?
DIE PORTIONEN SIND HIER VIEL ZU KLEIN!
TUT MIR LEID, DIE RATIONEN SIND GENAU ABGE-MESSEN UND KÖNNEN NICHT VERÄNDERT WERDEN.
EY, GA-LAKTISCHE PATROUIL-LE!
WIR WERDEN NICHT VERGES-SEN, DASS IHR EINIGE UNSERER LEUTE UMGE-BRACHT HABT!
DANN LASST MICH HIER SOFORT RAUS!
ICH WILL MIR DEN BAUCH VOLL-SCHLA-GEN!!
IHR KOMMT HIER NIE WIEDER RAUS! SEID LIE-BER DANKBAR, DASS IHR NICHT DIE TODESSTRAFE BEKOMMEN HABT!
WAS WILLST DU VOGEL DENN?!

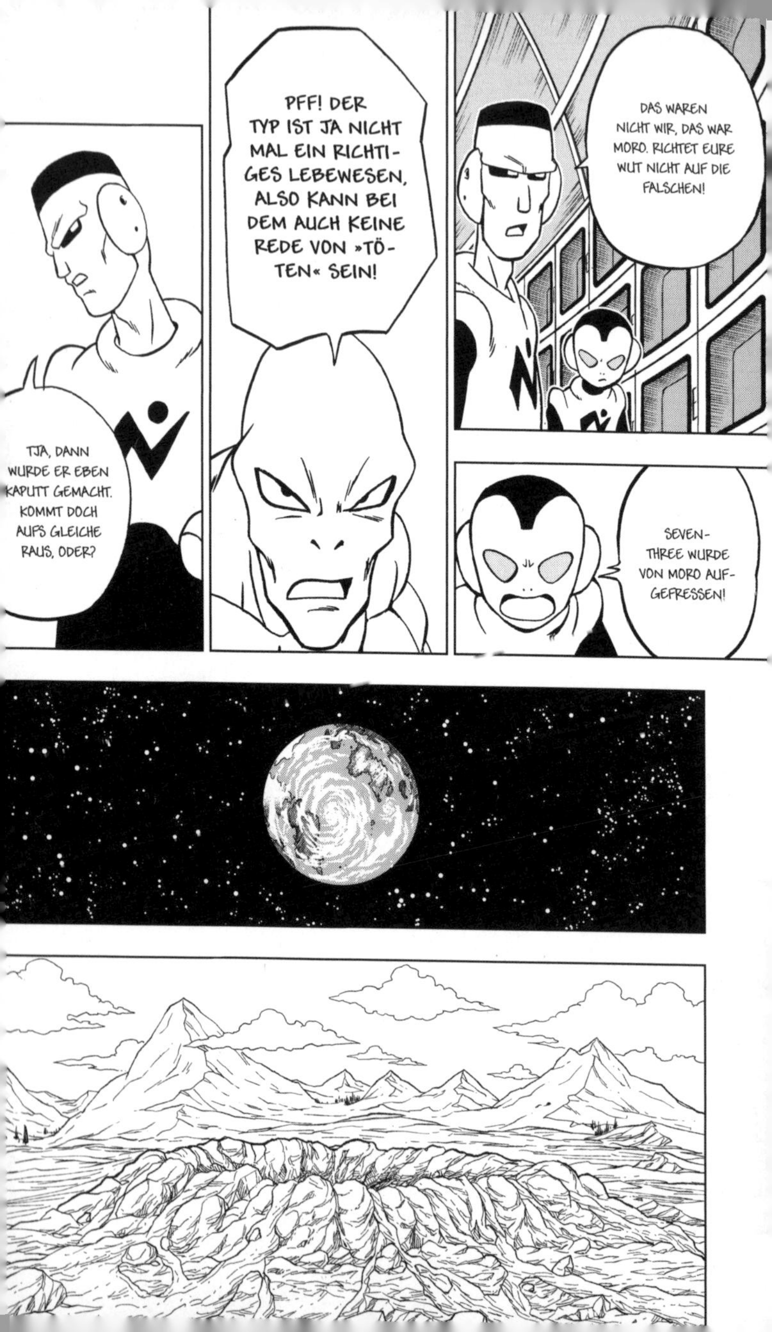
DAS WAREN NICHT WIR, DAS WAR MORO. RICHTET EURE WUT NICHT AUF DIE FALSCHEN!
SEVEN-THREE WURDE VON MORO AUF-GEFRESSEN!
PFF! DER TYP IST JA NICHT MAL EIN RICHTI-GES LEBEWESEN, ALSO KANN BEI DEM AUCH KEINE REDE VON »TÖ-TEN« SEIN!
TJA, DANN WURDE ER EBEN KAPUTT GEMACHT. KOMMT DOCH AUFS GLEICHE RAUS, ODER?

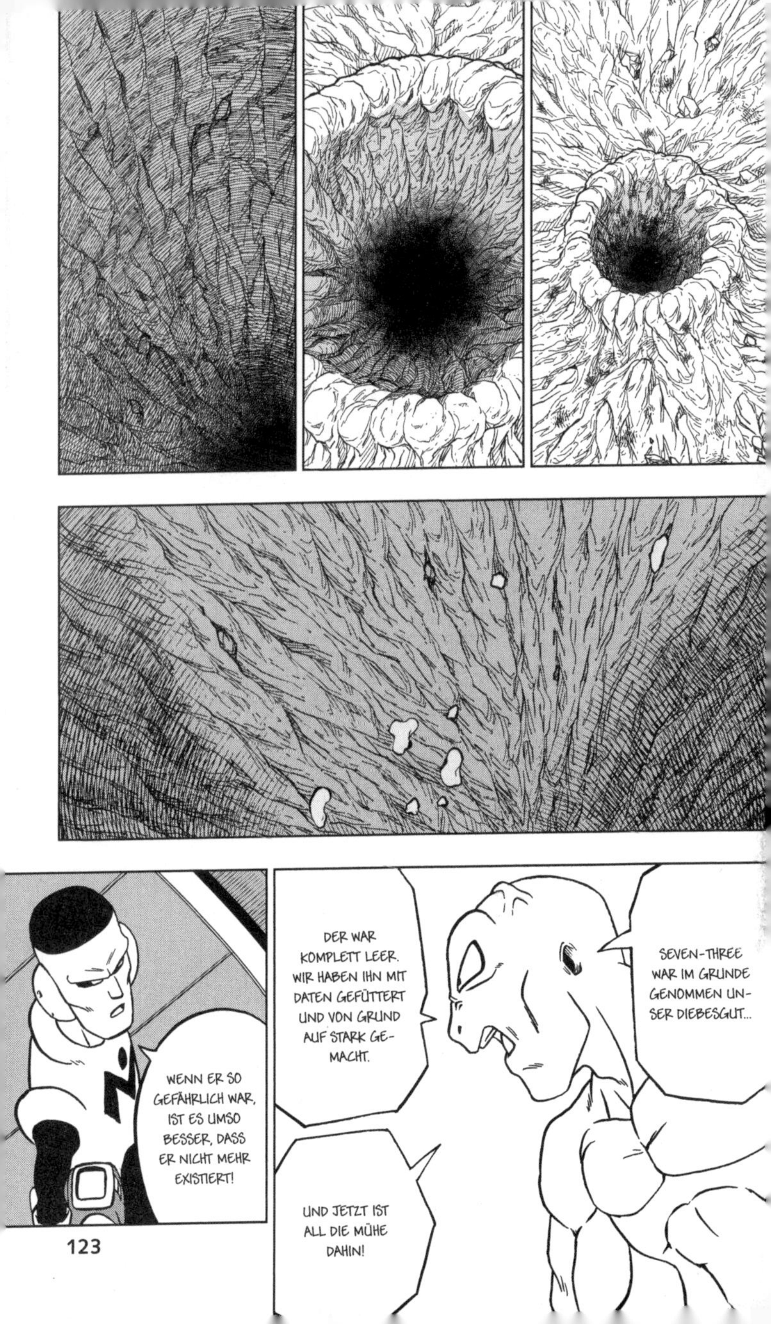
SEVEN-THREE WAR IM GRUNDE GENOMMEN UNSER DIEBESGUT...
DER WAR KOMPLETT LEER. WIR HABEN IHN MIT DATEN GEFÜTTERT UND VON GRUND AUF STARK GEMACHT.
UND JETZT IST ALL DIE MÜHE DAHIN!
WENN ER SO GEFÄHRLICH WAR, IST ES UMSO BESSER, DASS ER NICHT MEHR EXISTIERT!

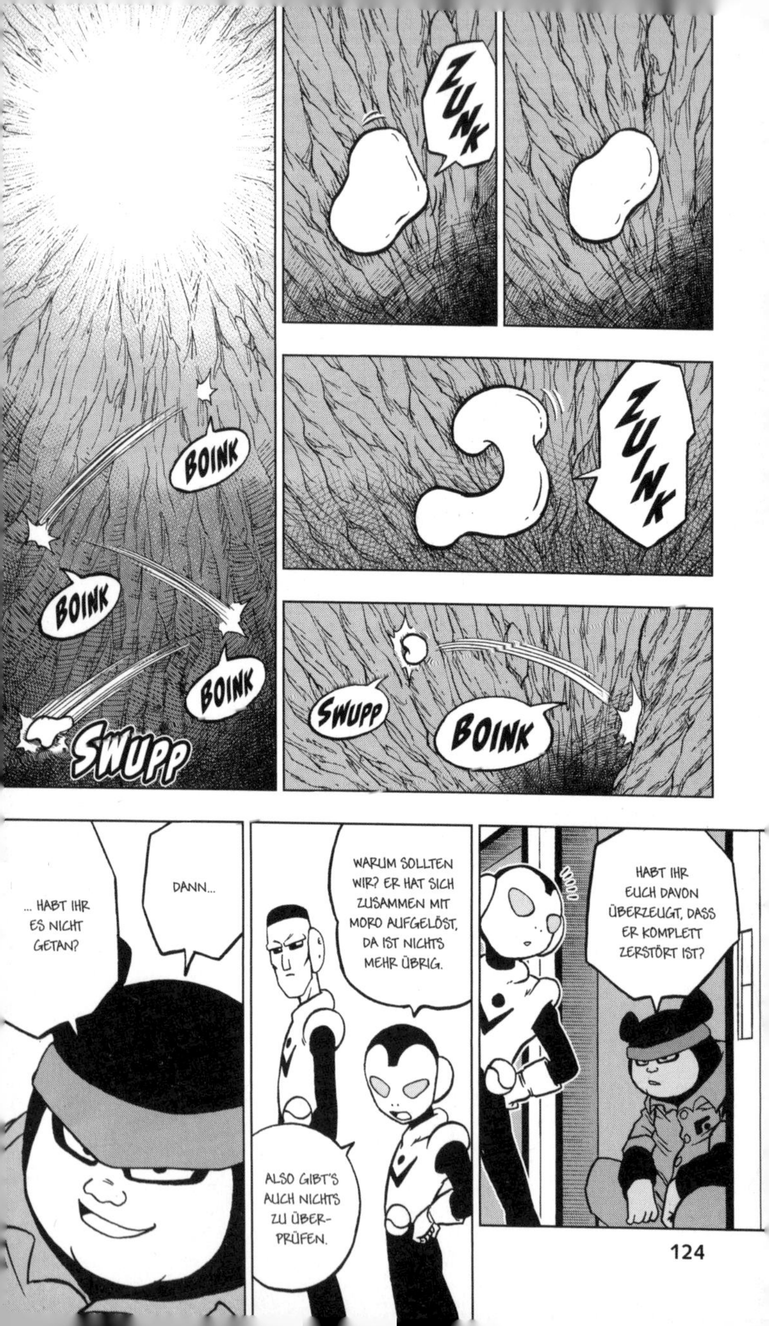
ZUNK
ZUINK
SWUPP
BOINK
BOINK
BOINK
BOINK
SWUPP
HABT IHR EUCH DAVON ÜBERZEUGT, DASS ER KOMPLETT ZERSTÖRT IST?
WARUM SOLLTEN WIR? ER HAT SICH ZUSAMMEN MIT MORO AUFGELÖST, DA IST NICHTS MEHR ÜBRIG.
ALSO GIBT'S AUCH NICHTS ZU ÜBER-PRÜFEN.
DANN...
... HABT IHR ES NICHT GETAN?

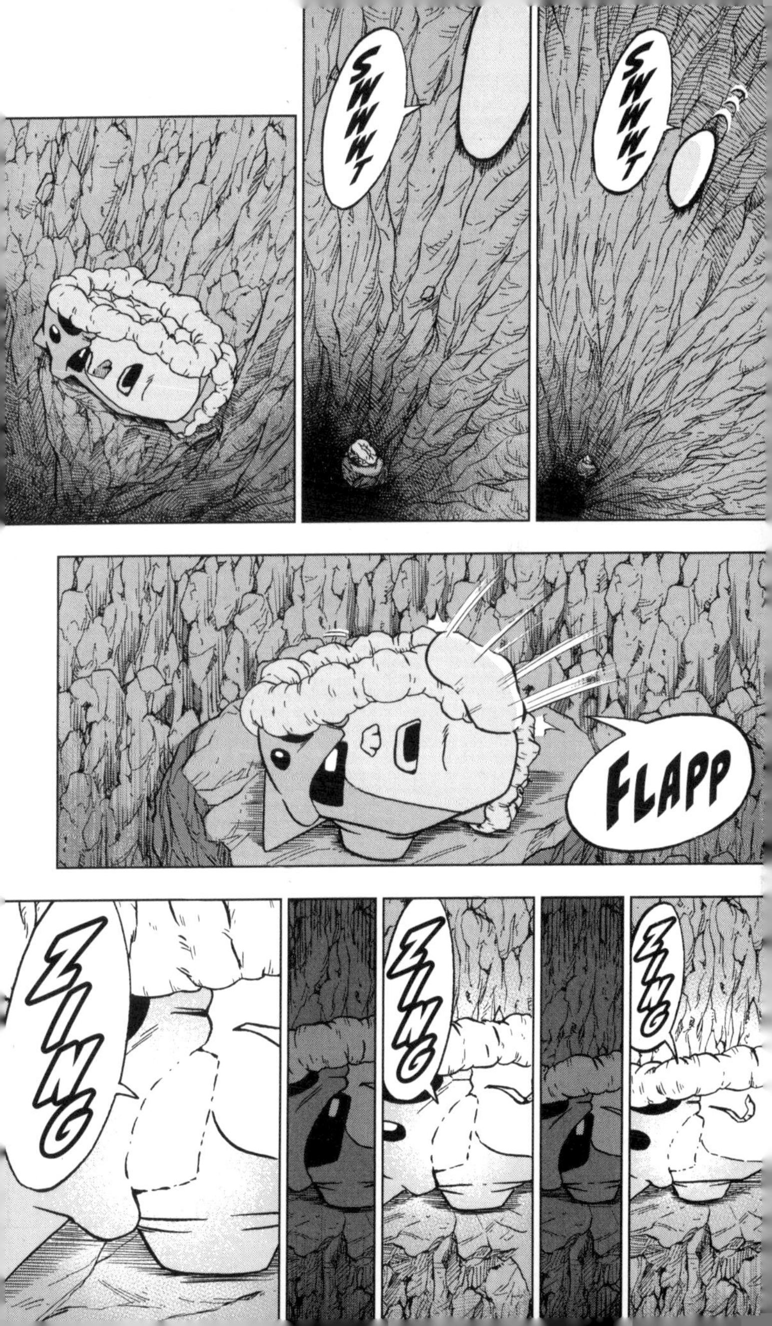

SWWWT
SWWWT
FLAPP
ZING
ZING
ZING

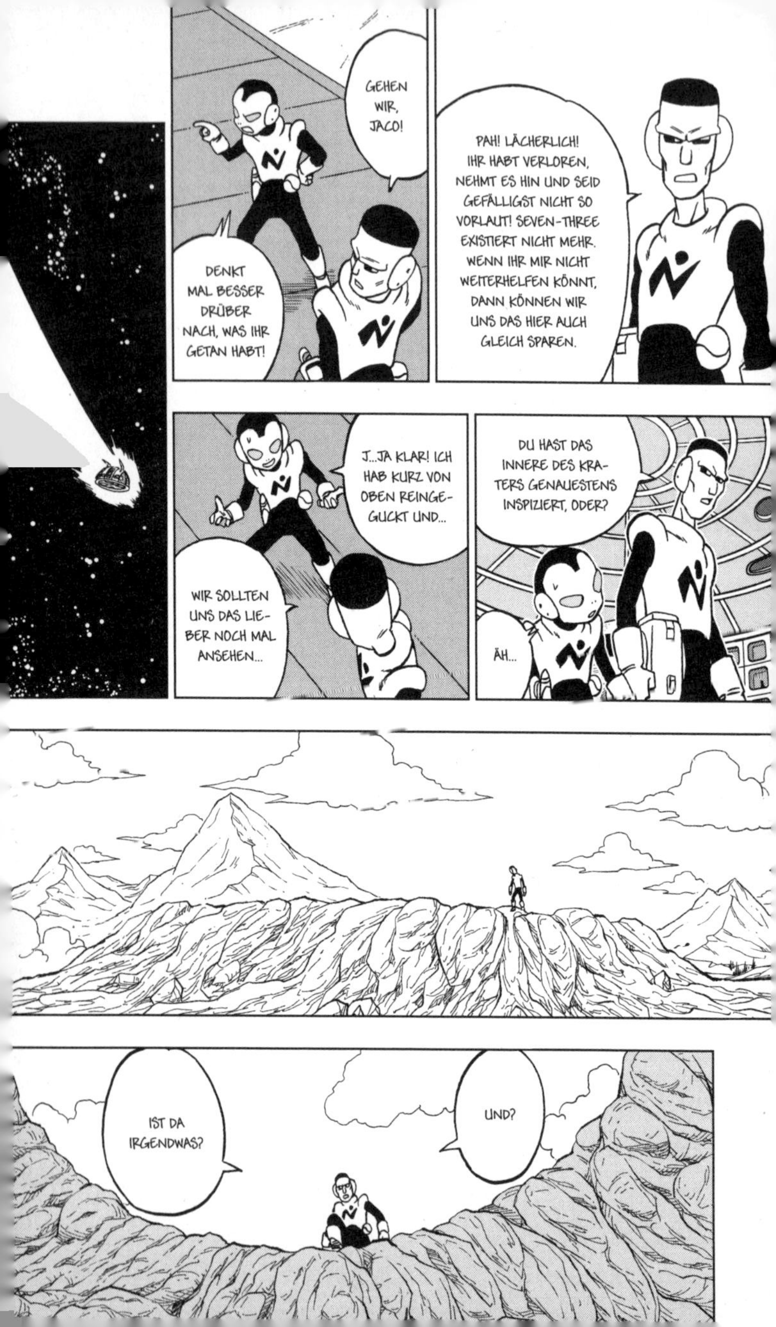

GEHEN WIR, JACO!
DENKT MAL BESSER DRÜBER NACH, WAS IHR GETAN HABT!
PAH! LÄCHERLICH! IHR HABT VERLOREN, NEHMT ES HIN UND SEID GEFÄLLIGST NICHT SO VORLAUT! SEVEN-THREE EXISTIERT NICHT MEHR. WENN IHR MIR NICHT WEITERHELFEN KÖNNT, DANN KÖNNEN WIR UNS DAS HIER AUCH GLEICH SPAREN.
J...JA KLAR! ICH HAB KURZ VON OBEN REINGE-GUCKT UND...
WIR SOLLTEN UNS DAS LIE-BER NOCH MAL ANSEHEN...
DU HAST DAS INNERE DES KRA-TERS GENAUESTENS INSPIZIERT, ODER?
ÄH...
IST DA IRGENDWAS?
UND?

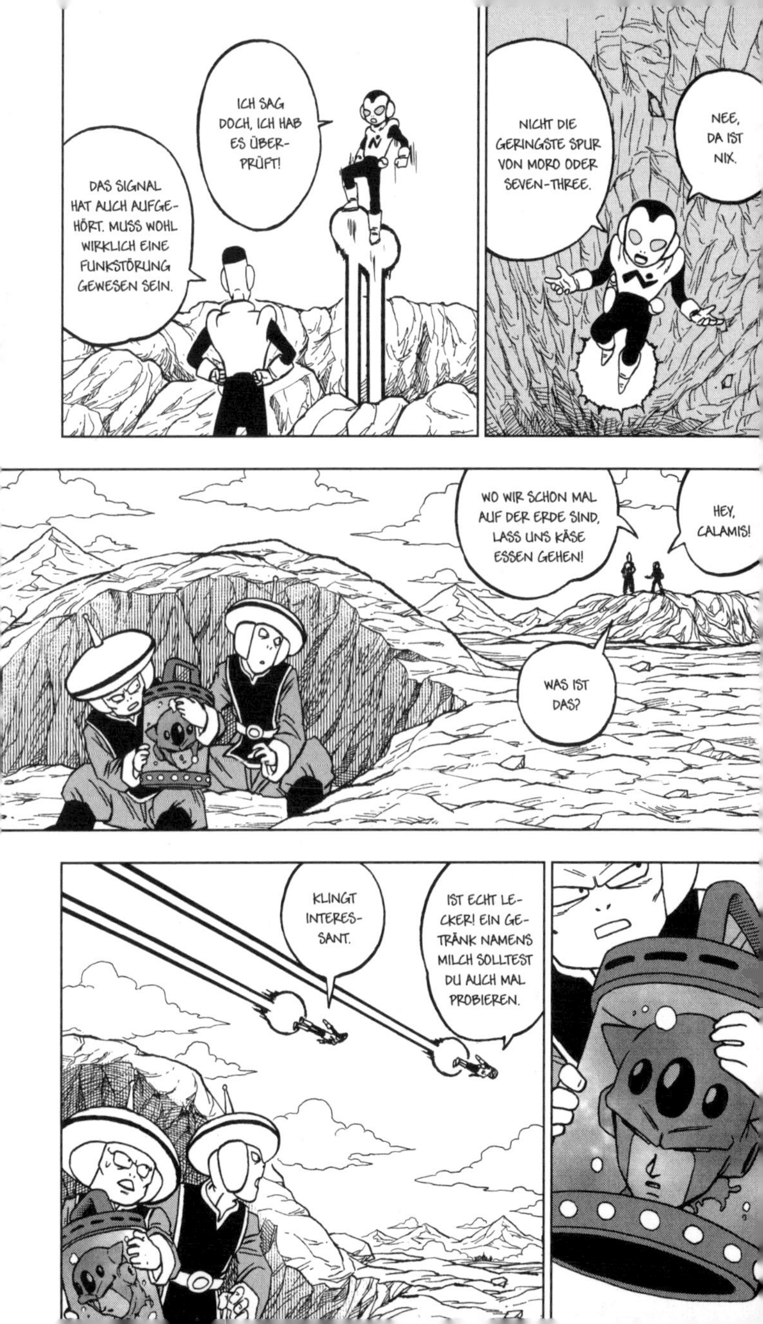

Nee, da ist nix.
Nicht die geringste Spur von Moro oder Seven-Three.
Ich sag doch, ich hab es überprüft!
Das Signal hat auch aufgehört. Muss wohl wirklich eine Funkstörung gewesen sein.
Hey, Calamis!
Wo wir schon mal auf der Erde sind, lass uns Käse essen gehen!
Was ist das?
Ist echt lecker! Ein Getränk namens Milch solltest du auch mal probieren.
Klingt interessant.

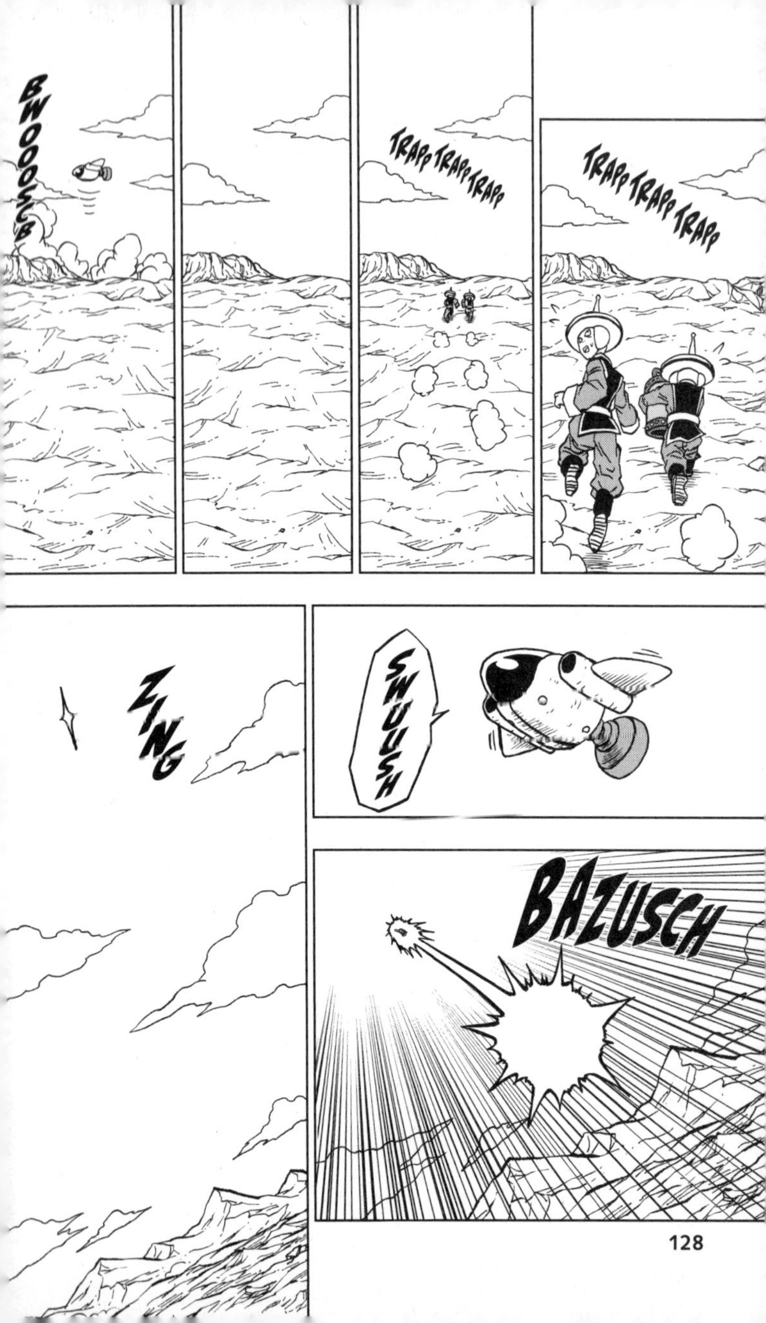
TRAPP TRAPP TRAPP
TRAPP TRAPP TRAPP
BWOOOSCH
SWUUSH
ZING
BAZUSCH

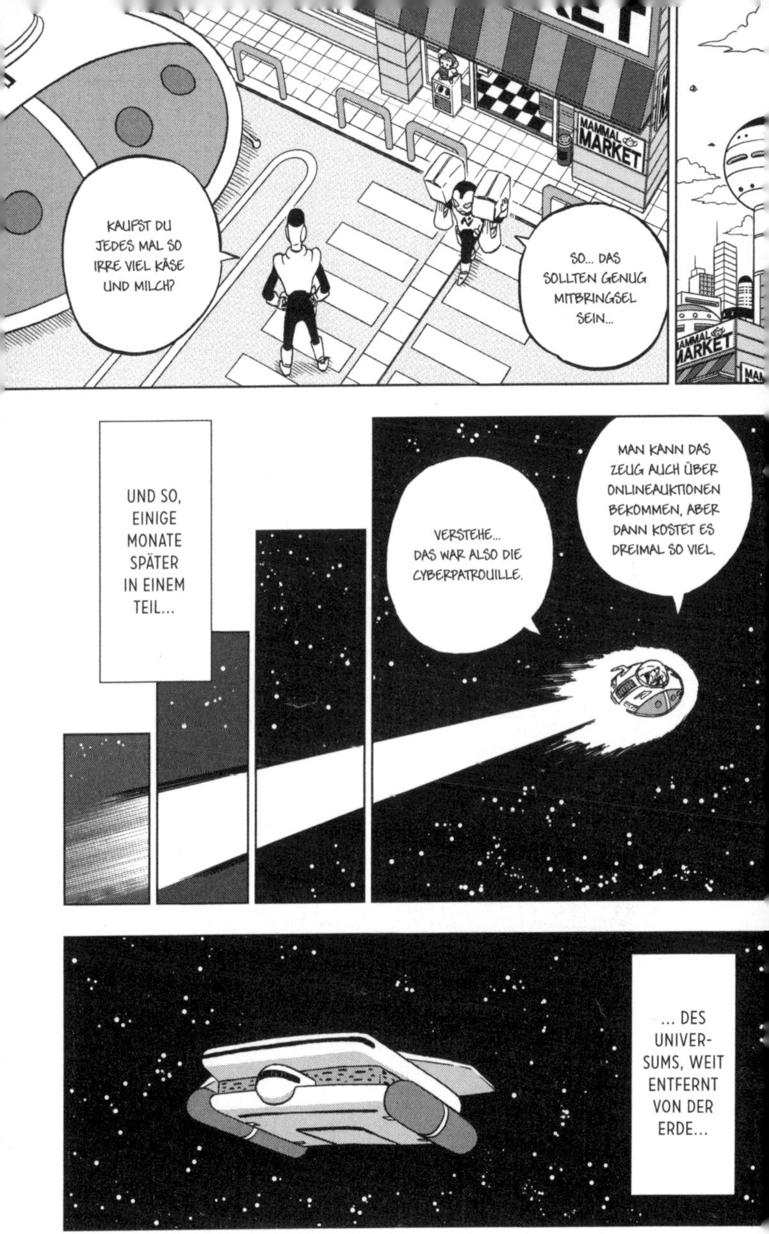
SO... DAS SOLLTEN GENUG MITBRINGSEL SEIN...
KAUFST DU JEDES MAL SO IRRE VIEL KÄSE UND MILCH?
MAMMAL MARKET
MAN KANN DAS ZEUG AUCH ÜBER ONLINEAUKTIONEN BEKOMMEN, ABER DANN KOSTET ES DREIMAL SO VIEL.
VERSTEHE... DAS WAR ALSO DIE CYBERPATROUILLE.
UND SO, EINIGE MONATE SPÄTER IN EINEM TEIL...
... DES UNIVERSUMS, WEIT ENTFERNT VON DER ERDE...

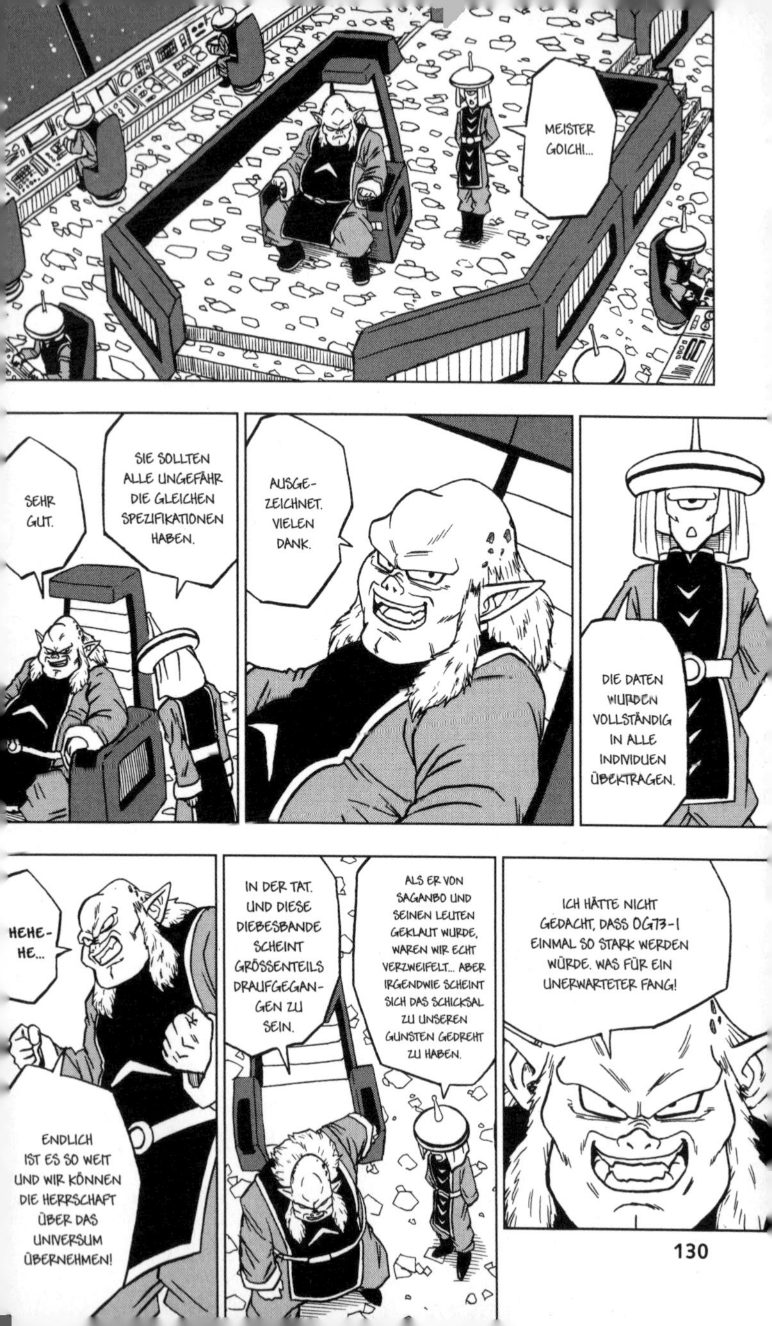

MEISTER GOICHI...
DIE DATEN WURDEN VOLLSTÄNDIG IN ALLE INDIVIDUEN ÜBERTRAGEN.
AUSGE-ZEICHNET. VIELEN DANK.
SIE SOLLTEN ALLE UNGEFÄHR DIE GLEICHEN SPEZIFIKATIONEN HABEN.
SEHR GUT.
ICH HÄTTE NICHT GEDACHT, DASS OG73-1 EINMAL SO STARK WERDEN WÜRDE. WAS FÜR EIN UNERWARTETER FANG!
ALS ER VON SAGANBO UND SEINEN LEUTEN GEKLAUT WURDE, WAREN WIR ECHT VERZWEIFELT... ABER IRGENDWIE SCHEINT SICH DAS SCHICKSAL ZU UNSEREN GUNSTEN GEDREHT ZU HABEN.
IN DER TAT. UND DIESE DIEBESBANDE SCHEINT GRÖSSENTEILS DRAUFGEGAN-GEN ZU SEIN.
HEHE-HE...
ENDLICH IST ES SO WEIT UND WIR KÖNNEN DIE HERRSCHAFT ÜBER DAS UNIVERSUM ÜBERNEHMEN!

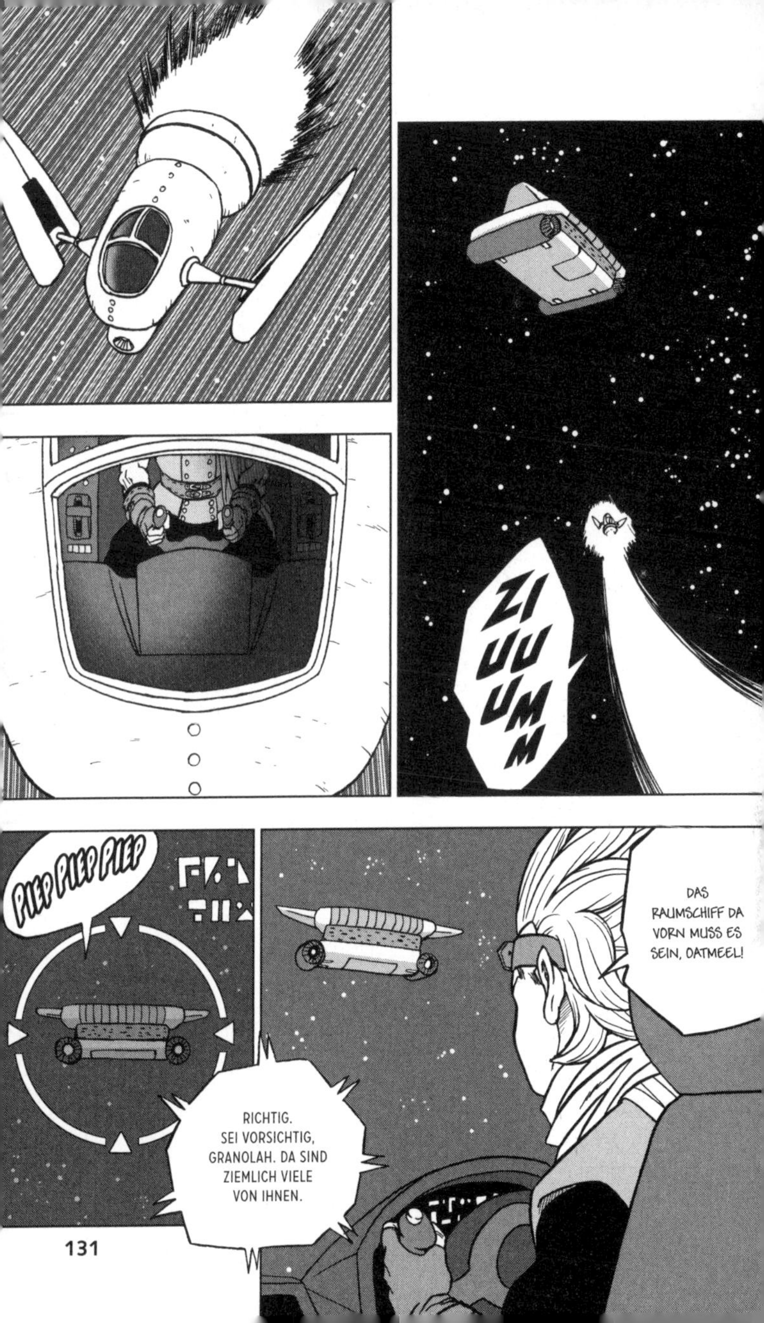

ZIUUUMM
PIEP PIEP PIEP
DAS RAUMSCHIFF DA VORN MUSS ES SEIN, OATMEEL!
RICHTIG. SEI VORSICHTIG, GRANOLAH. DA SIND ZIEMLICH VIELE VON IHNEN.

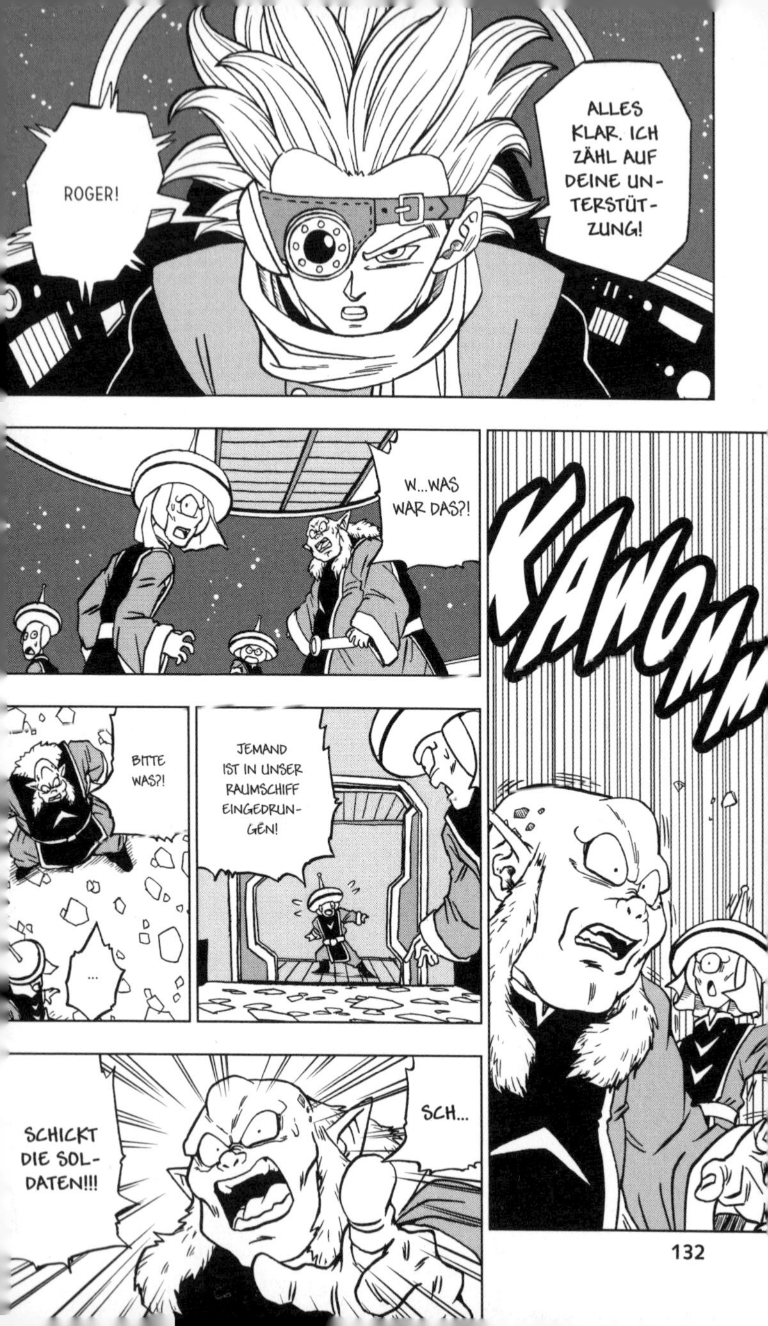
ALLES KLAR. ICH ZÄHL AUF DEINE UNTERSTÜTZUNG!
ROGER!
KAWOMM
W...WAS WAR DAS?!
JEMAND IST IN UNSER RAUMSCHIFF EINGEDRUNGEN!
BITTE WAS?!
...
SCH...
SCHICKT DIE SOLDATEN!!!

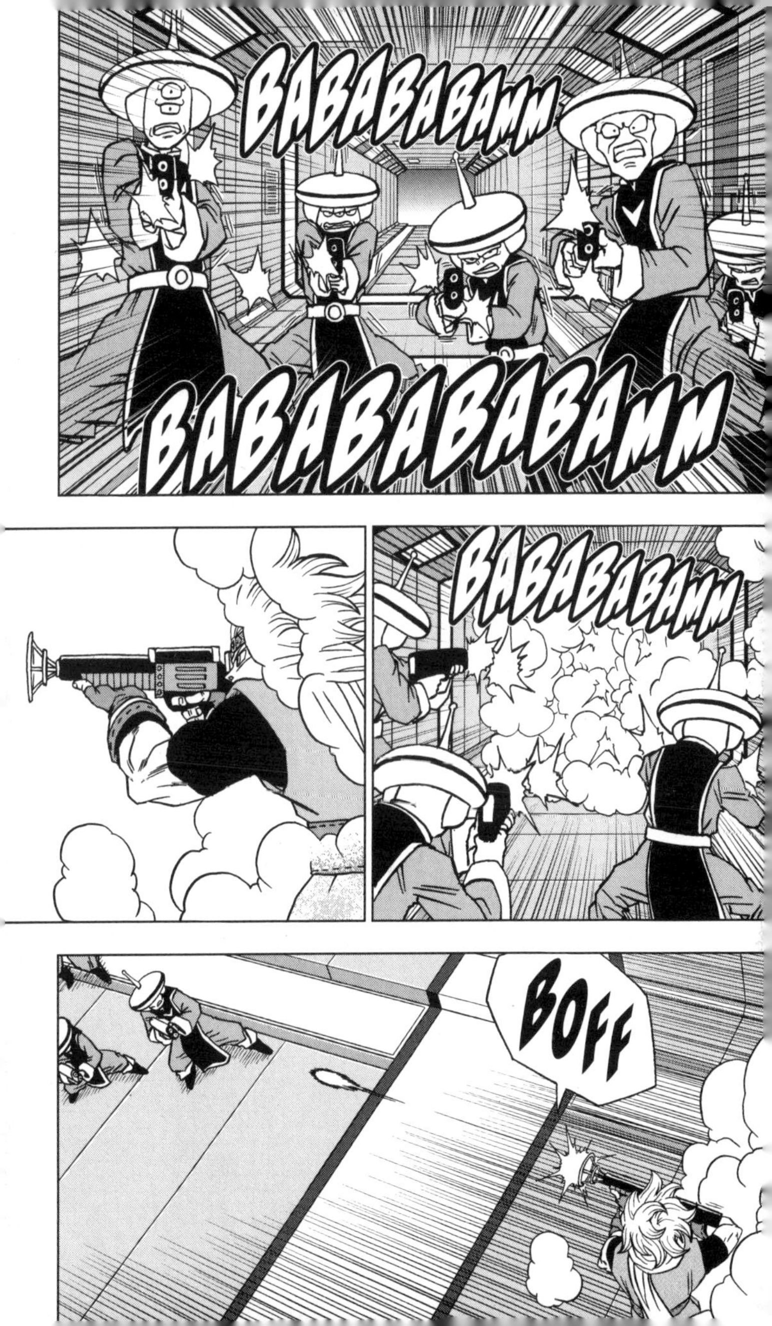
BABABABAMM
BABABABABABAMM
BABABABAMM
BOFF

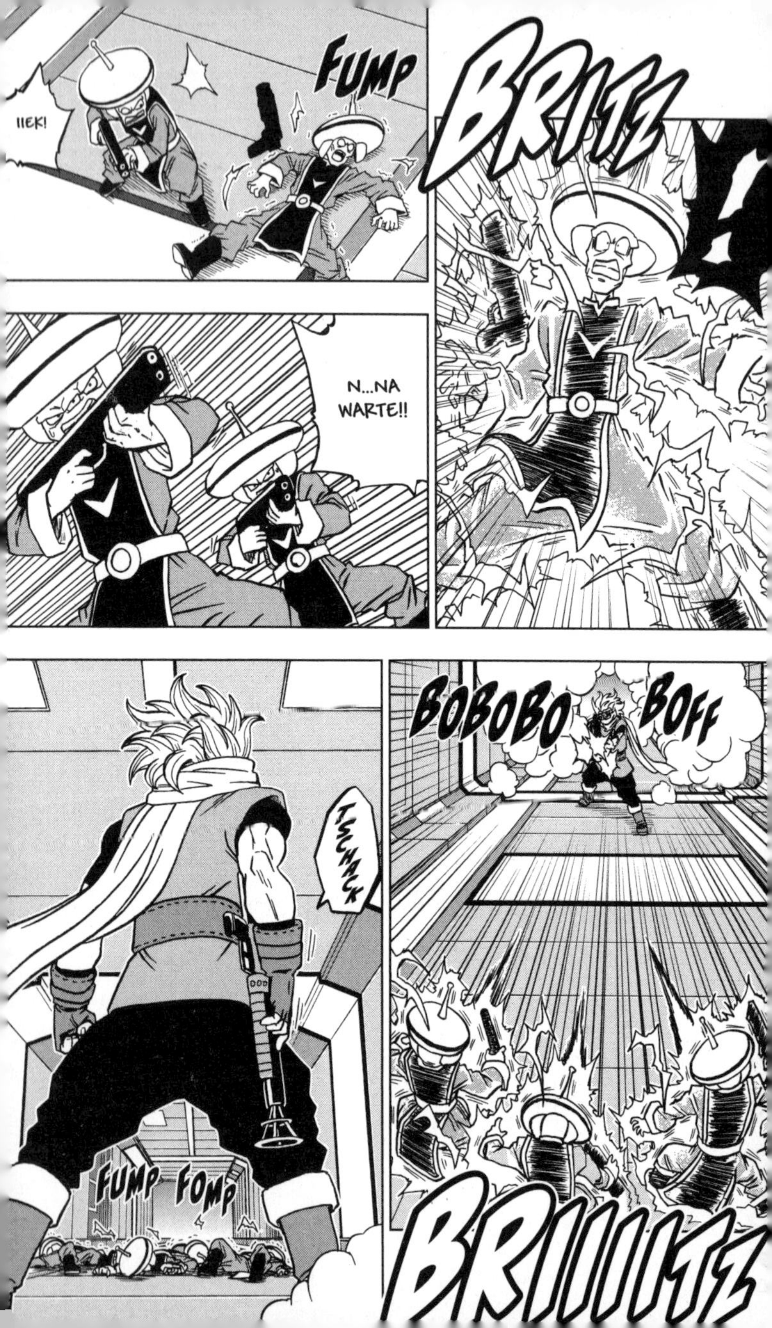
BRITZ
FUMP
IIEK!
N...NA WARTE!!
BOBOBO
BOFF
BRIIIITZ
TSCHACK
FUMP
FOMP

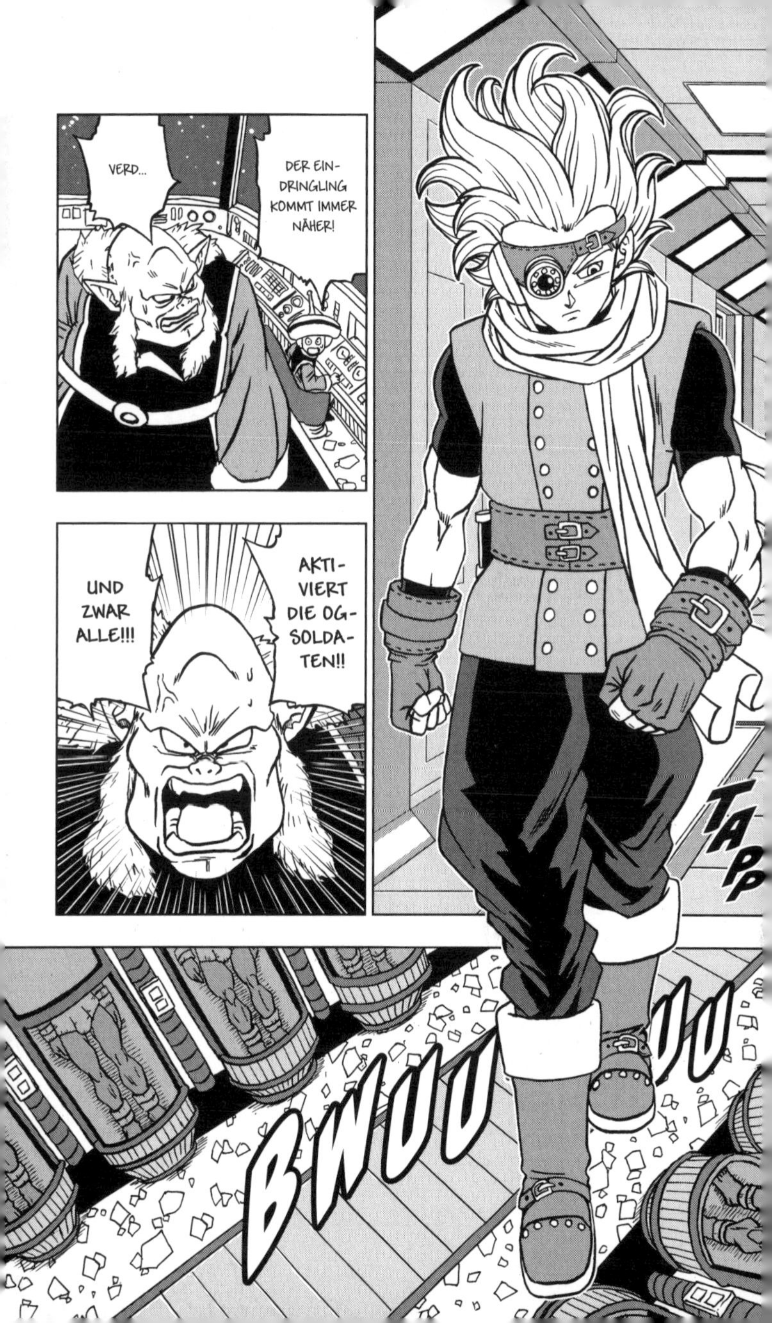
DER EIN-DRINGLING KOMMT IMMER NÄHER!
VERD...
TAPP
AKTI-VIERT DIE OG-SOLDA-TEN!!
UND ZWAR ALLE!!!
BWUUUUU

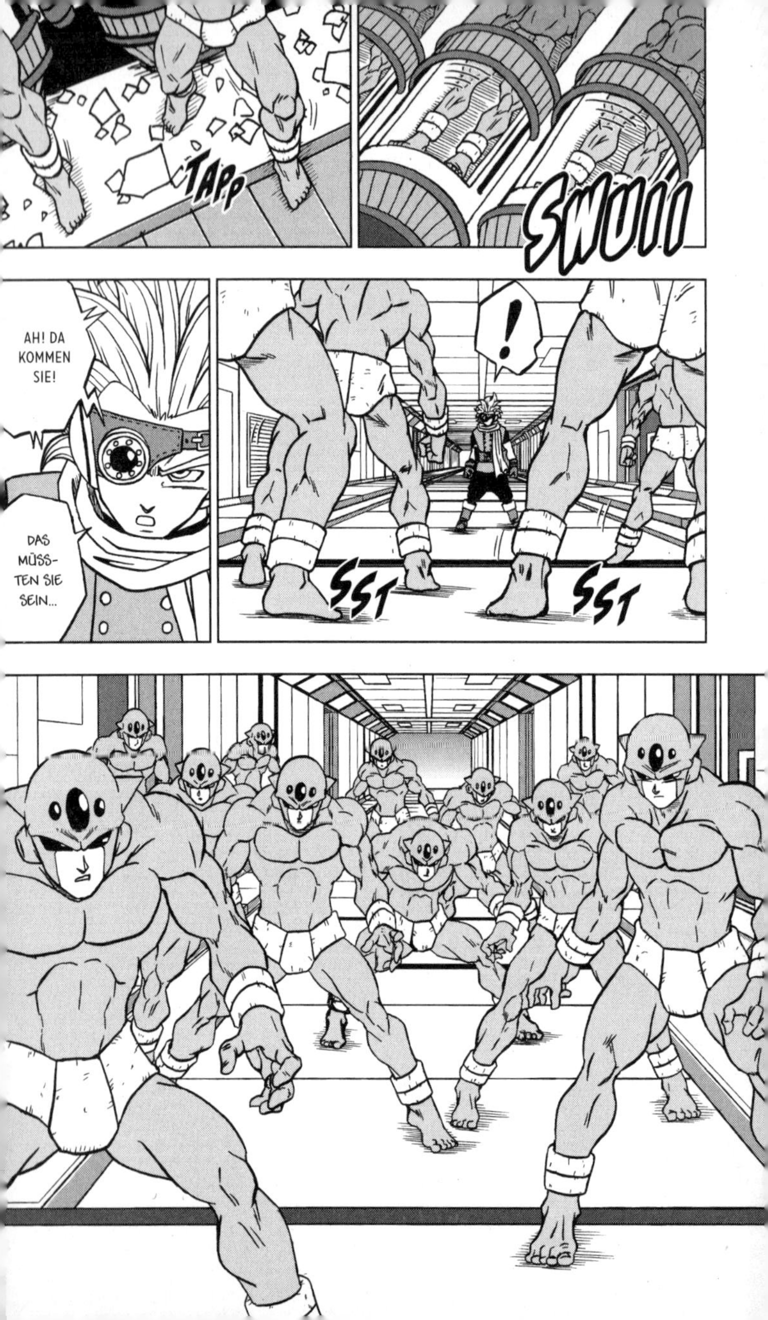

TAPP
SWUUI
AH! DA KOMMEN SIE!
DAS MÜSS-TEN SIE SEIN...
!
SST
SST

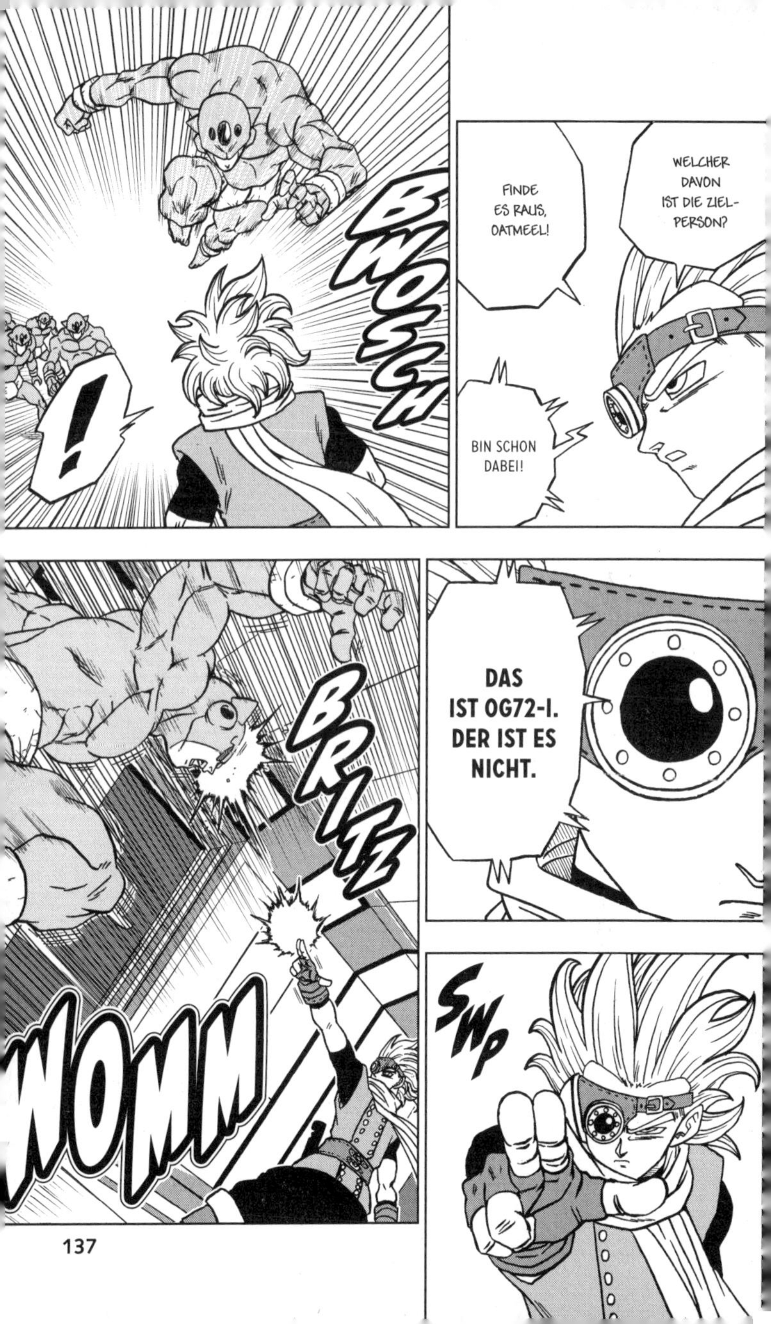
WELCHER DAVON IST DIE ZIEL- PERSON?
FINDE ES RAUS, OATMEEL!
BIN SCHON DABEI!
!
BWOSCH
DAS IST OG72-I. DER IST ES NICHT.
SWP
WOMM

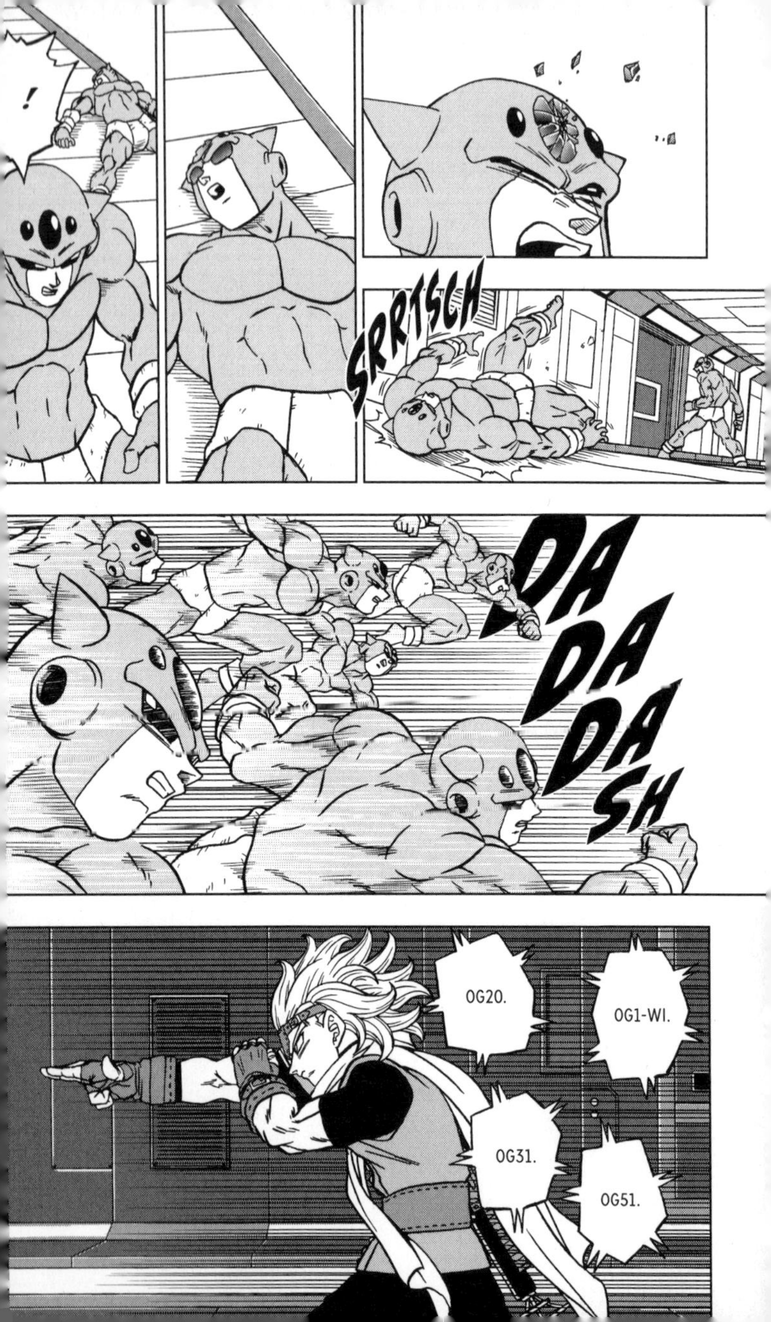
!
SRRTSCH
DADADASH
OG1-WI.
OG20.
OG51.
OG31.

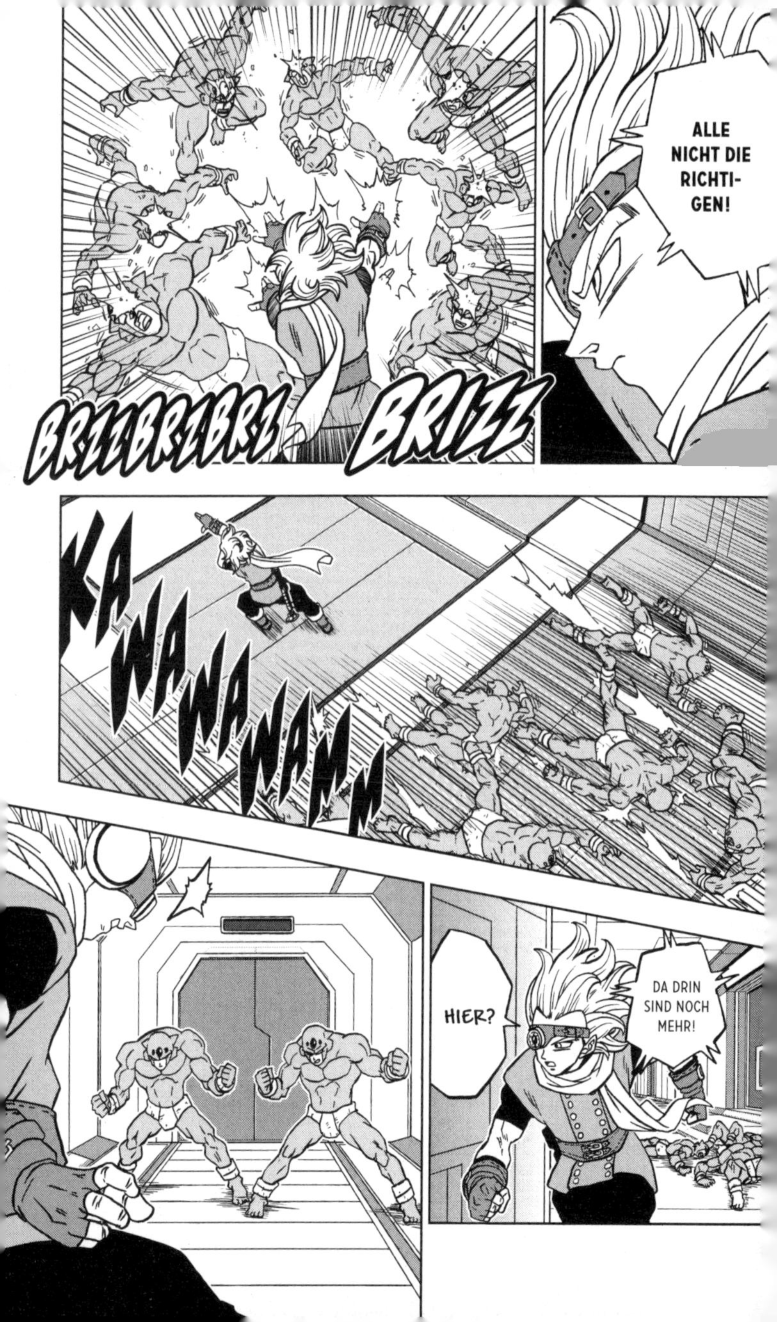
ALLE NICHT DIE RICHTIGEN!
BRIZZ
BRZZBRZZBRZZ
KAWAWAWAWAMM
DA DRIN SIND NOCH MEHR!
HIER?

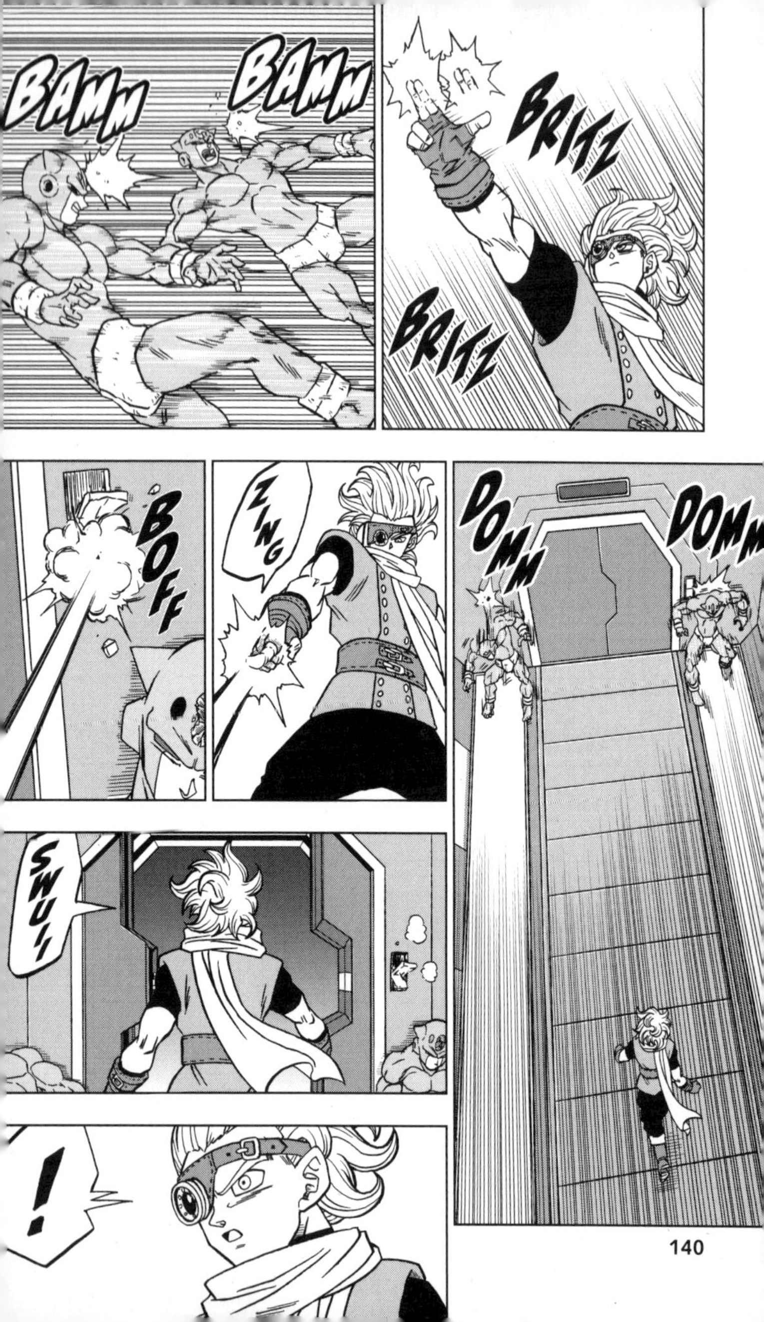

BAMM
BAMM
BRITZ
BRITZ
BOFF
ZING
DOMM
DOMM
SWUIII
!

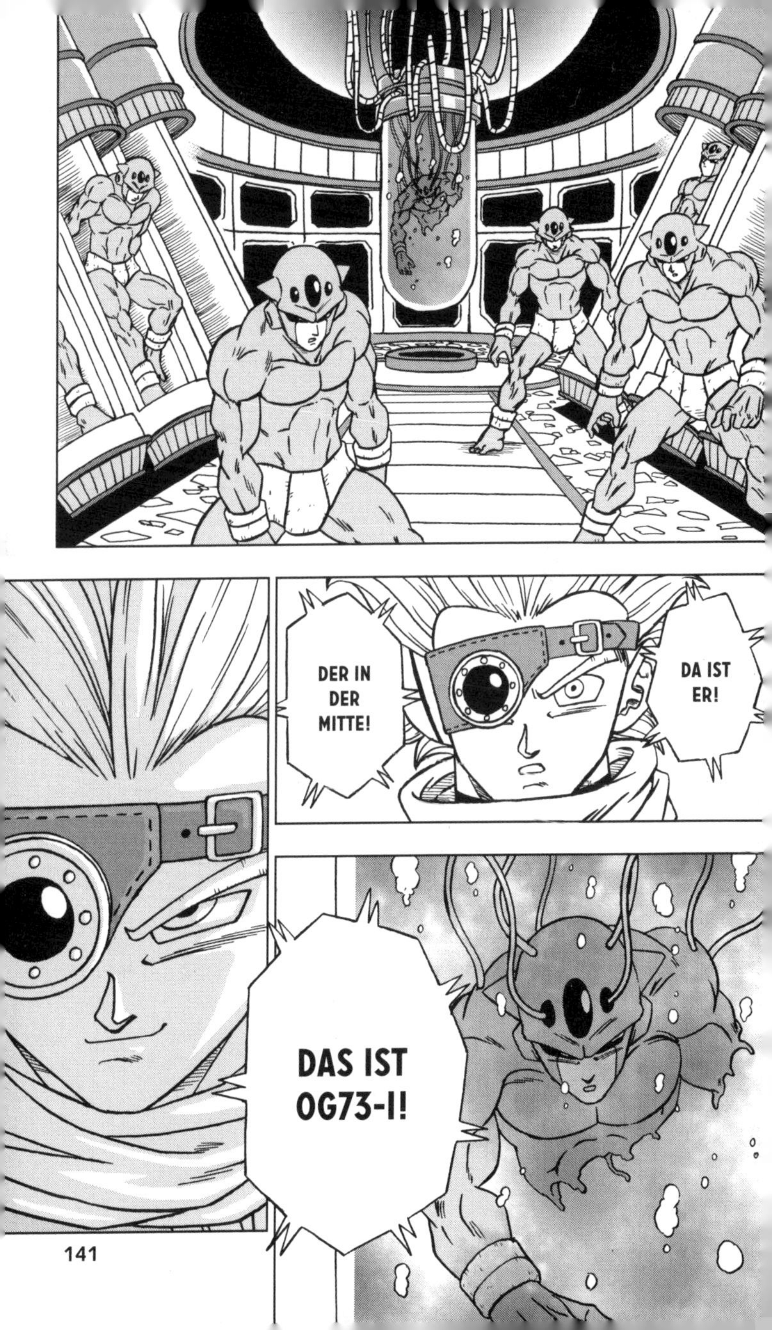
DA IST ER!
DER IN DER MITTE!
DAS IST OG73-1!

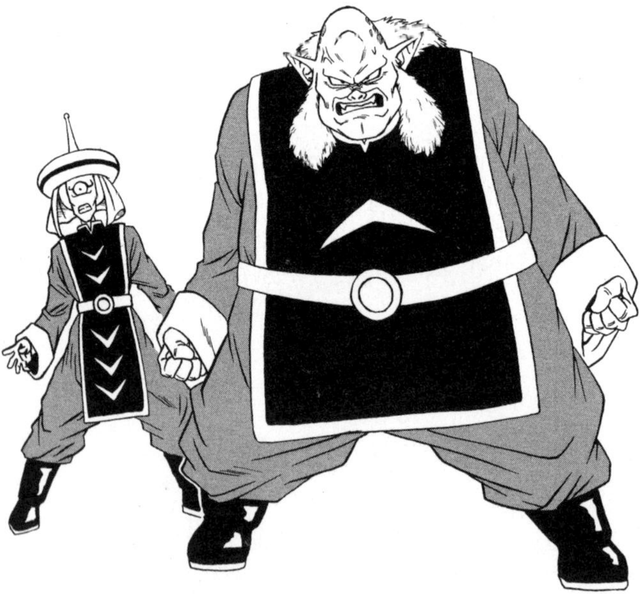

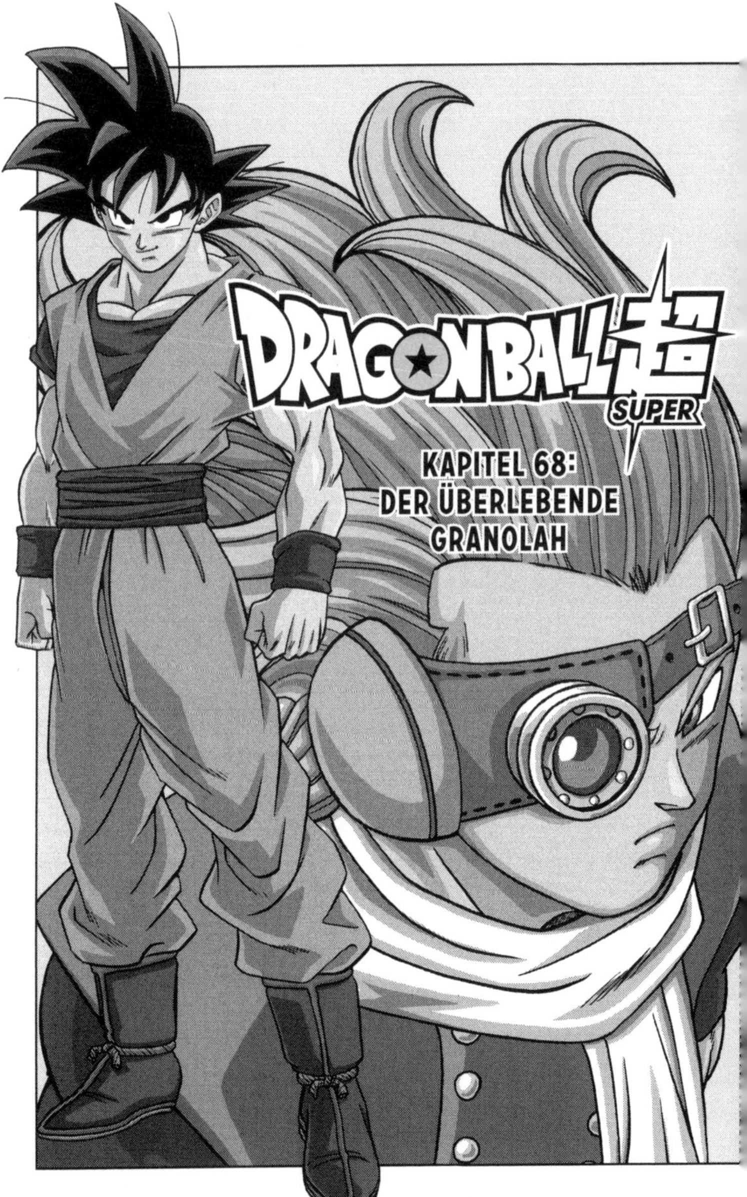
DRAGON BALL 超
SUPER
KAPITEL 68:
DER ÜBERLEBENDE
GRANOLAH

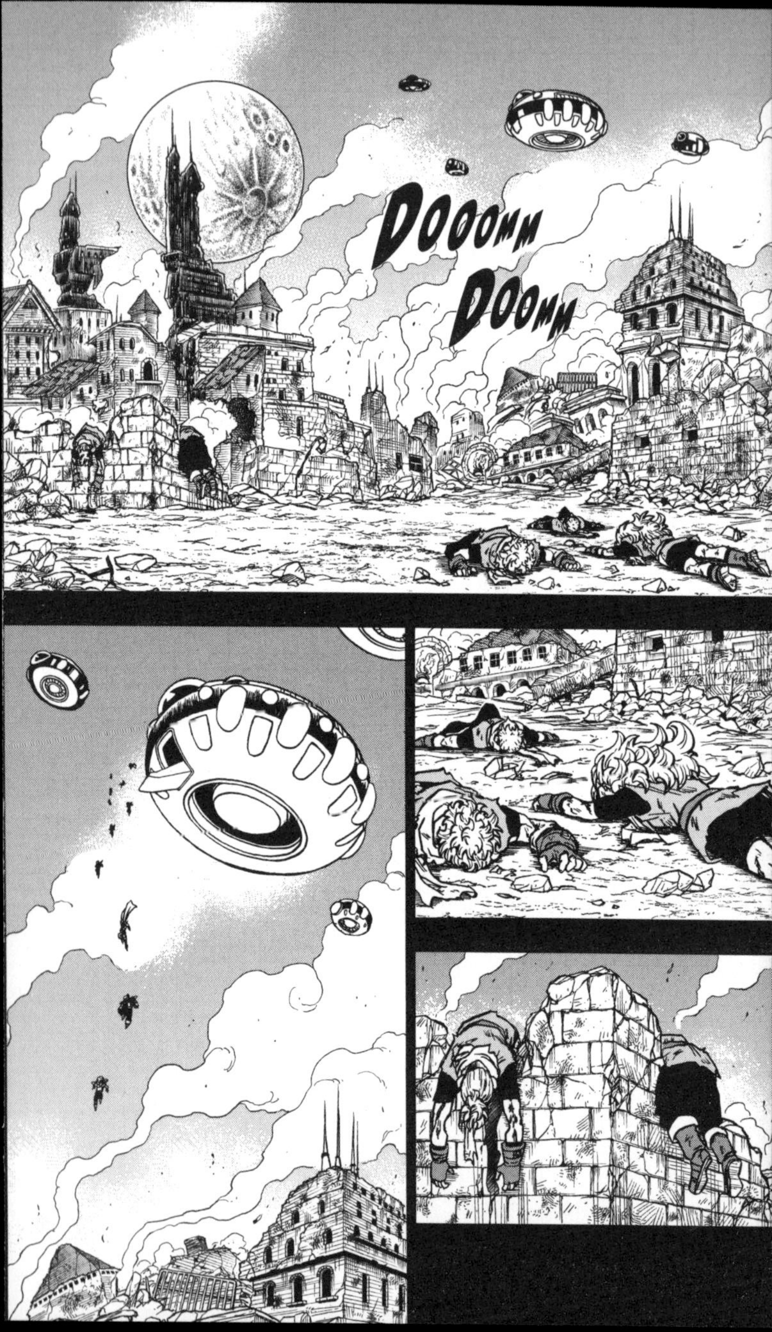
DOOOMM
DOOMM

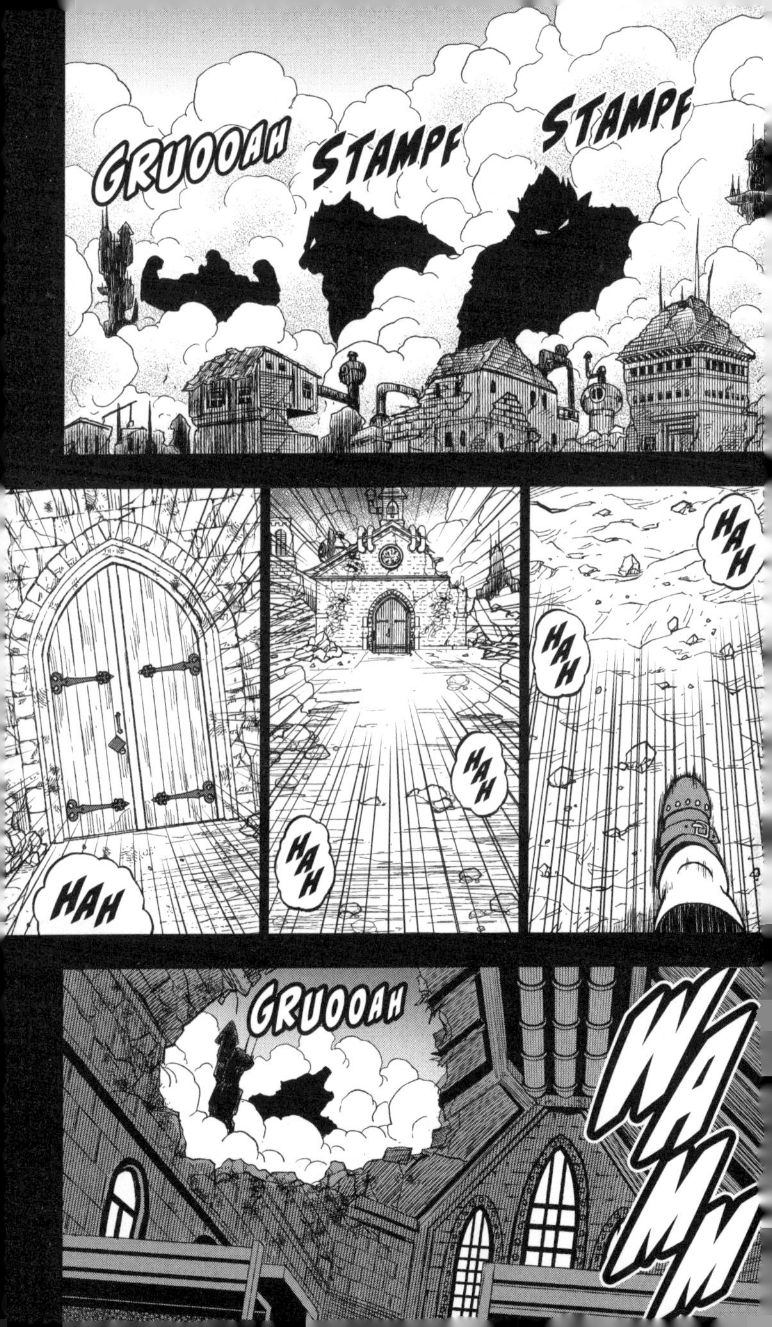
GRUOOAH
STAMPF
STAMPF
HAH
HAH
HAH
HAH
HAH
GRUOOAH
WAAHMM

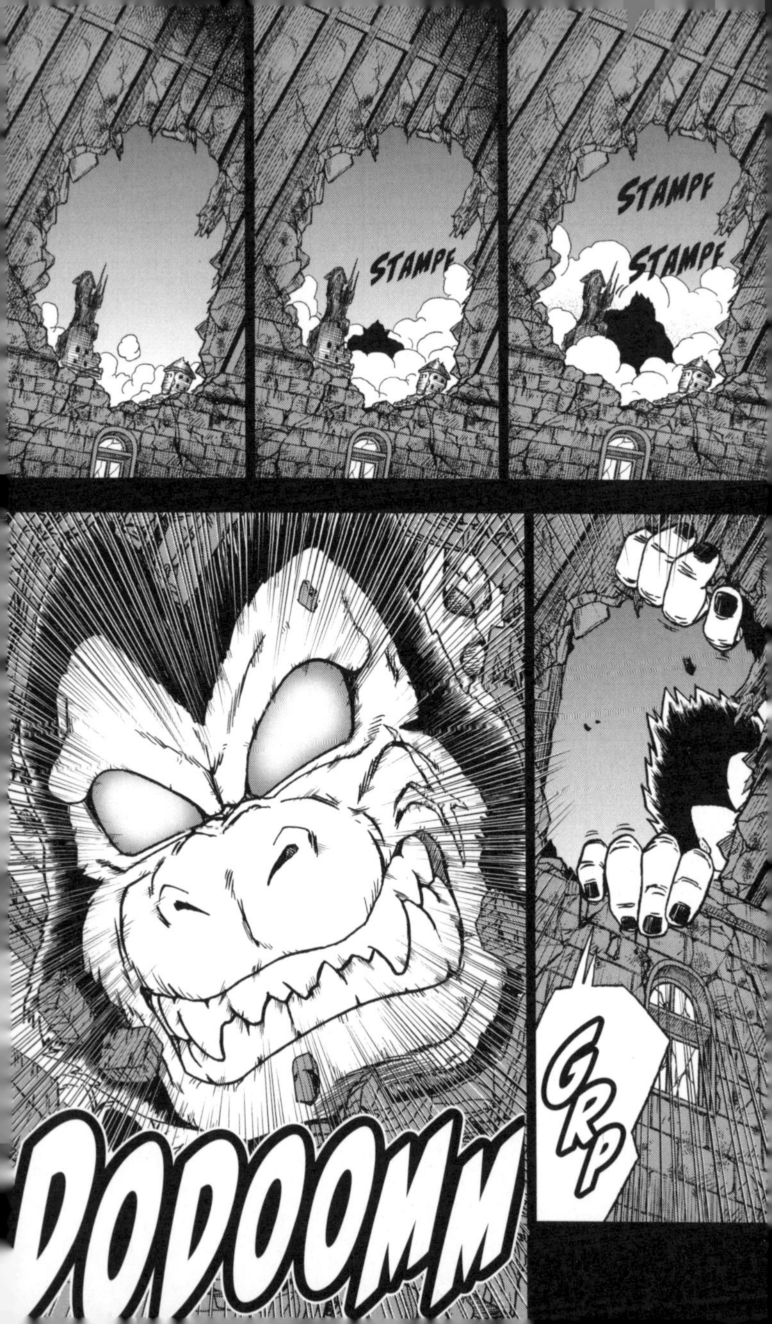
STAMPF
STAMPF
STAMPF
DODOOMM
GRP

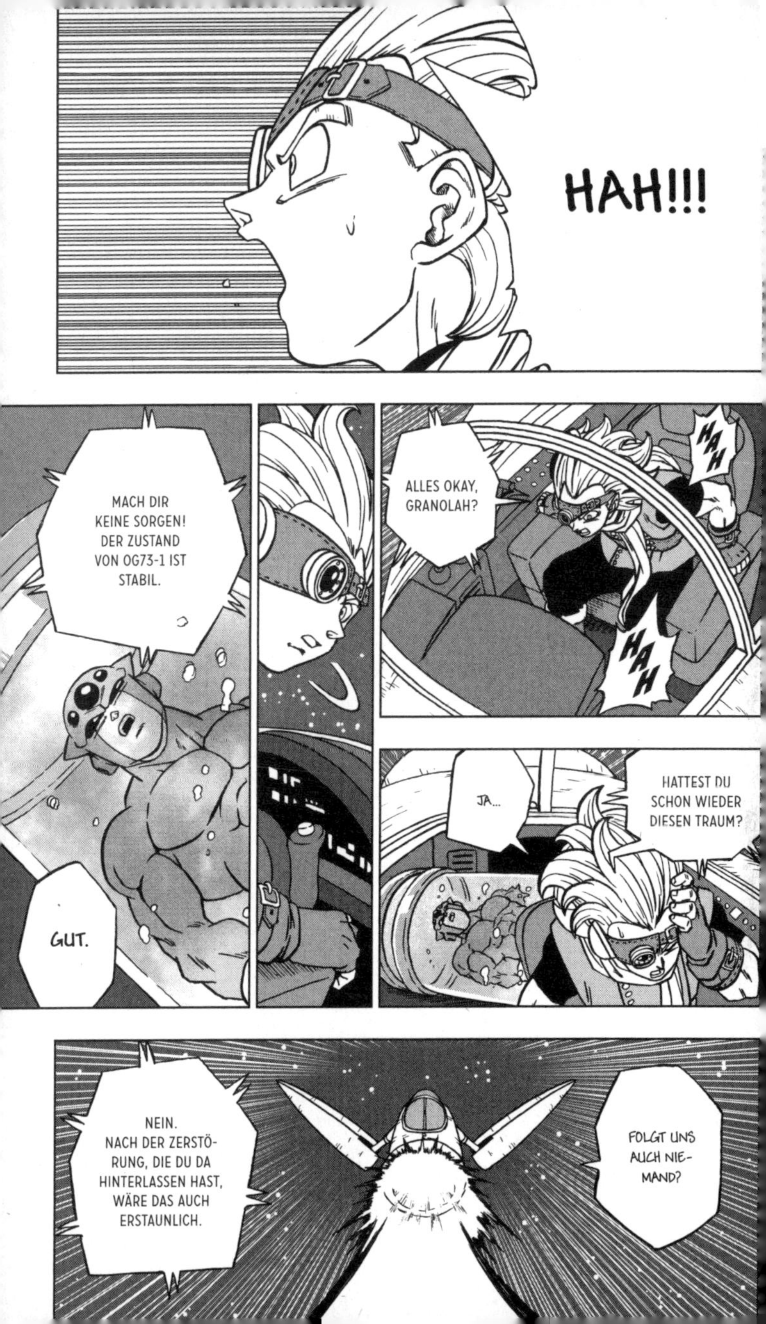
HAH!!!
HAH
HAH
ALLES OKAY, GRANOLAH?
HATTEST DU SCHON WIEDER DIESEN TRAUM?
JA...
MACH DIR KEINE SORGEN! DER ZUSTAND VON 0G73-1 IST STABIL.
GUT.
FOLGT UNS AUCH NIE-MAND?
NEIN. NACH DER ZERSTÖ-RUNG, DIE DU DA HINTERLASSEN HAST, WÄRE DAS AUCH ERSTAUNLICH.

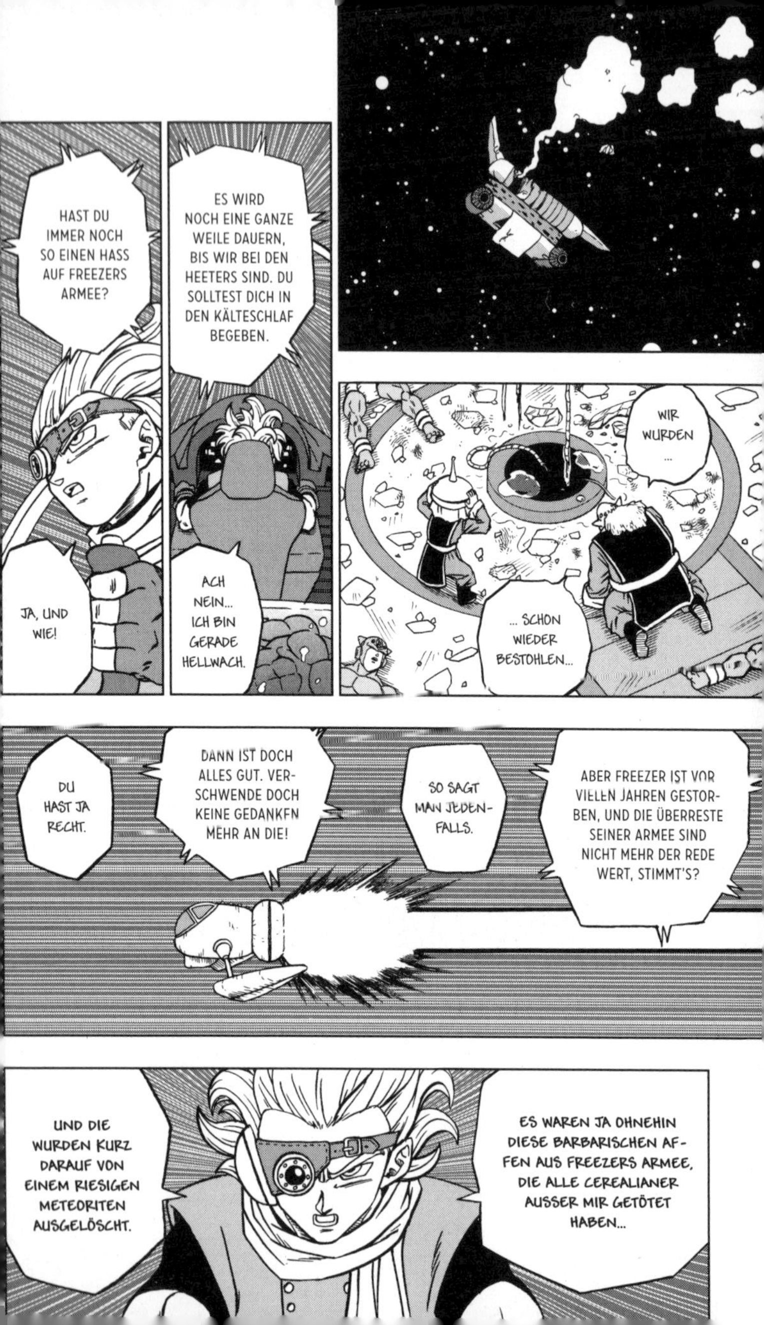

WIR WURDEN …
… SCHON WIEDER BESTOHLEN…
ES WIRD NOCH EINE GANZE WEILE DAUERN, BIS WIR BEI DEN HEETERS SIND. DU SOLLTEST DICH IN DEN KÄLTESCHLAF BEGEBEN.
ACH NEIN… ICH BIN GERADE HELLWACH.
HAST DU IMMER NOCH SO EINEN HASS AUF FREEZERS ARMEE?
JA, UND WIE!
ABER FREEZER IST VOR VIELEN JAHREN GESTORBEN, UND DIE ÜBERRESTE SEINER ARMEE SIND NICHT MEHR DER REDE WERT, STIMMT'S?
SO SAGT MAN JEDENFALLS.
DANN IST DOCH ALLES GUT. VERSCHWENDE DOCH KEINE GEDANKEN MEHR AN DIE!
DU HAST JA RECHT.
ES WAREN JA OHNEHIN DIESE BARBARISCHEN AFFEN AUS FREEZERS ARMEE, DIE ALLE CEREALIANER AUSSER MIR GETÖTET HABEN…
UND DIE WURDEN KURZ DARAUF VON EINEM RIESIGEN METEORITEN AUSGELÖSCHT.

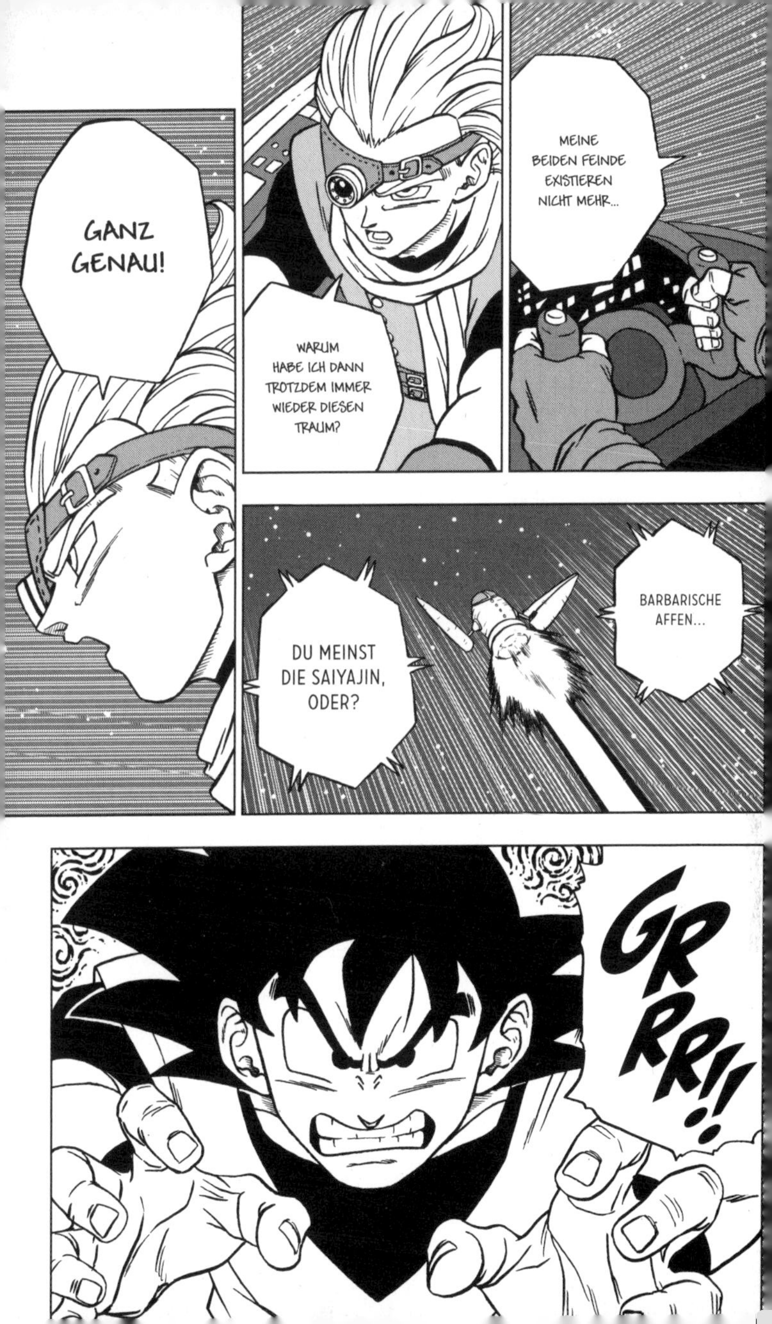
MEINE BEIDEN FEINDE EXISTIEREN NICHT MEHR...
WARUM HABE ICH DANN TROTZDEM IMMER WIEDER DIESEN TRAUM?
BARBARISCHE AFFEN...
DU MEINST DIE SAIYAJIN, ODER?
GANZ GENAU!
GRRR!!

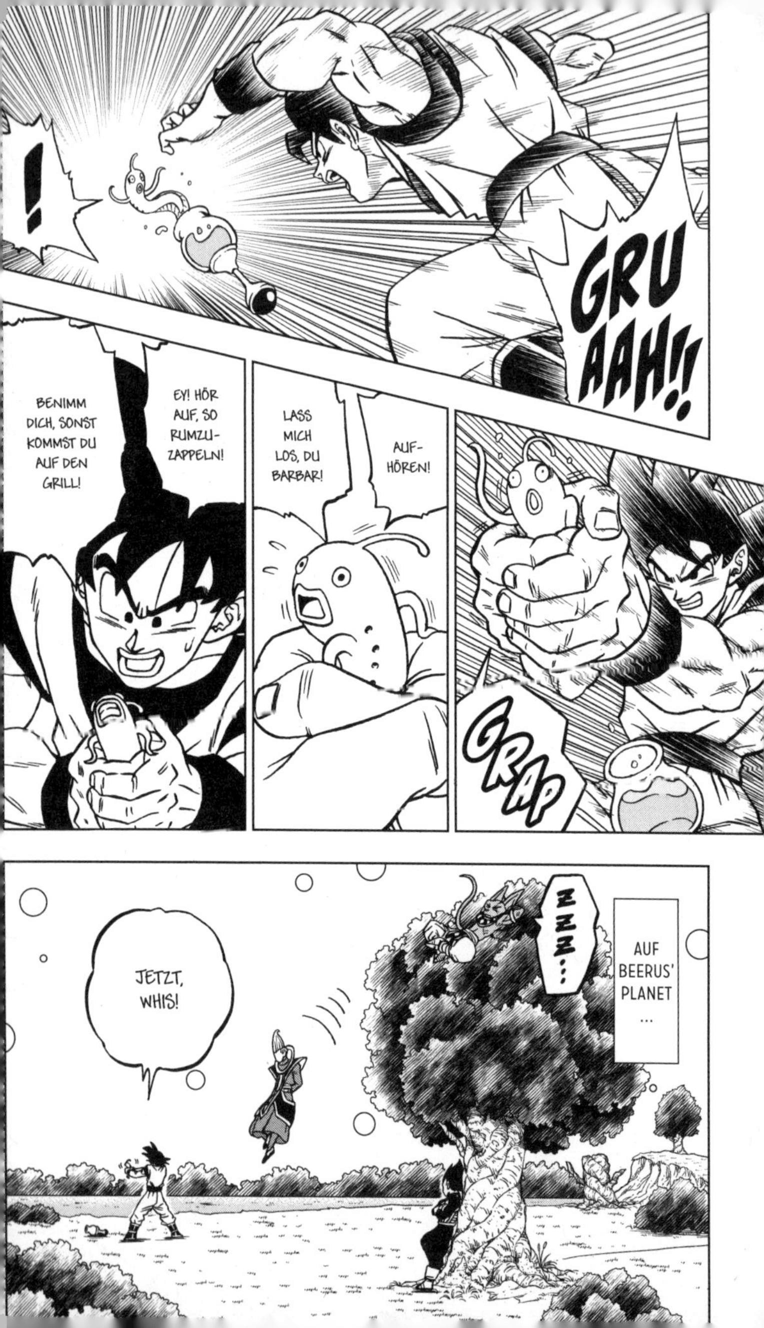
!
GRU AAH!!
GRAP
AUF-HÖREN!
LASS MICH LOS, DU BARBAR!
EY! HÖR AUF, SO RUMZU-ZAPPELN!
BENIMM DICH, SONST KOMMST DU AUF DEN GRILL!
AUF BEERUS' PLANET ...
ZZZ...
JETZT, WHIS!

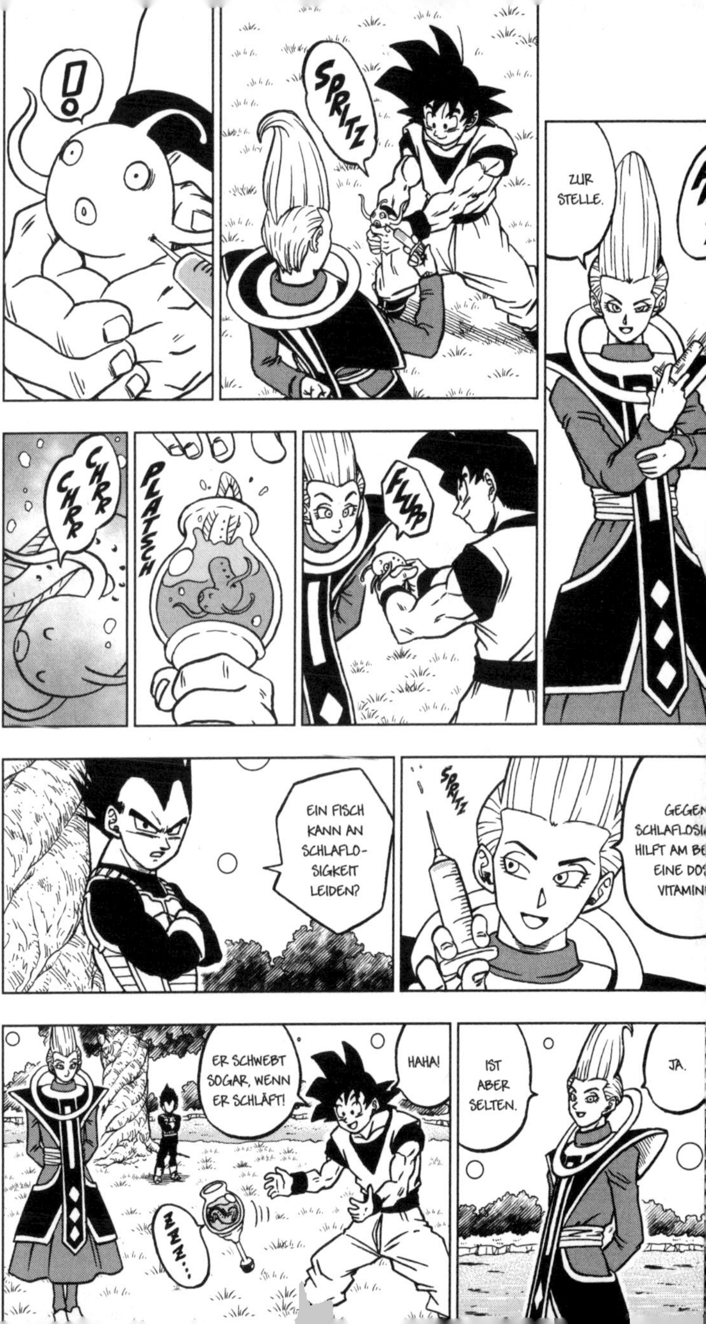

ZUR STELLE.
SPRITZ
!
FWUP
PLATSCH
CHRR CHRR
GEGEN SCHLAFLOSI HILFT AM BE EINE DOS VITAMIN
SPRITZ
EIN FISCH KANN AN SCHLAFLO-SIGKEIT LEIDEN?
JA.
IST ABER SELTEN.
HAHA!
ER SCHWEBT SOGAR, WENN ER SCHLÄFT!
ZZZ...

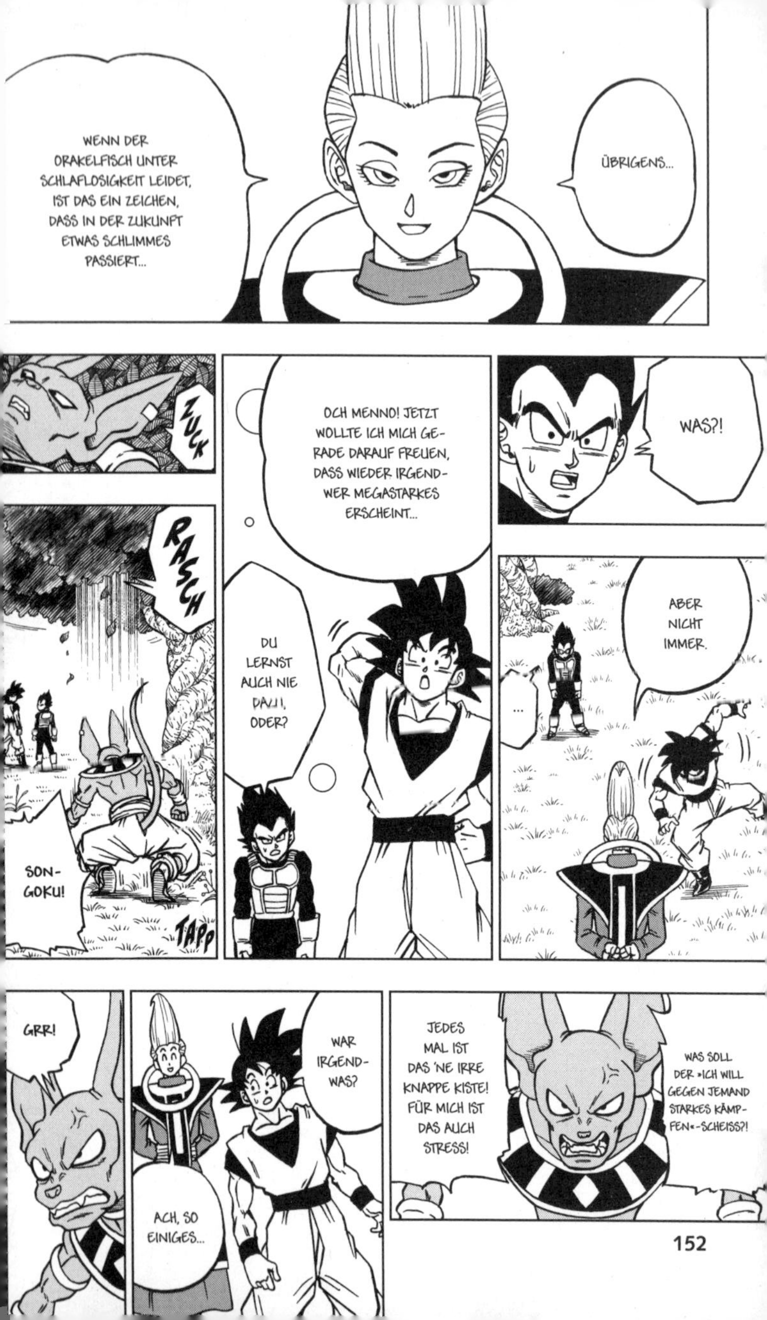
ÜBRIGENS...
WENN DER ORAKELFISCH UNTER SCHLAFLOSIGKEIT LEIDET, IST DAS EIN ZEICHEN, DASS IN DER ZUKUNFT ETWAS SCHLIMMES PASSIERT...
WAS?!
OCH MENNO! JETZT WOLLTE ICH MICH GERADE DARAUF FREUEN, DASS WIEDER IRGENDWER MEGASTARKES ERSCHEINT...
ZUCK
ABER NICHT IMMER.
...
DU LERNST AUCH NIE DAZU, ODER?
RASCH
SON-GOKU!
TAPP
WAS SOLL DER »ICH WILL GEGEN JEMAND STARKES KÄMPFEN«-SCHEISS?!
JEDES MAL IST DAS 'NE IRRE KNAPPE KISTE! FÜR MICH IST DAS AUCH STRESS!
WAR IRGENDWAS?
ACH, SO EINIGES...
GRR!

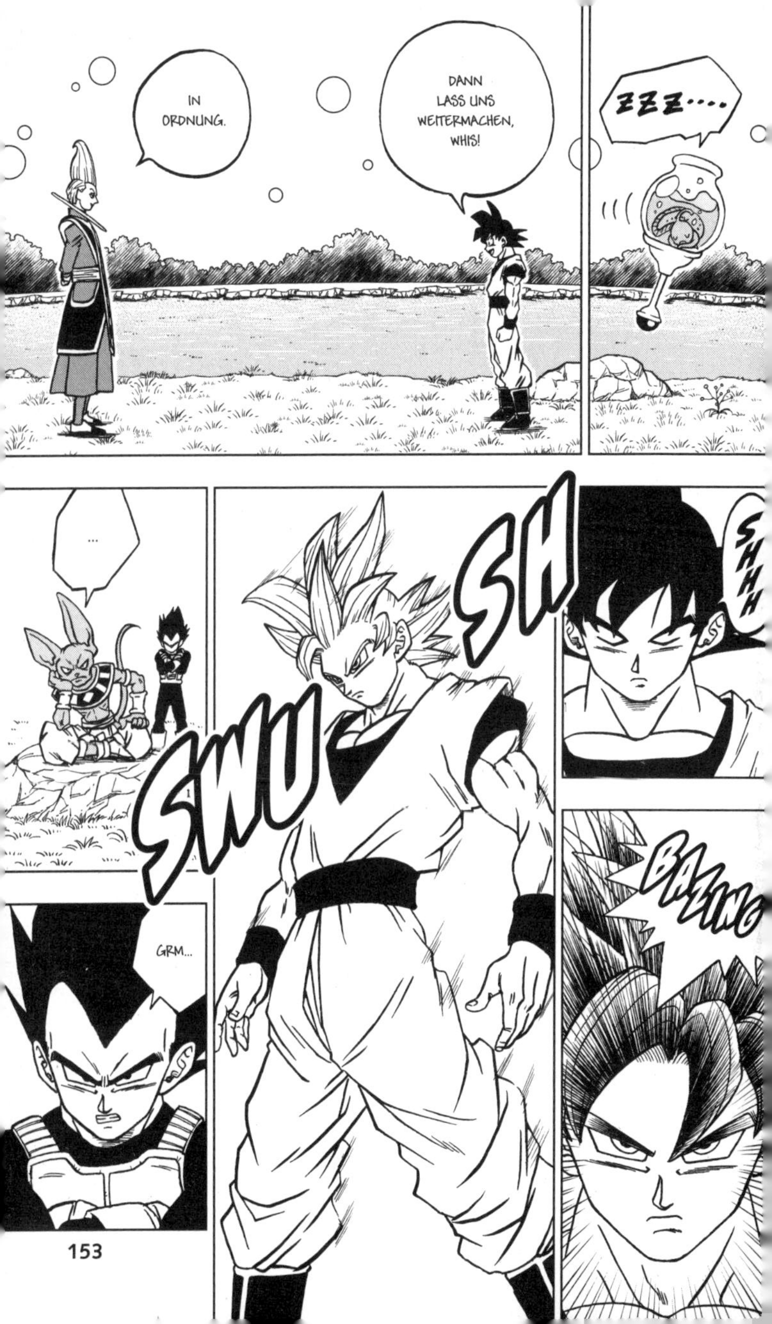
ZZZ....
DANN LASS UNS WEITERMACHEN, WHIS!
IN ORDNUNG.
SHHH
SWUSH
...
BAZING
GRM...

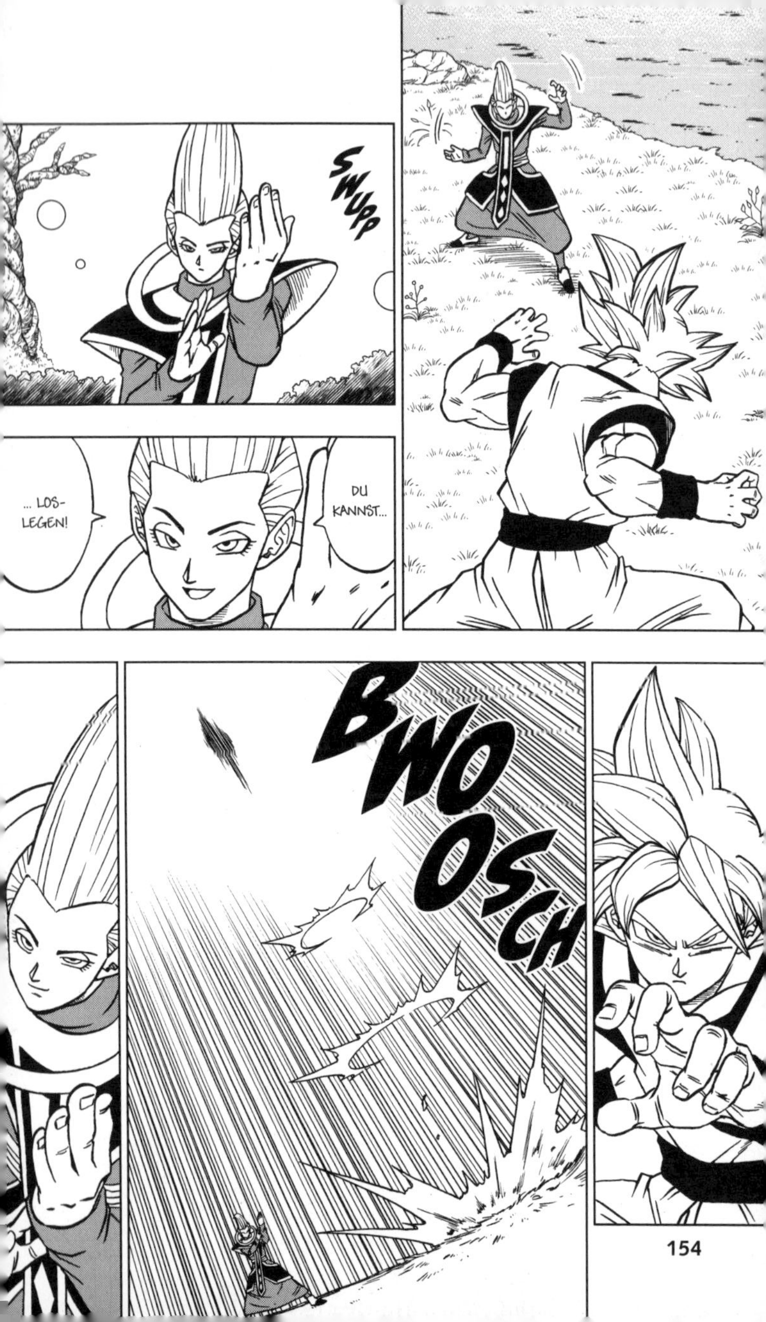
SWUPP
DU KANNST...
... LOS-LEGEN!
BWOOSCH

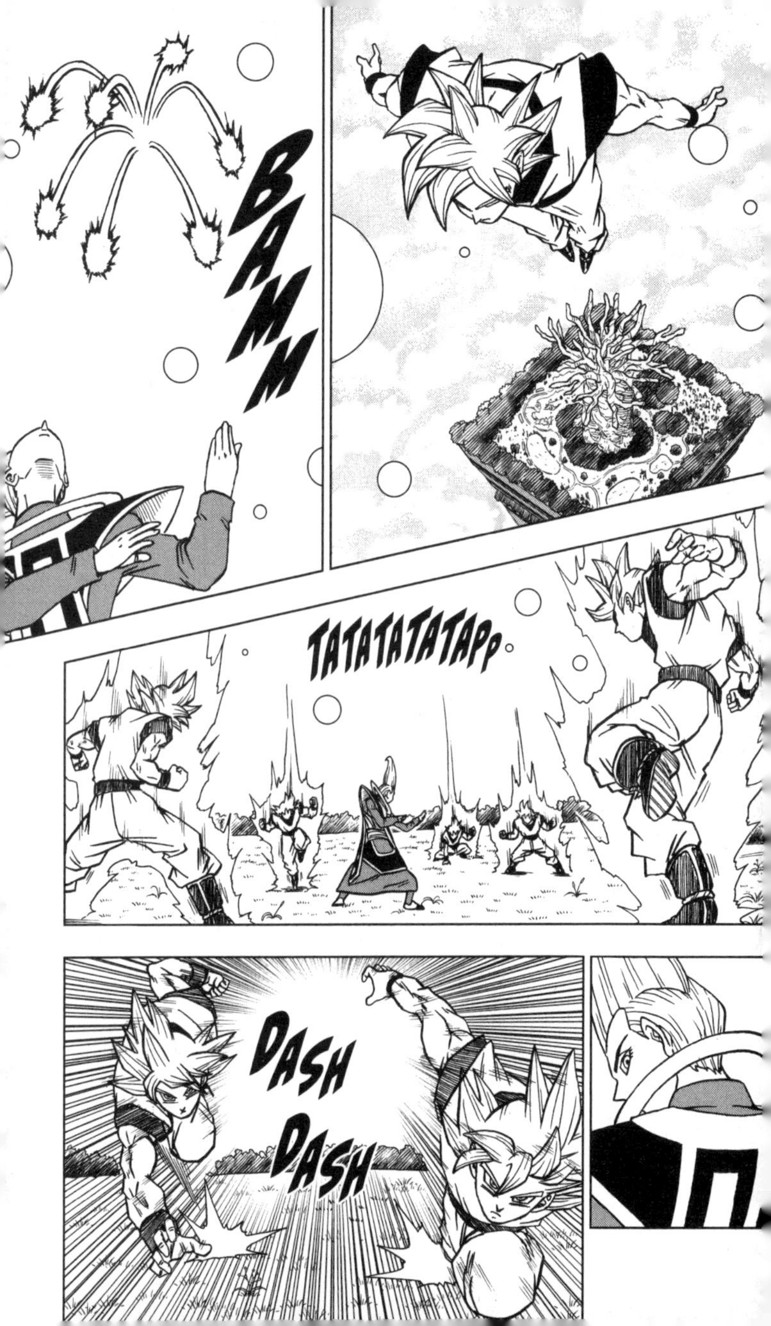

BAMMM
TATATATATAPP
DASH
DASH

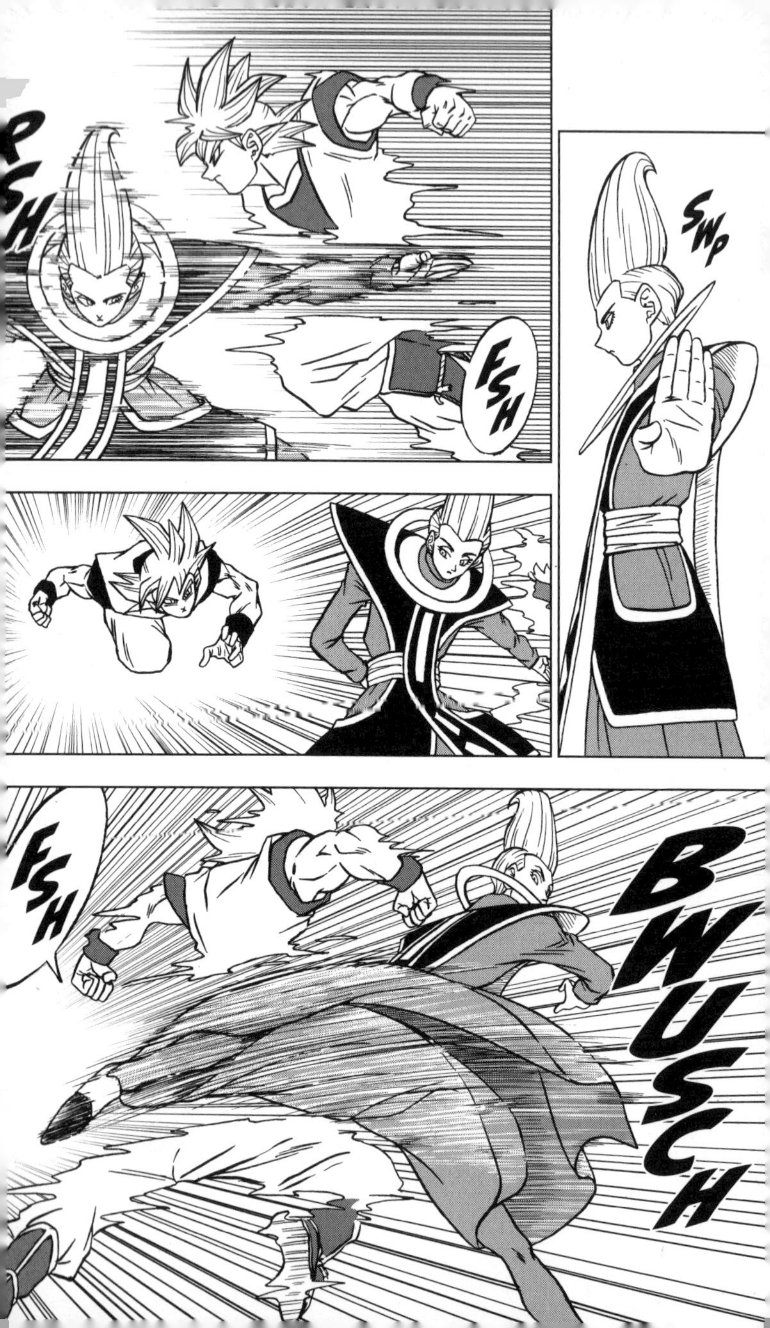

SWP
PSH
FSH
FSH
BWUSCH

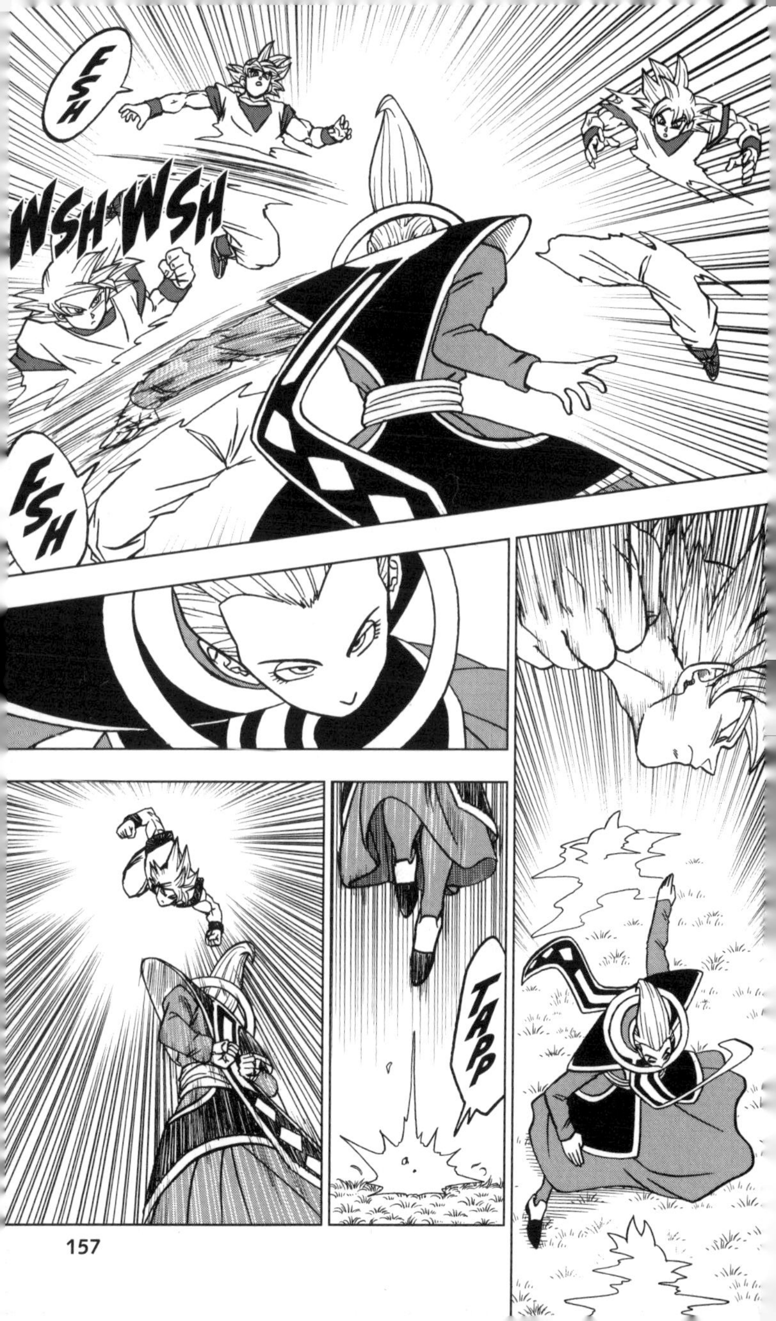
FSH
WSH WSH
FSH
TAPP

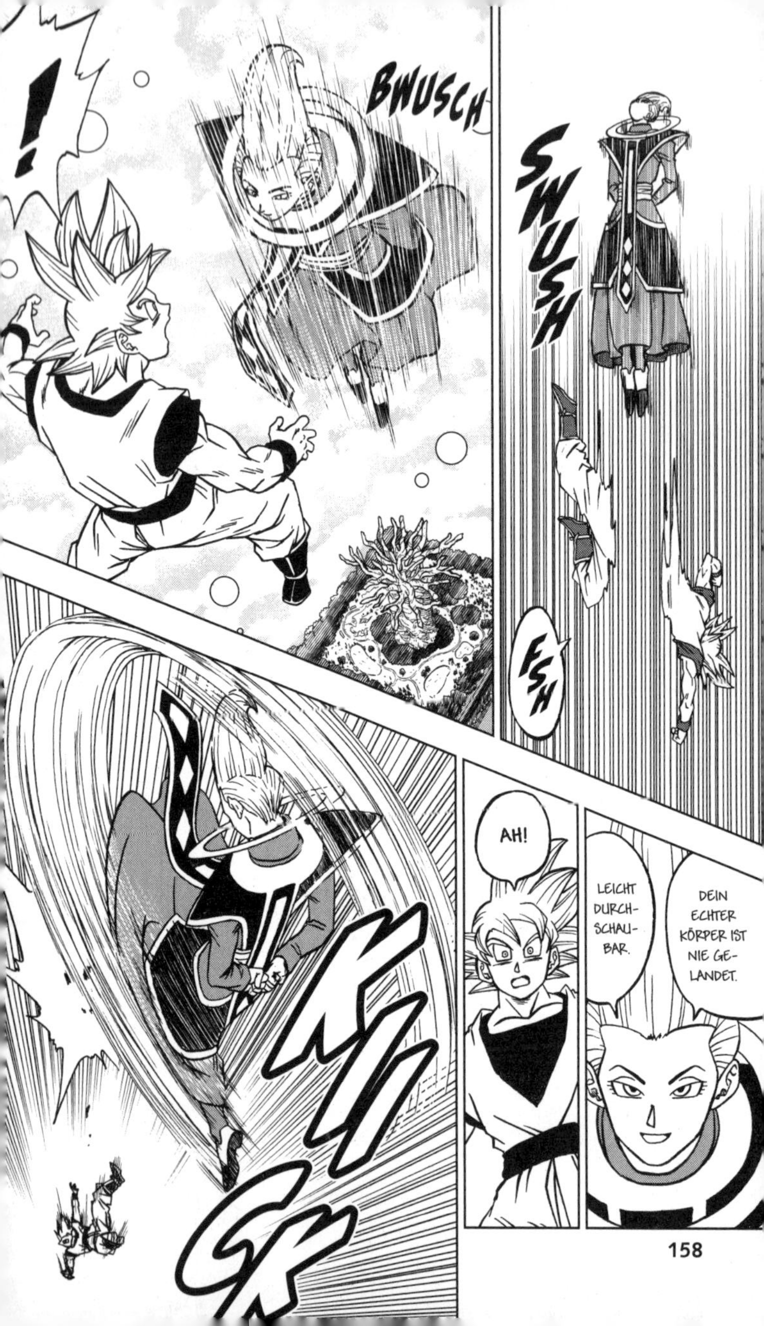
SWUSH
FSH
BWUSCH
!
DEIN ECHTER KÖRPER IST NIE GE-LANDET.
LEICHT DURCH-SCHAU-BAR.
AH!

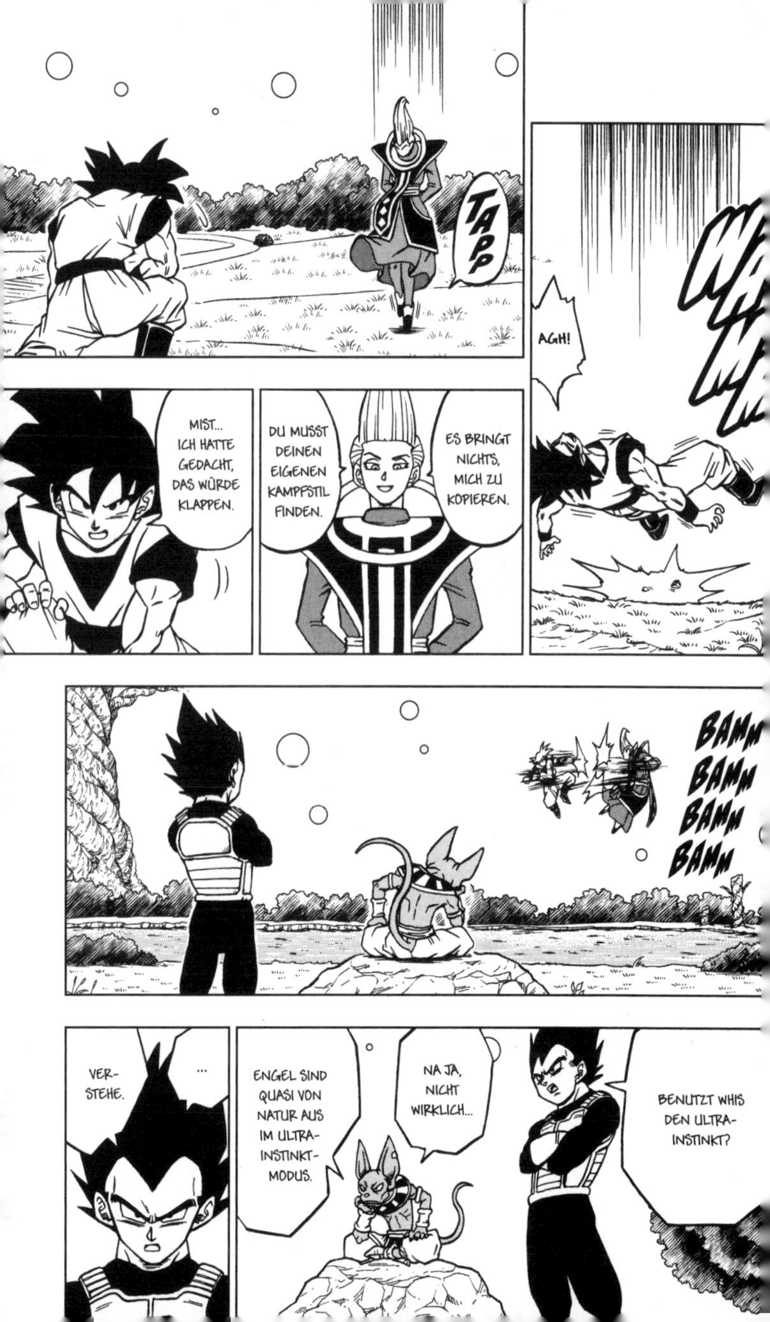
AGH!
TAPP
ES BRINGT NICHTS, MICH ZU KOPIEREN.
DU MUSST DEINEN EIGENEN KAMPFSTIL FINDEN.
MIST... ICH HATTE GEDACHT, DAS WÜRDE KLAPPEN.
BAMM BAMM BAMM BAMM
BENUTZT WHIS DEN ULTRA-INSTINKT?
NA JA, NICHT WIRKLICH...
ENGEL SIND QUASI VON NATUR AUS IM ULTRA-INSTINKT-MODUS.
...
VER-STEHE.

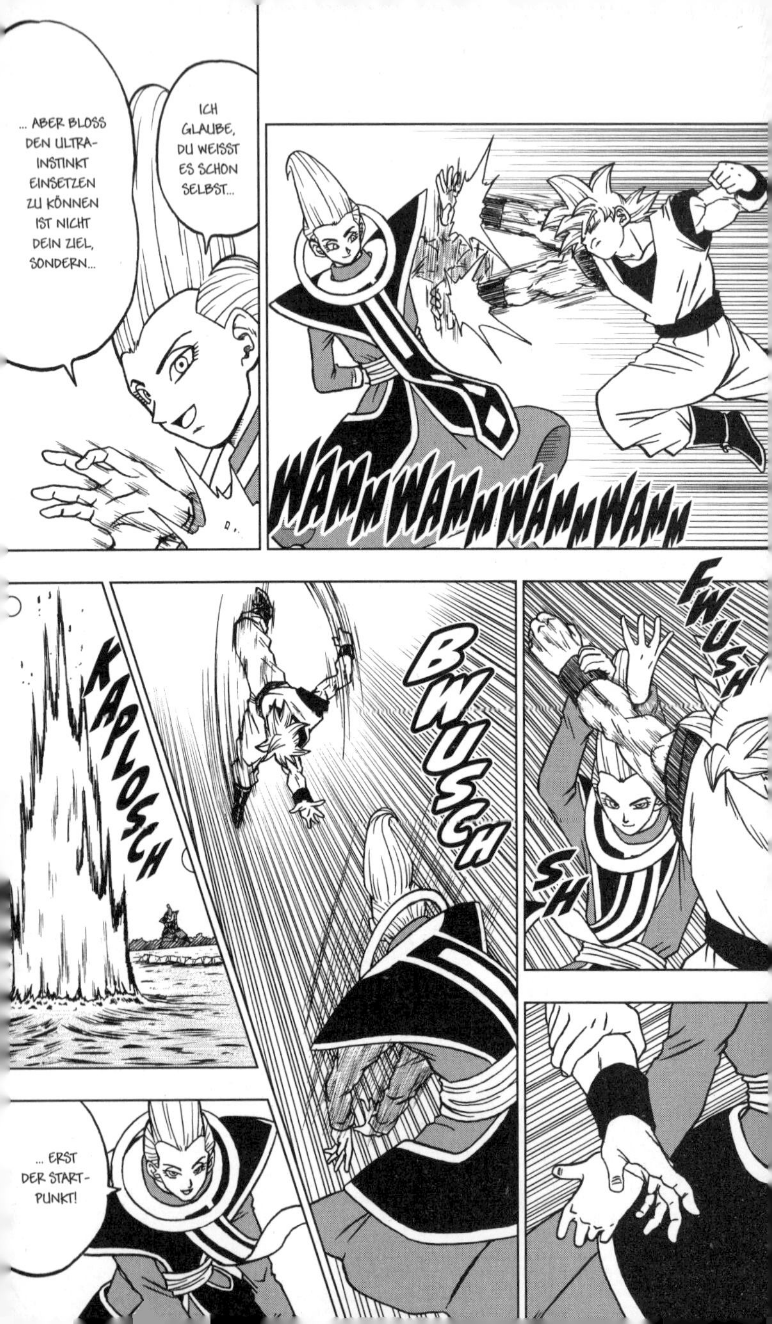
WAMM WAMM WAMM WAMM
ICH GLAUBE, DU WEISST ES SCHON SELBST...
... ABER BLOSS DEN ULTRA-INSTINKT EINSETZEN ZU KÖNNEN IST NICHT DEIN ZIEL, SONDERN...
FWUSH
SH
BWUSCH
KAPWOSCH
... ERST DER START-PUNKT!

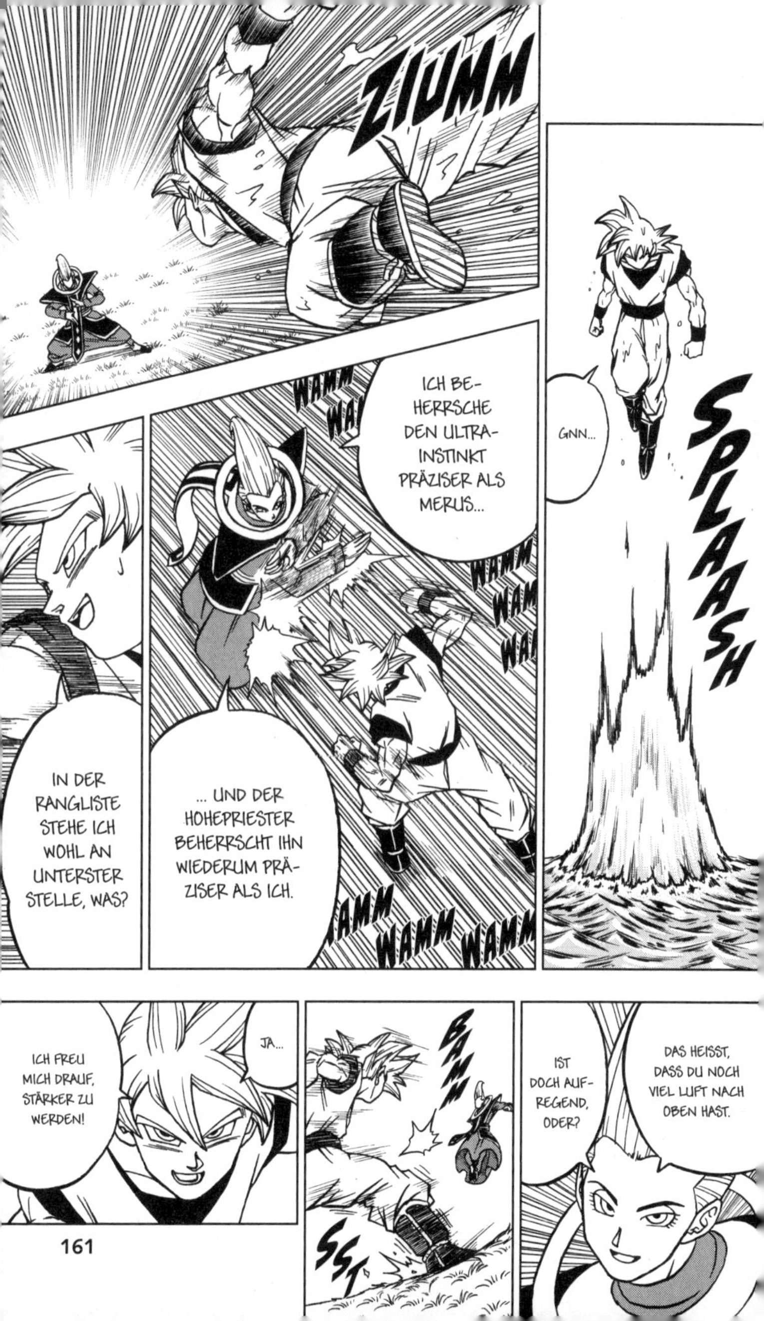
ZIUMM
GNN...
SPLAAASH
WAMM WA
ICH BEHERRSCHE DEN ULTRA-INSTINKT PRÄZISER ALS MERUS...
WAMM WAM WA
... UND DER HOHEPRIESTER BEHERRSCHT IHN WIEDERUM PRÄZISER ALS ICH.
WAMM WAMM WAMM
IN DER RANGLISTE STEHE ICH WOHL AN UNTERSTER STELLE, WAS?
DAS HEISST, DASS DU NOCH VIEL LUFT NACH OBEN HAST.
IST DOCH AUFREGEND, ODER?
BAMM
SST
JA...
ICH FREU MICH DRAUF, STÄRKER ZU WERDEN!

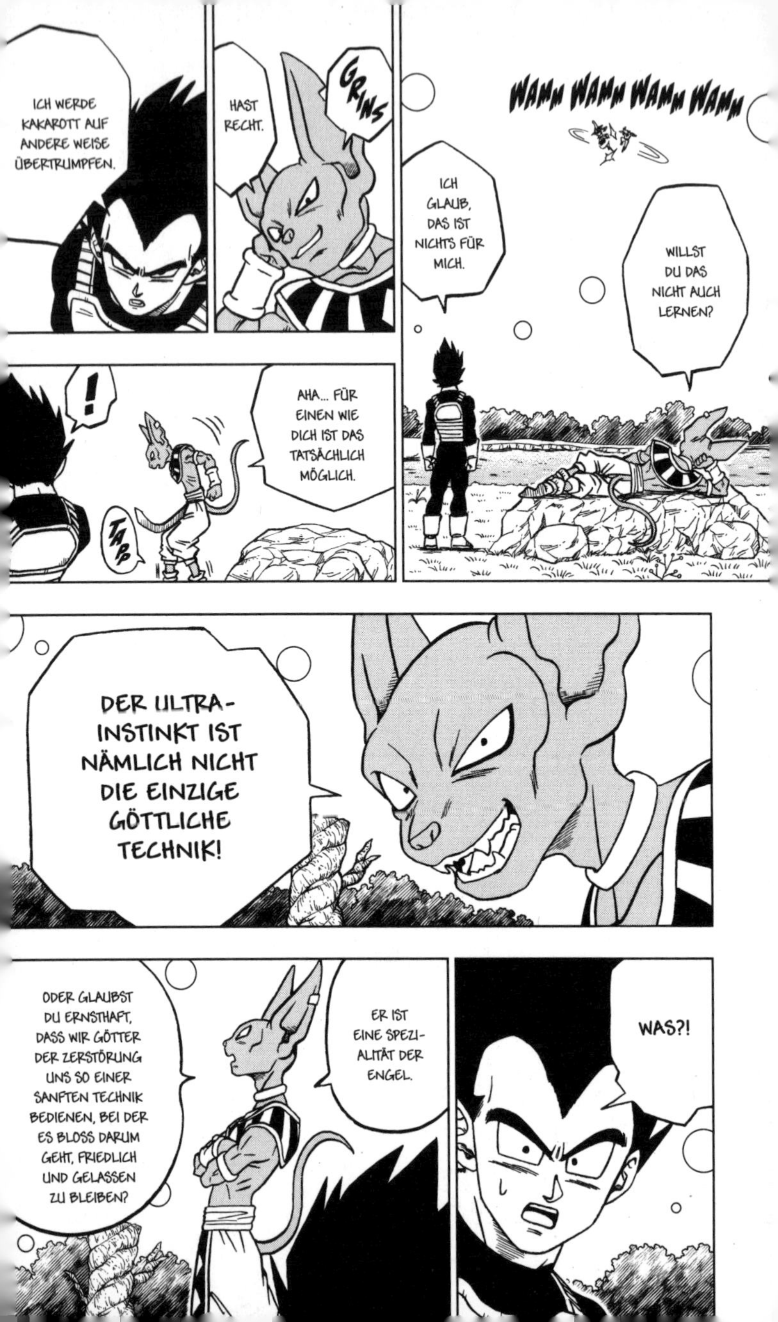
WAMM WAMM WAMM WAMM
WILLST DU DAS NICHT AUCH LERNEN?
ICH GLAUB, DAS IST NICHTS FÜR MICH.
GRINS
HAST RECHT.
ICH WERDE KAKAROTT AUF ANDERE WEISE ÜBERTRUMPFEN.
AHA... FÜR EINEN WIE DICH IST DAS TATSÄCHLICH MÖGLICH.
!
TAPP
DER ULTRA-INSTINKT IST NÄMLICH NICHT DIE EINZIGE GÖTTLICHE TECHNIK!
WAS?!
ER IST EINE SPEZIALITÄT DER ENGEL.
ODER GLAUBST DU ERNSTHAFT, DASS WIR GÖTTER DER ZERSTÖRUNG UNS SO EINER SANFTEN TECHNIK BEDIENEN, BEI DER ES BLOSS DARUM GEHT, FRIEDLICH UND GELASSEN ZU BLEIBEN?

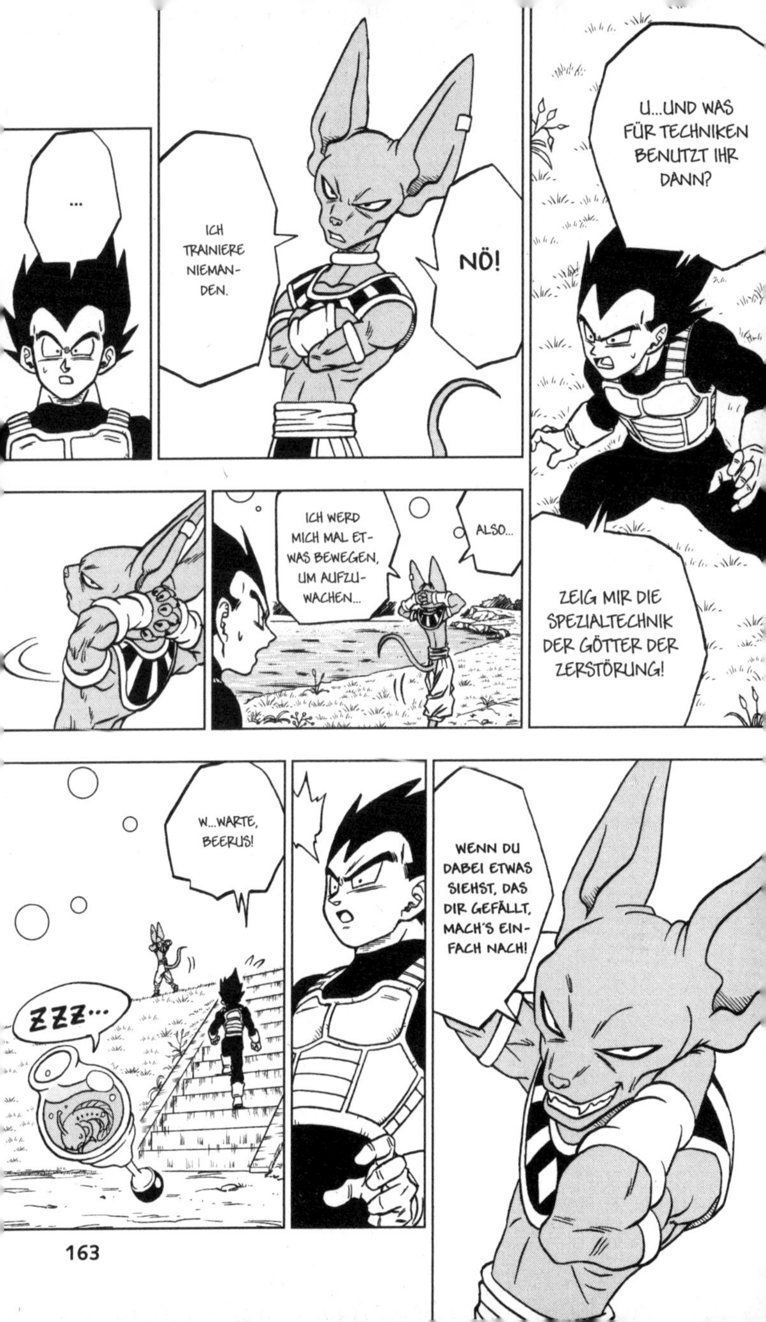
U...UND WAS FÜR TECHNIKEN BENUTZT IHR DANN?
NÖ!
ICH TRAINIERE NIEMAN-DEN.
...
ZEIG MIR DIE SPEZIALTECHNIK DER GÖTTER DER ZERSTÖRUNG!
ALSO...
ICH WERD MICH MAL ET-WAS BEWEGEN, UM AUFZU-WACHEN...
WENN DU DABEI ETWAS SIEHST, DAS DIR GEFÄLLT, MACH'S EIN-FACH NACH!
W...WARTE, BEERUS!
ZZZ...

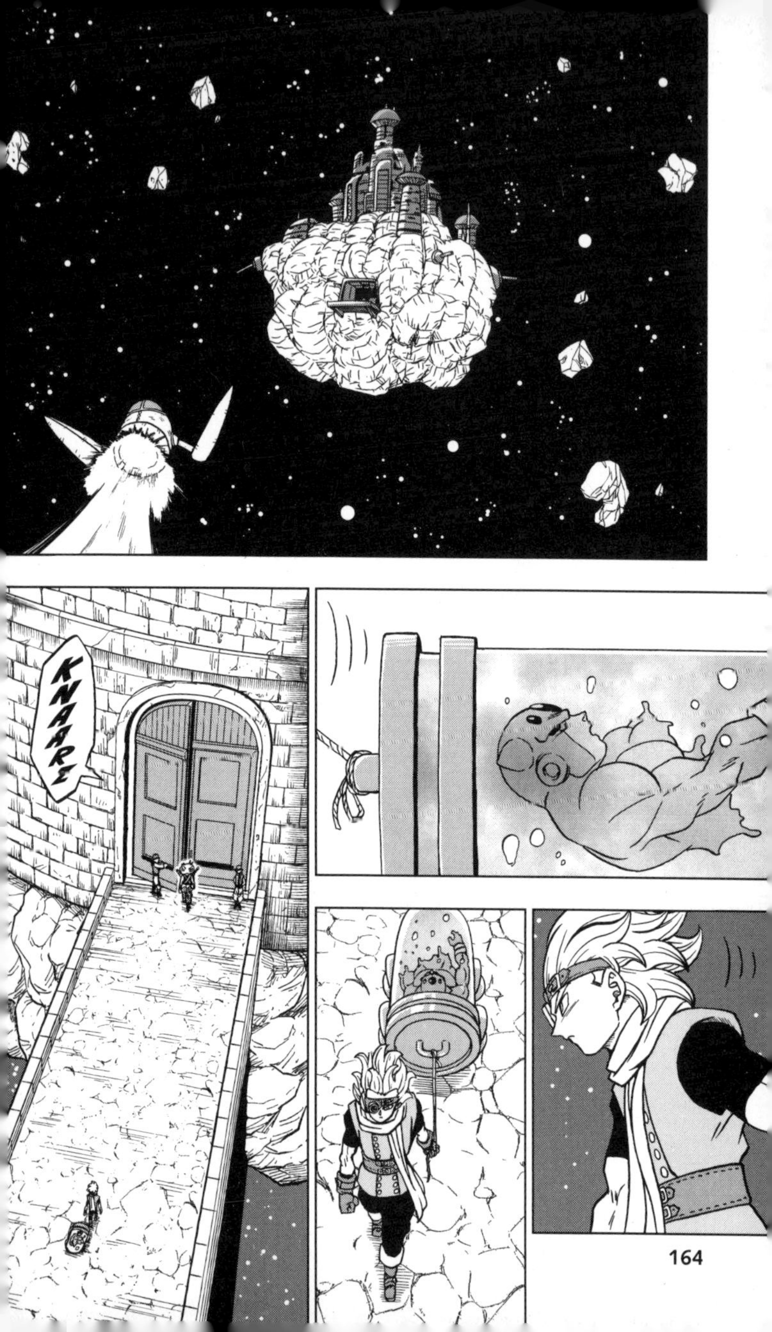
KNAARR

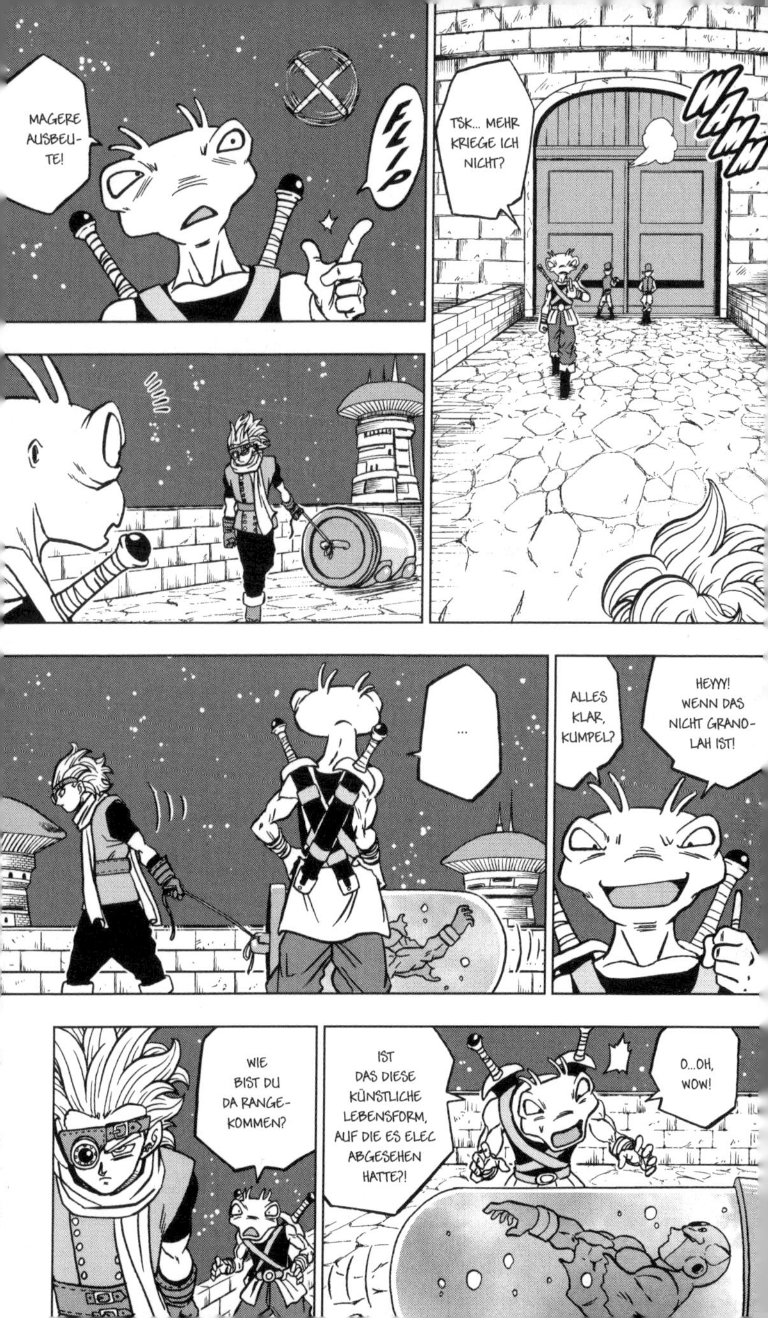

TSK... MEHR KRIEGE ICH NICHT?
WAMM
MAGERE AUSBEU-TE!
FLIP
HEYYY! WENN DAS NICHT GRANO-LAH IST!
ALLES KLAR, KUMPEL?
...
O...OH, WOW!
IST DAS DIESE KÜNSTLICHE LEBENSFORM, AUF DIE ES ELEC ABGESEHEN HATTE?!
WIE BIST DU DA RANGE-KOMMEN?

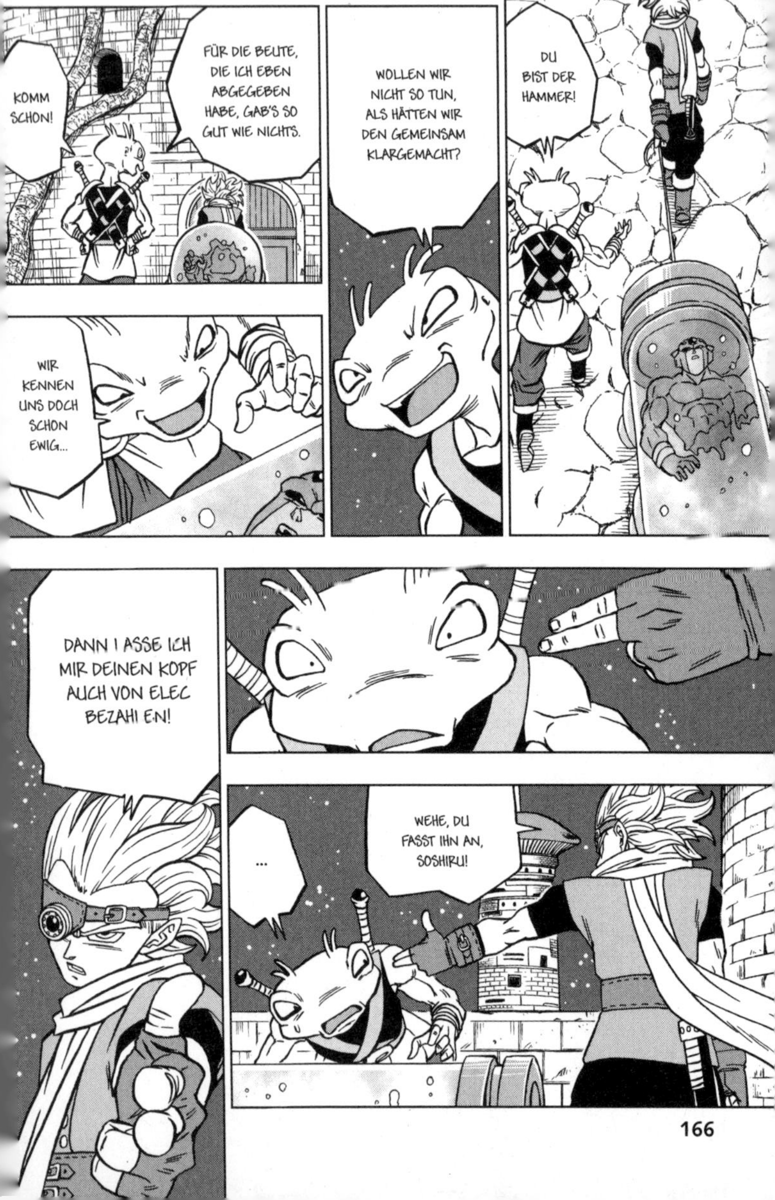
DU BIST DER HAMMER!
WOLLEN WIR NICHT SO TUN, ALS HÄTTEN WIR DEN GEMEINSAM KLARGEMACHT?
FÜR DIE BEUTE, DIE ICH EBEN ABGEGEBEN HABE, GAB'S SO GUT WIE NICHTS.
KOMM SCHON!
WIR KENNEN UNS DOCH SCHON EWIG...
WEHE, DU FASST IHN AN, SOSHIRU!
...
DANN LASSE ICH MIR DEINEN KOPF AUCH VON ELEC BEZAHLEN!

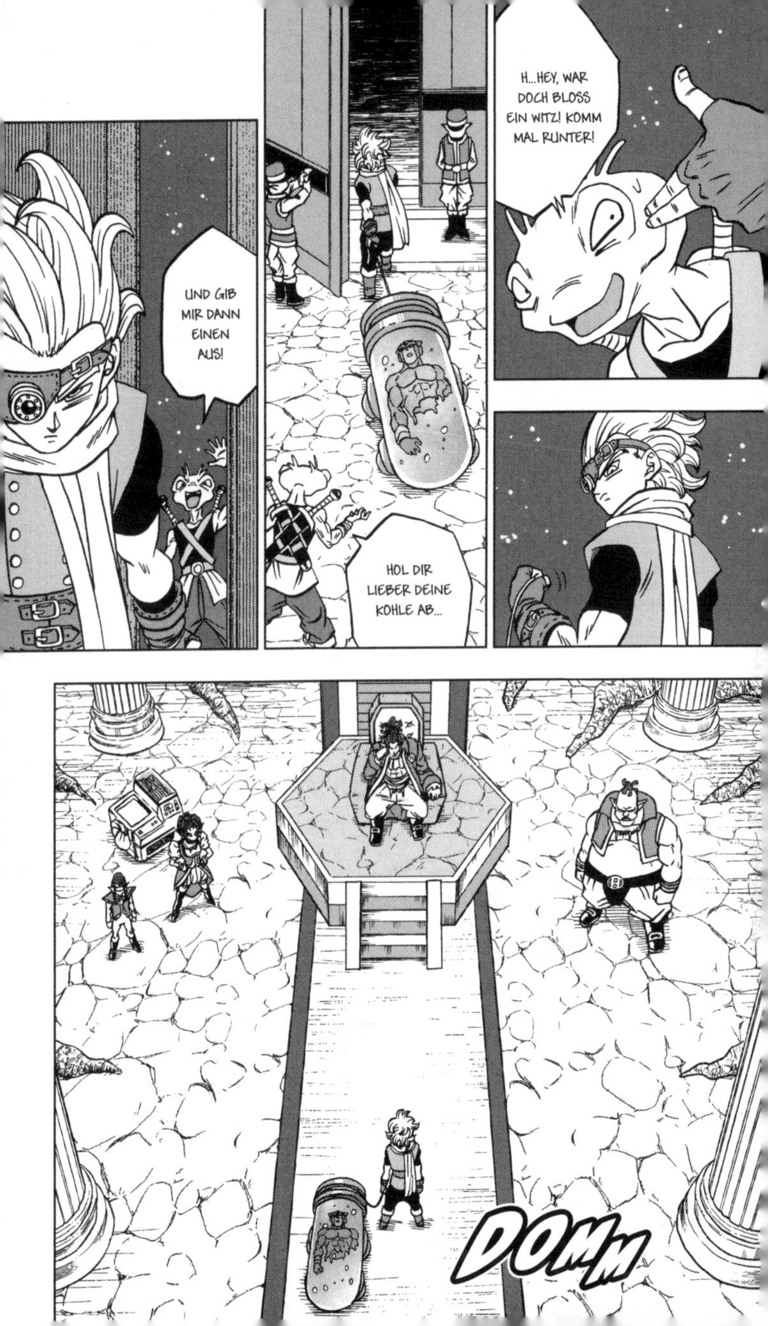
H...HEY, WAR DOCH BLOSS EIN WITZ! KOMM MAL RUNTER!
HOL DIR LIEBER DEINE KOHLE AB...
UND GIB MIR DANN EINEN AUS!
DOMM

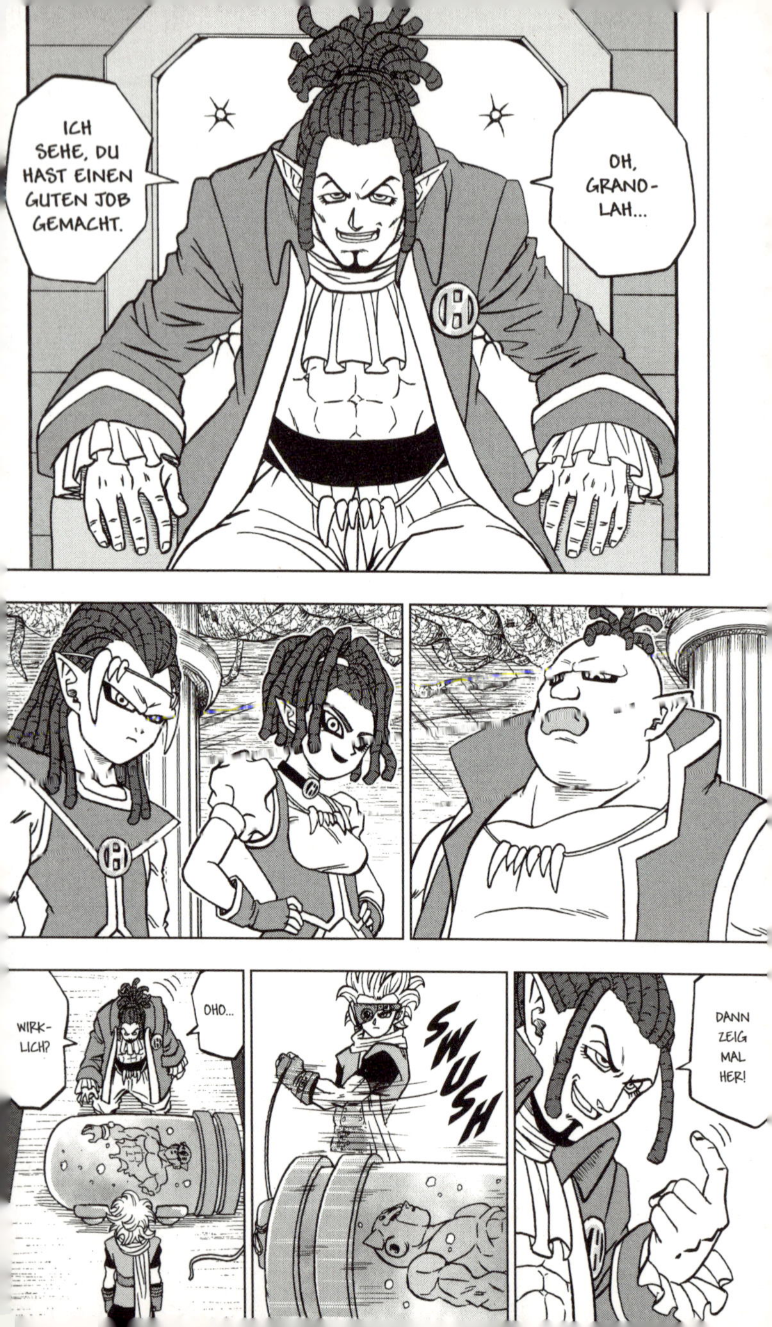
OH, GRANO-LAH...
ICH SEHE, DU HAST EINEN GUTEN JOB GEMACHT.
DANN ZEIG MAL HER!
SWUSH
OHO...
WIRK-LICH?

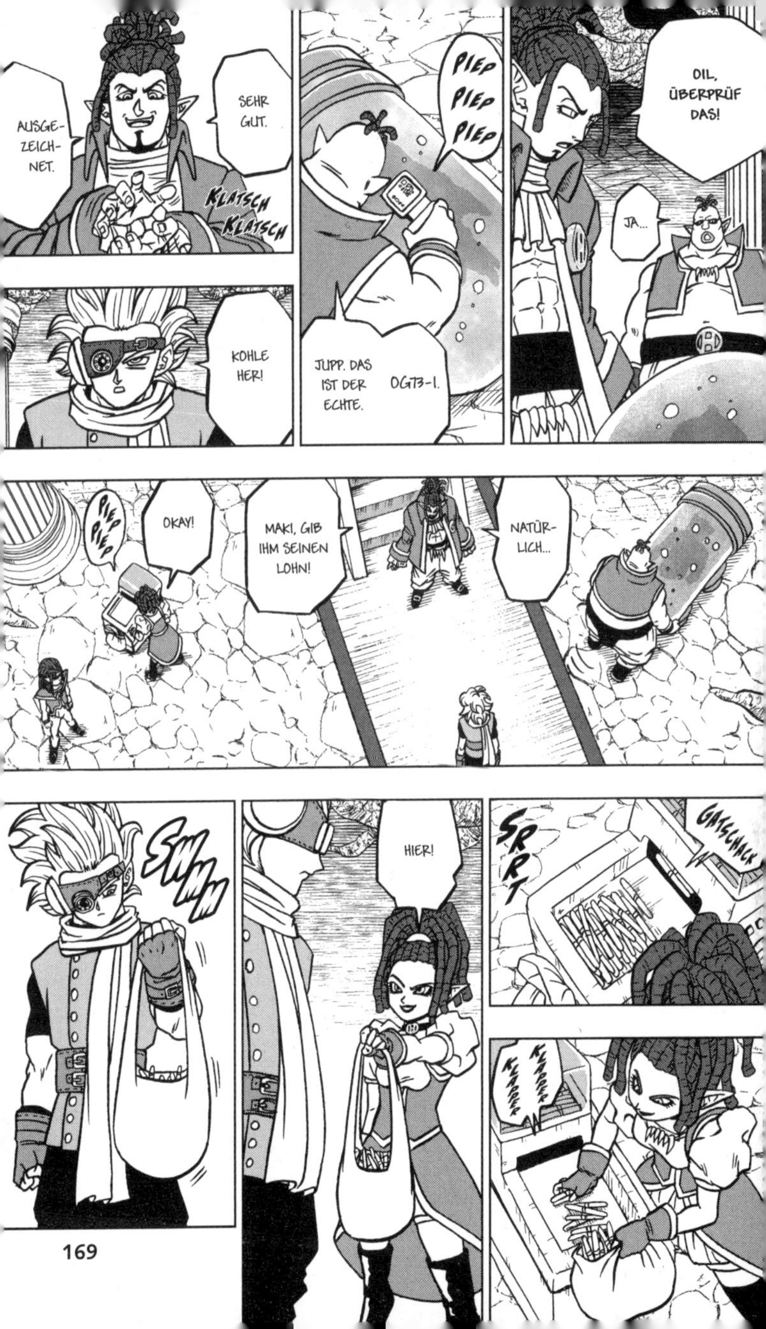
AUSGE-ZEICH-NET.
SEHR GUT.
KLATSCH KLATSCH
KOHLE HER!
PIEP PIEP PIEP
JUPP. DAS IST DER ECHTE.
OG73-1.
OIL, ÜBERPRÜF DAS!
JA...
PIEP PIEP
OKAY!
MAKI, GIB IHM SEINEN LOHN!
NATÜR-LICH...
HIER!
SRRT
GATSCHACK
KLAPPER
KLAPPER

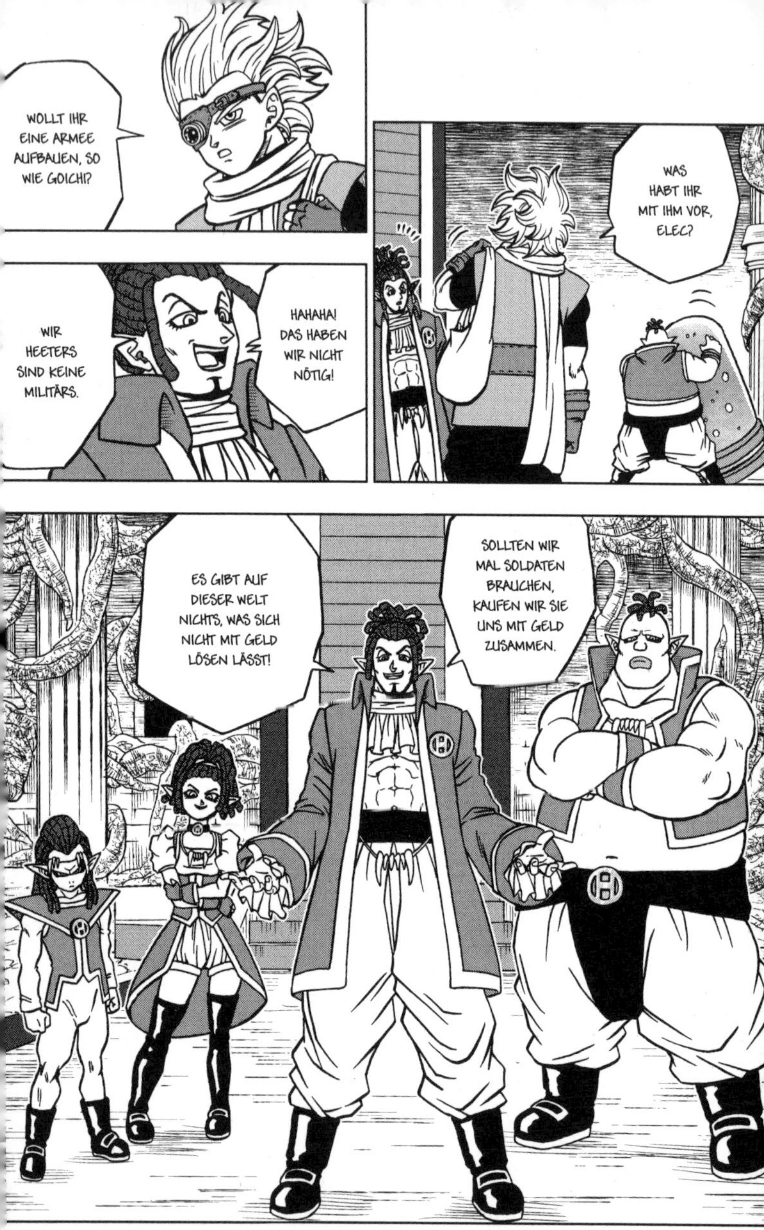
WAS HABT IHR MIT IHM VOR, ELEC?
WOLLT IHR EINE ARMEE AUFBAUEN, SO WIE GOICHI?
HAHAHA! DAS HABEN WIR NICHT NÖTIG!
WIR HEETERS SIND KEINE MILITÄRS.
SOLLTEN WIR MAL SOLDATEN BRAUCHEN, KAUFEN WIR SIE UNS MIT GELD ZUSAMMEN.
ES GIBT AUF DIESER WELT NICHTS, WAS SICH NICHT MIT GELD LÖSEN LÄSST!

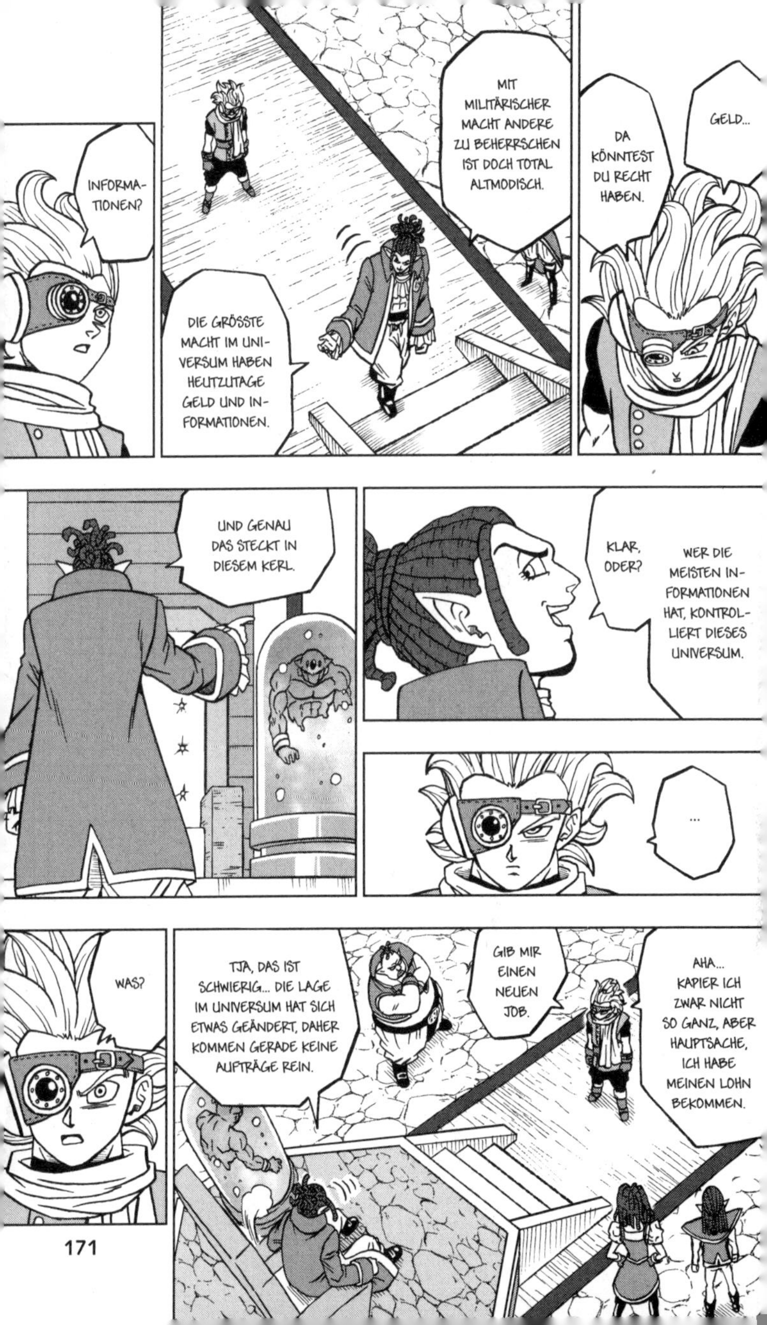
GELD...
DA KÖNNTEST DU RECHT HABEN.
MIT MILITÄRISCHER MACHT ANDERE ZU BEHERRSCHEN IST DOCH TOTAL ALTMODISCH.
DIE GRÖSSTE MACHT IM UNIVERSUM HABEN HEUTZUTAGE GELD UND INFORMATIONEN.
INFORMATIONEN?
WER DIE MEISTEN INFORMATIONEN HAT, KONTROLLIERT DIESES UNIVERSUM.
KLAR, ODER?
...
UND GENAU DAS STECKT IN DIESEM KERL.
AHA... KAPIER ICH ZWAR NICHT SO GANZ, ABER HAUPTSACHE, ICH HABE MEINEN LOHN BEKOMMEN.
GIB MIR EINEN NEUEN JOB.
TJA, DAS IST SCHWIERIG... DIE LAGE IM UNIVERSUM HAT SICH ETWAS GEÄNDERT, DAHER KOMMEN GERADE KEINE AUFTRÄGE REIN.
WAS?

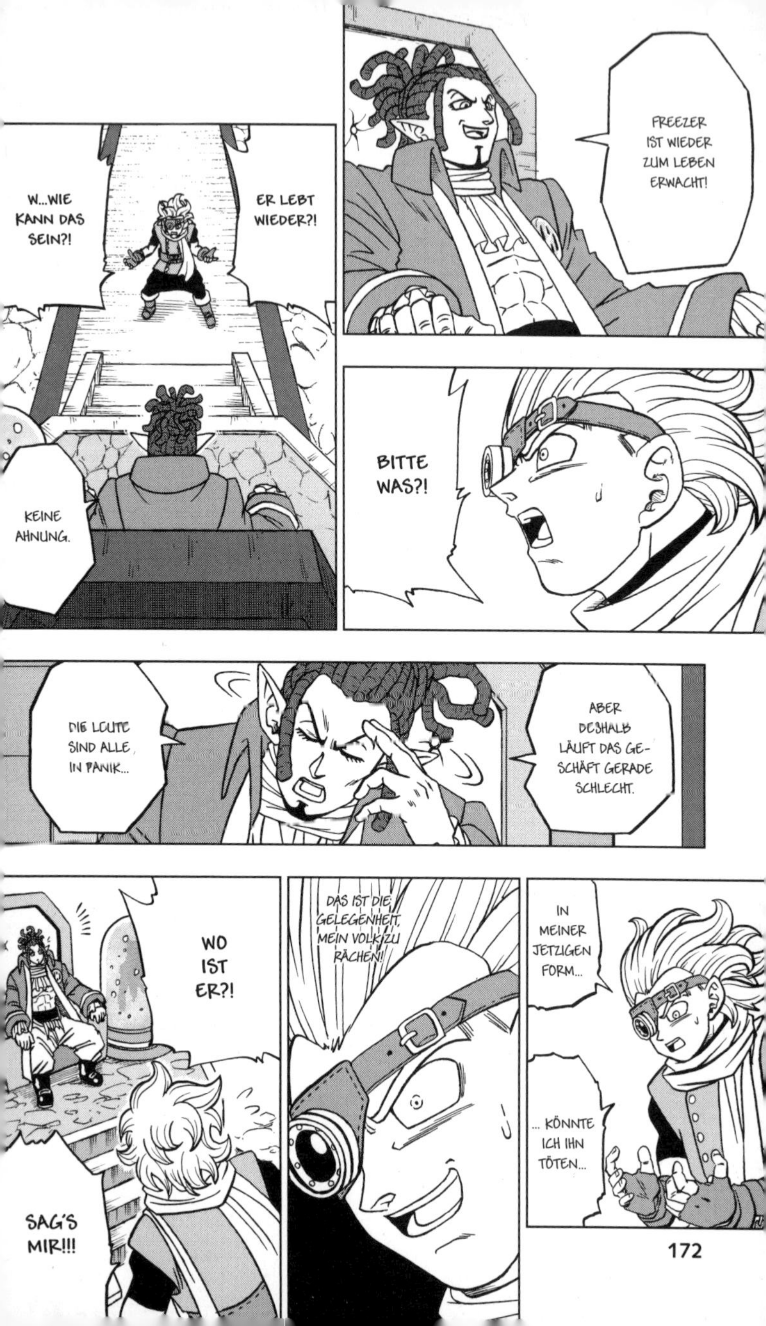
FREEZER IST WIEDER ZUM LEBEN ERWACHT!
BITTE WAS?!
ER LEBT WIEDER?!
W...WIE KANN DAS SEIN?!
KEINE AHNUNG.
ABER DESHALB LÄUFT DAS GE-SCHÄFT GERADE SCHLECHT.
DIE LEUTE SIND ALLE IN PANIK...
IN MEINER JETZIGEN FORM...
... KÖNNTE ICH IHN TÖTEN...
DAS IST DIE GELEGENHEIT, MEIN VOLK ZU RÄCHEN!
WO IST ER?!
SAG'S MIR!!!

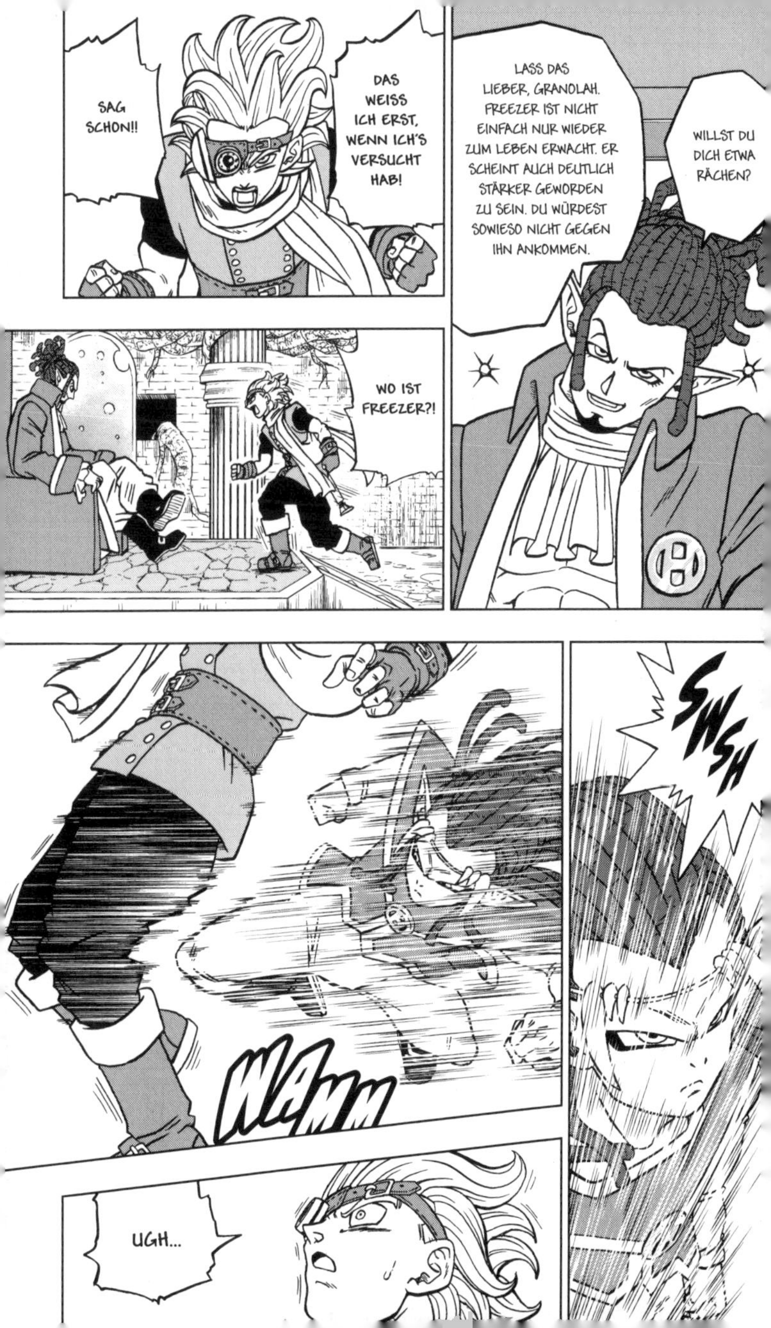
WILLST DU DICH ETWA RÄCHEN?
LASS DAS LIEBER, GRANOLAH. FREEZER IST NICHT EINFACH NUR WIEDER ZUM LEBEN ERWACHT. ER SCHEINT AUCH DEUTLICH STÄRKER GEWORDEN ZU SEIN. DU WÜRDEST SOWIESO NICHT GEGEN IHN ANKOMMEN.
DAS WEISS ICH ERST, WENN ICH'S VERSUCHT HAB!
SAG SCHON!!
WO IST FREEZER?!
SWSH
WAMM
UGH...

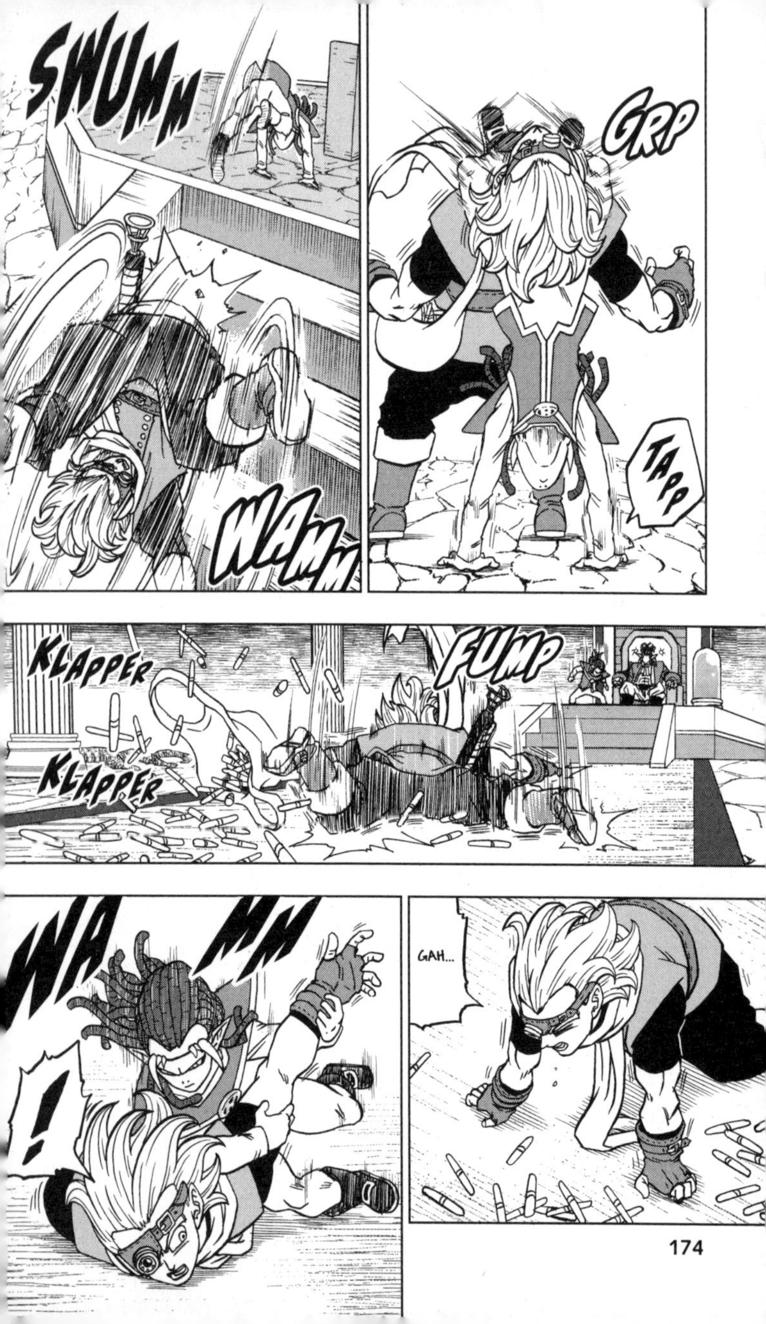
SWUMM
WAMM
GRP
TAPP
KLAPPER
KLAPPER
FUMP
WAMM
!
GAH...

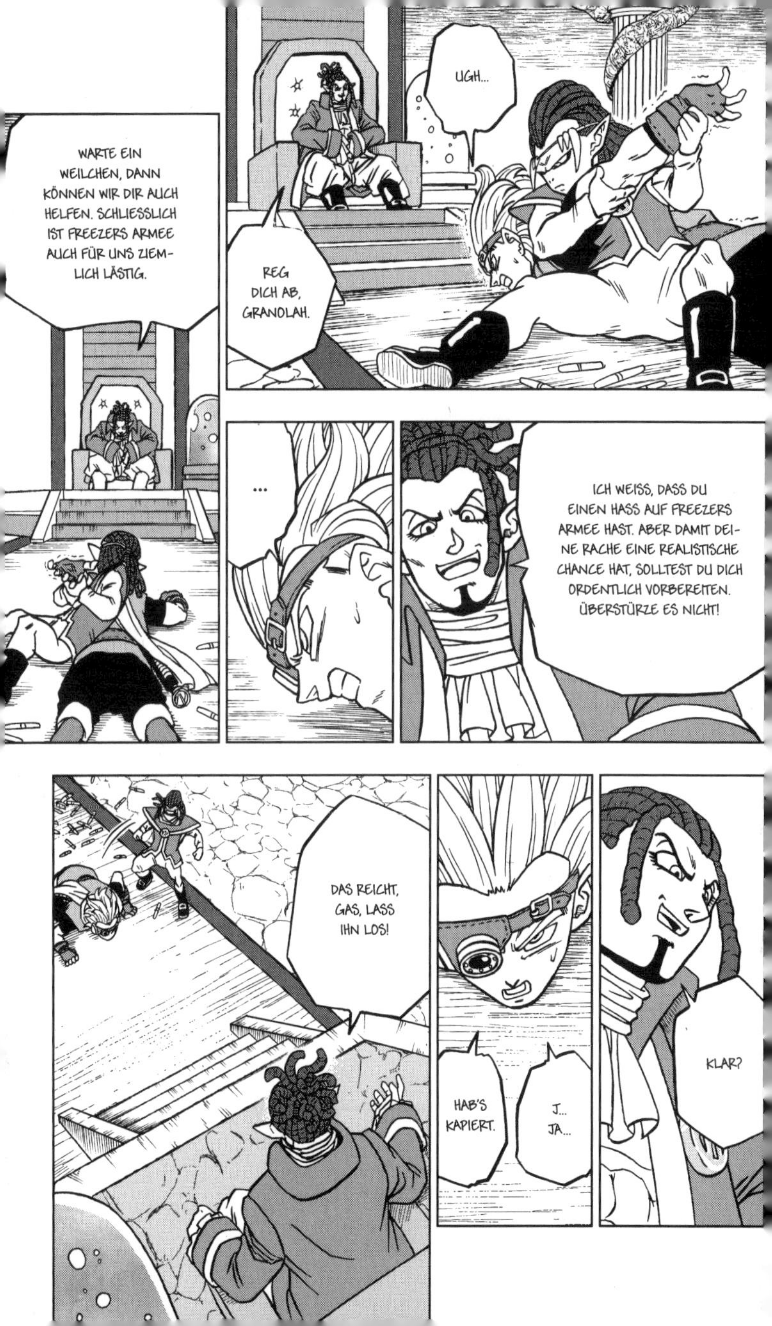

UGH...
REG DICH AB, GRANOLAH.
WARTE EIN WEILCHEN, DANN KÖNNEN WIR DIR AUCH HELFEN. SCHLIESSLICH IST FREEZERS ARMEE AUCH FÜR UNS ZIEMLICH LÄSTIG.
ICH WEISS, DASS DU EINEN HASS AUF FREEZERS ARMEE HAST. ABER DAMIT DEINE RACHE EINE REALISTISCHE CHANCE HAT, SOLLTEST DU DICH ORDENTLICH VORBEREITEN. ÜBERSTÜRZE ES NICHT!
...
KLAR?
J... JA...
HAB'S KAPIERT.
DAS REICHT, GAS, LASS IHN LOS!

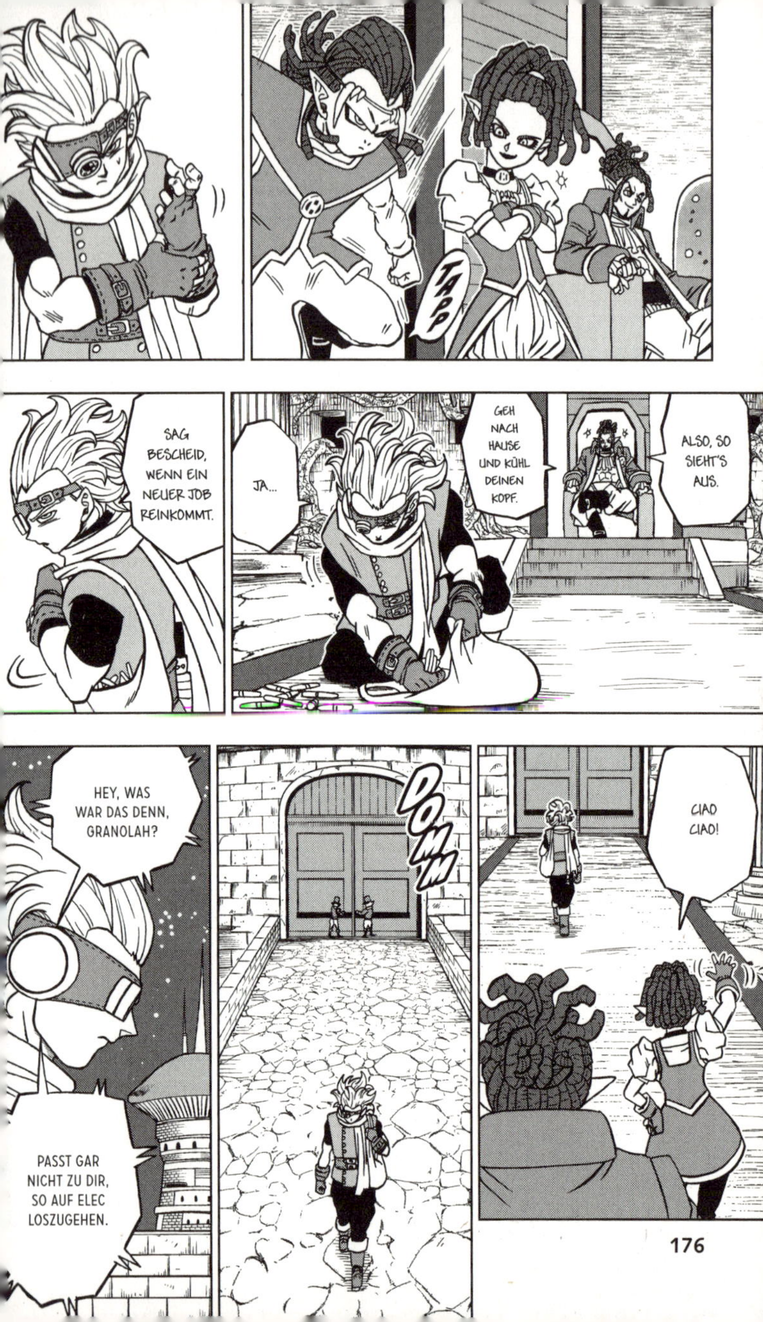
TAPP
ALSO, SO SIEHT'S AUS.
GEH NACH HAUSE UND KÜHL DEINEN KOPF.
JA...
SAG BESCHEID, WENN EIN NEUER JOB REINKOMMT.
CIAO CIAO!
DOMM
HEY, WAS WAR DAS DENN, GRANOLAH?
PASST GAR NICHT ZU DIR, SO AUF ELEC LOSZUGEHEN.

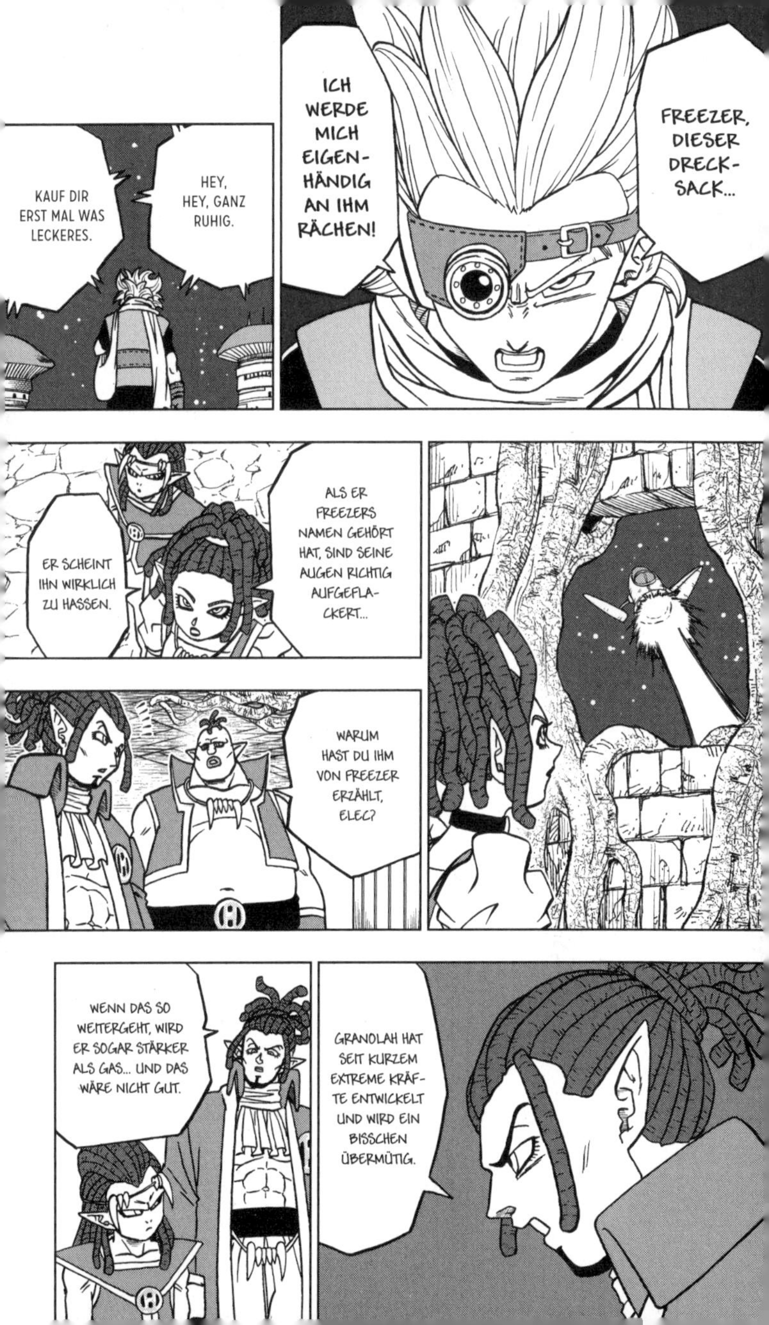
FREEZER, DIESER DRECKSACK...
ICH WERDE MICH EIGENHÄNDIG AN IHM RÄCHEN!
HEY, HEY, GANZ RUHIG.
KAUF DIR ERST MAL WAS LECKERES.
ALS ER FREEZERS NAMEN GEHÖRT HAT, SIND SEINE AUGEN RICHTIG AUFGEFLACKERT...
ER SCHEINT IHN WIRKLICH ZU HASSEN.
WARUM HAST DU IHM VON FREEZER ERZÄHLT, ELEC?
GRANOLAH HAT SEIT KURZEM EXTREME KRÄFTE ENTWICKELT UND WIRD EIN BISSCHEN ÜBERMÜTIG.
WENN DAS SO WEITERGEHT, WIRD ER SOGAR STÄRKER ALS GAS... UND DAS WÄRE NICHT GUT.

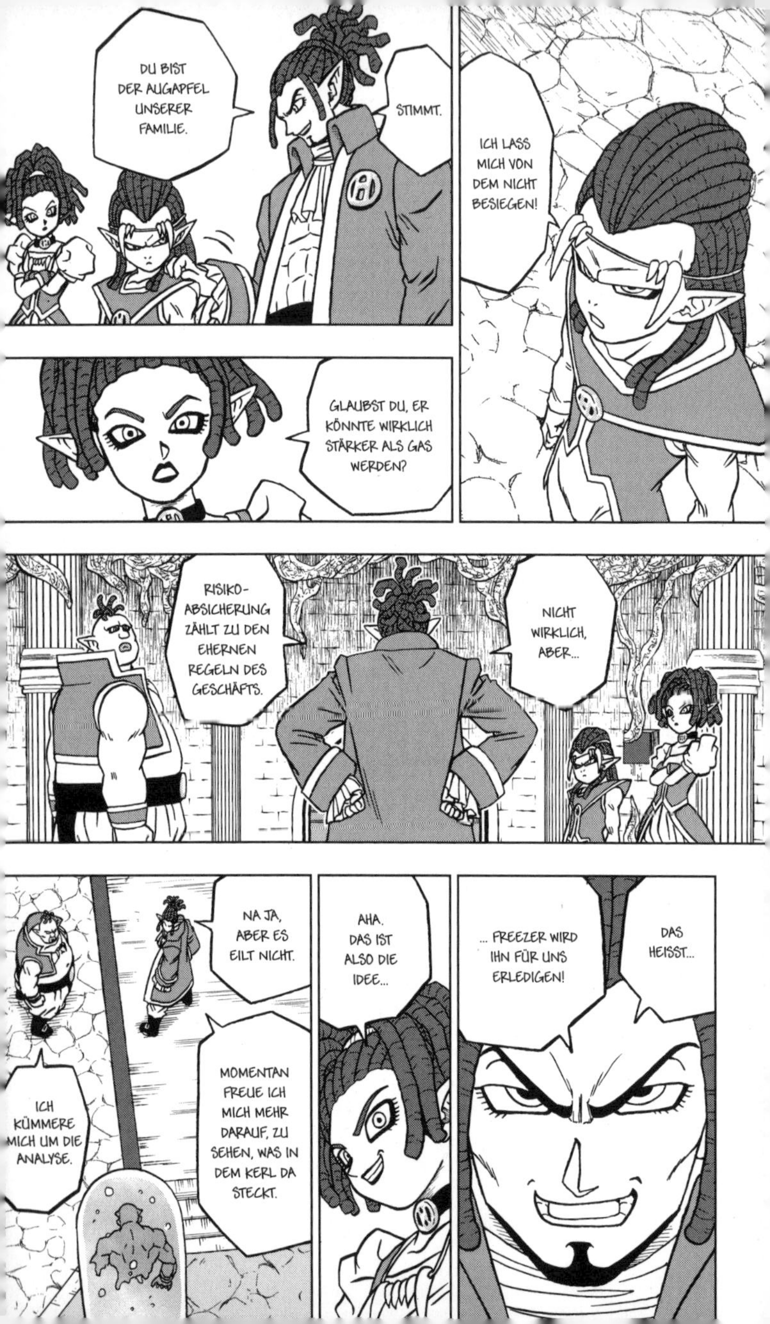
ICH LASS MICH VON DEM NICHT BESIEGEN!
STIMMT.
DU BIST DER AUGAPFEL UNSERER FAMILIE.
GLAUBST DU, ER KÖNNTE WIRKLICH STÄRKER ALS GAS WERDEN?
NICHT WIRKLICH, ABER...
RISIKO-ABSICHERUNG ZÄHLT ZU DEN EHERNEN REGELN DES GESCHÄFTS.
DAS HEISST...
... FREEZER WIRD IHN FÜR UNS ERLEDIGEN!
AHA. DAS IST ALSO DIE IDEE...
NA JA, ABER ES EILT NICHT.
MOMENTAN FREUE ICH MICH MEHR DARAUF, ZU SEHEN, WAS IN DEM KERL DA STECKT.
ICH KÜMMERE MICH UM DIE ANALYSE.

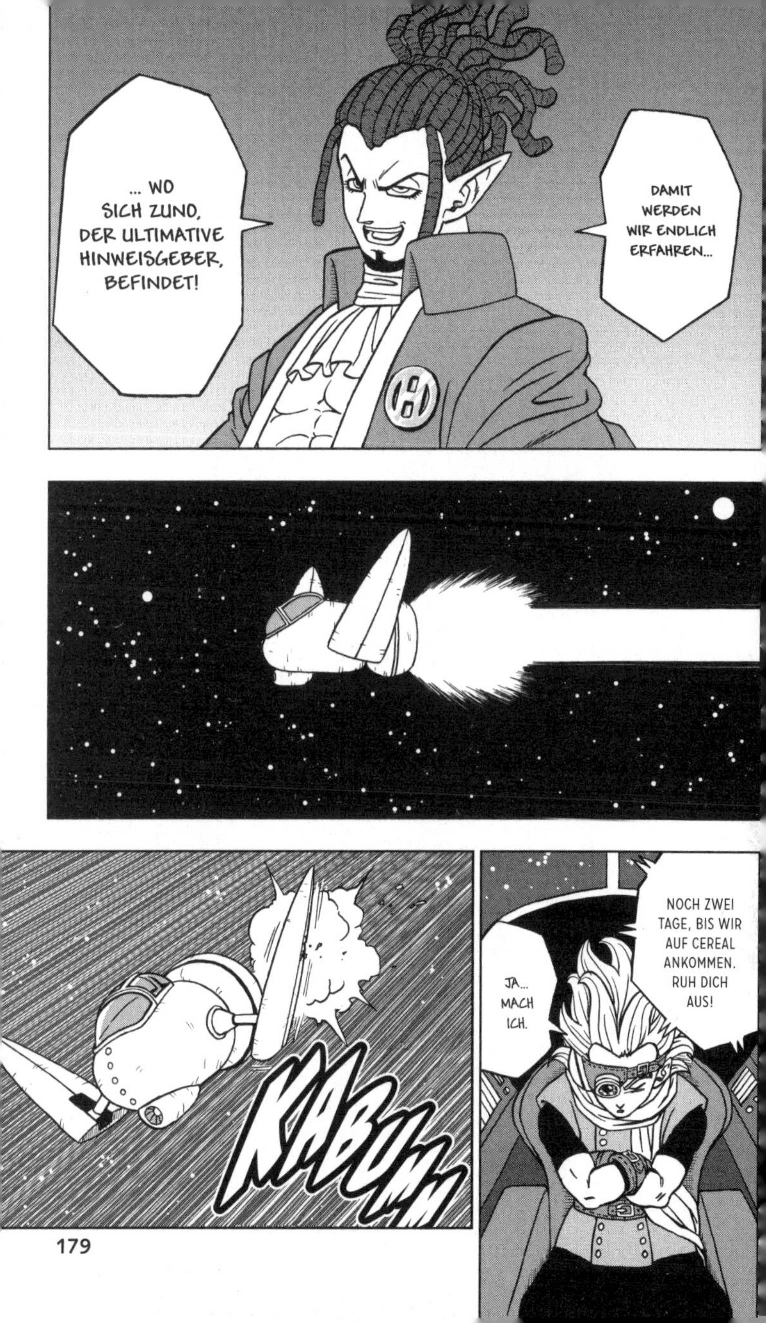
DAMIT WERDEN WIR ENDLICH ERFAHREN...
... WO SICH ZUNO, DER ULTIMATIVE HINWEISGEBER, BEFINDET!
NOCH ZWEI TAGE, BIS WIR AUF CEREAL ANKOMMEN. RUH DICH AUS!
JA... MACH ICH.
KABUMM

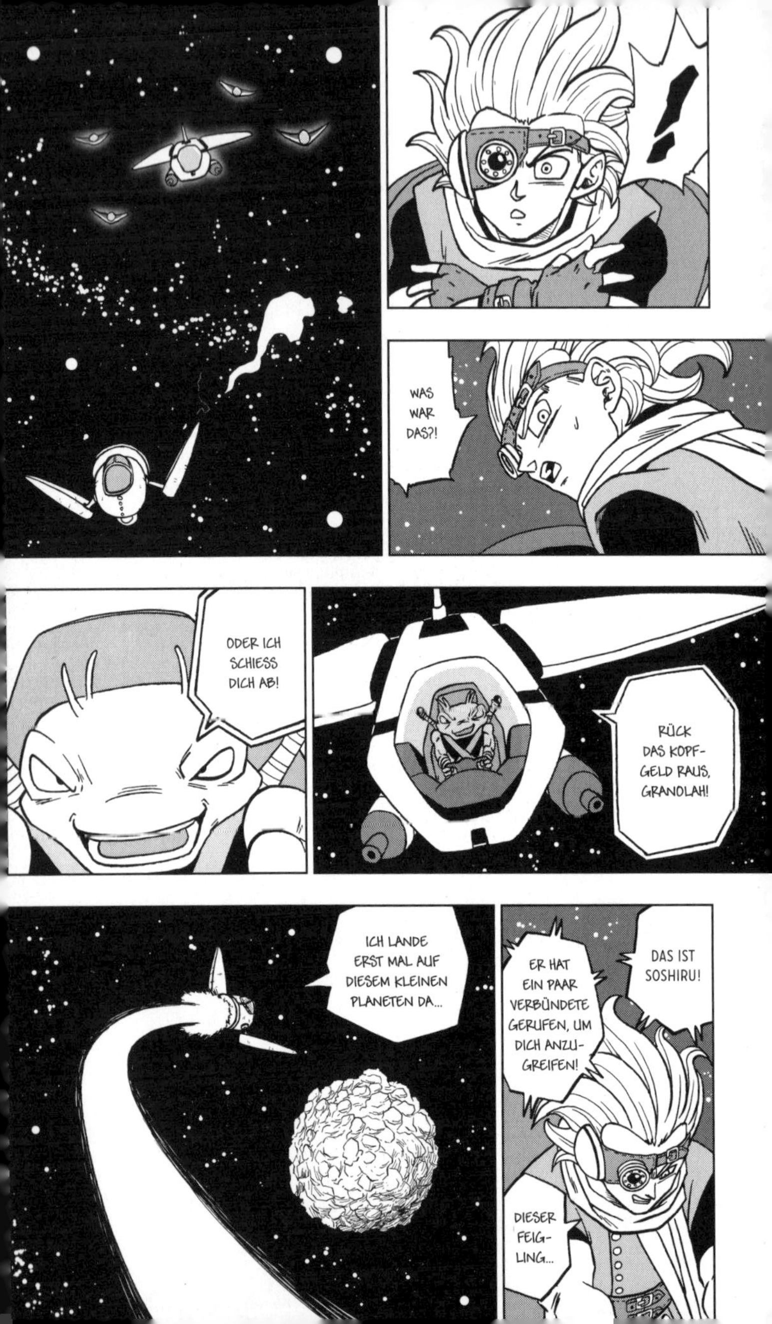
!
WAS WAR DAS?!
RÜCK DAS KOPFGELD RAUS, GRANOLAH!
ODER ICH SCHIESS DICH AB!
DAS IST SOSHIRU!
ER HAT EIN PAAR VERBÜNDETE GERUFEN, UM DICH ANZUGREIFEN!
DIESER FEIGLING...
ICH LANDE ERST MAL AUF DIESEM KLEINEN PLANETEN DA...

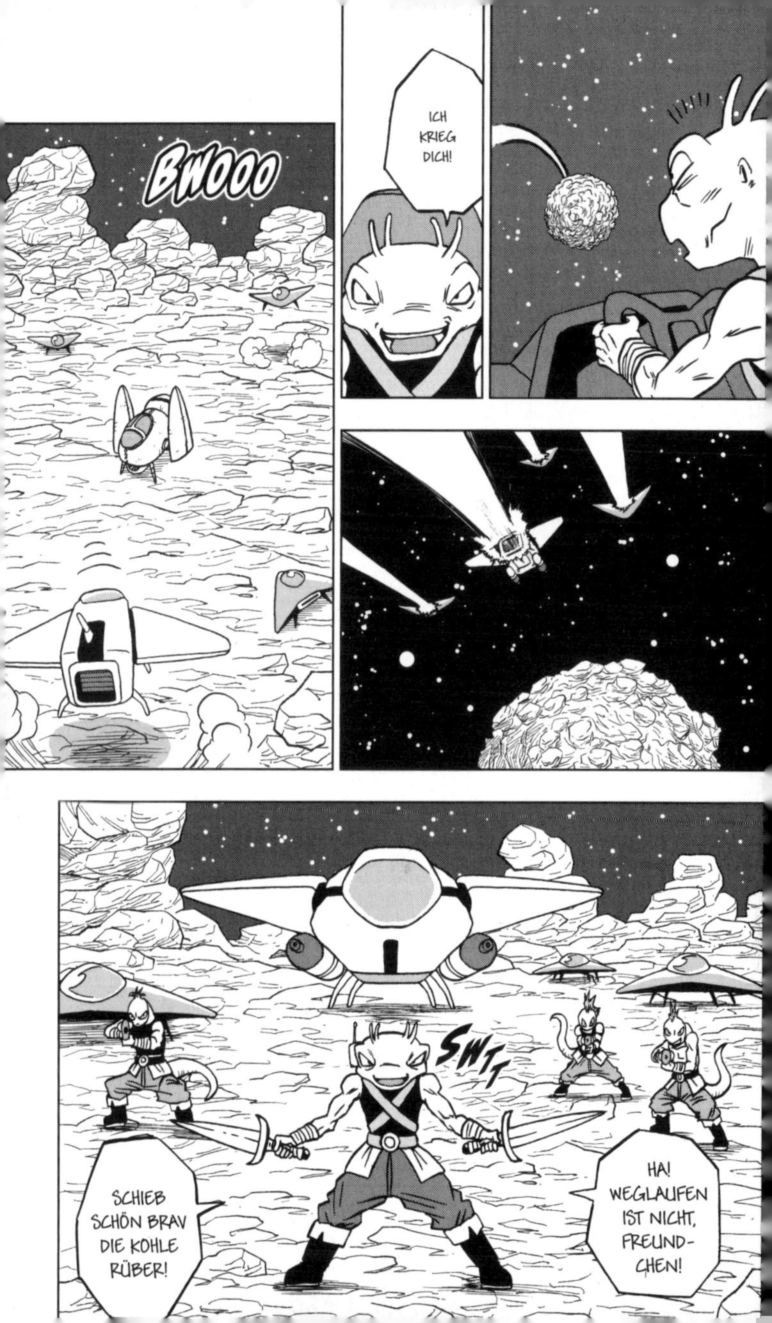
BWOOO
ICH KRIEG DICH!
SWTT
HA! WEGLAUFEN IST NICHT, FREUND-CHEN!
SCHIEB SCHÖN BRAV DIE KOHLE RÜBER!

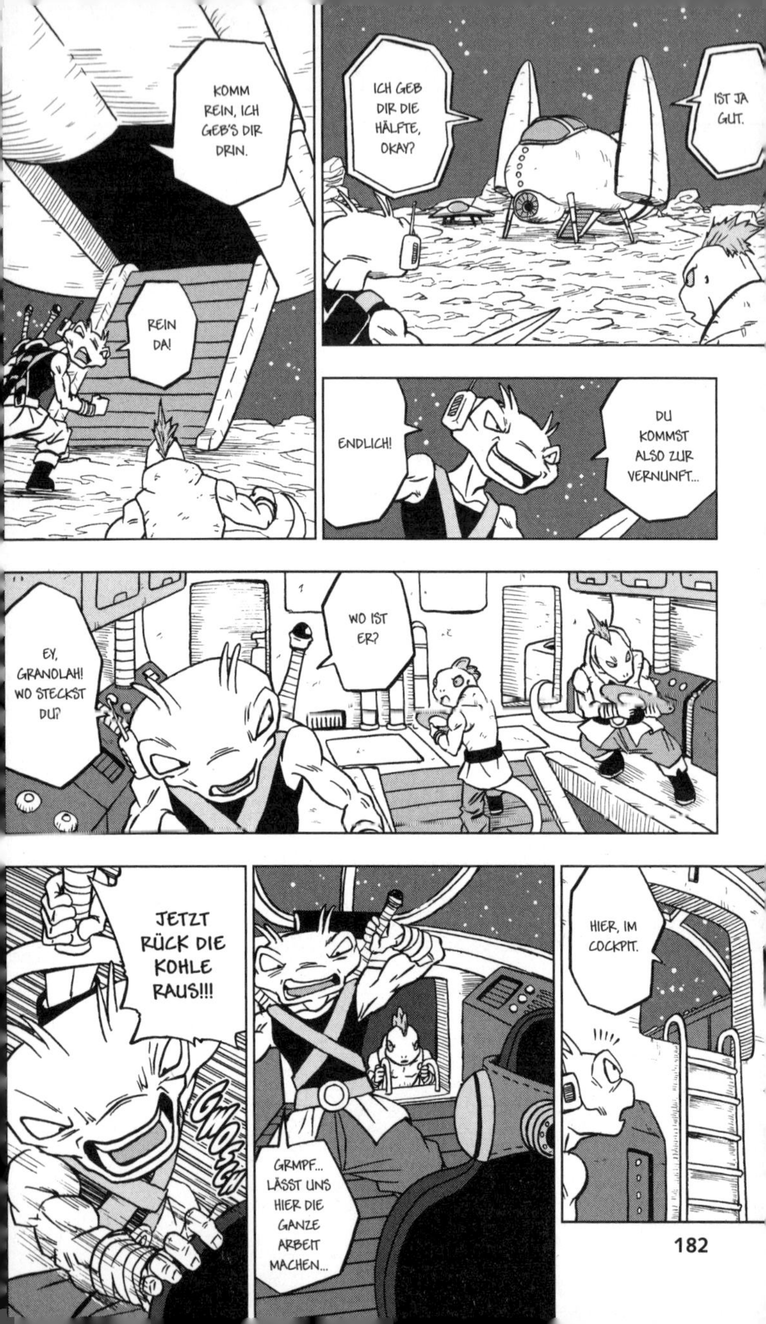
KOMM REIN, ICH GEB'S DIR DRIN.
REIN DA!
ICH GEB DIR DIE HÄLFTE, OKAY?
IST JA GUT.
ENDLICH!
DU KOMMST ALSO ZUR VERNUNFT...
EY, GRANOLAH! WO STECKST DU?
WO IST ER?
JETZT RÜCK DIE KOHLE RAUS!!!
GRMPF... LÄSST UNS HIER DIE GANZE ARBEIT MACHEN...
HIER, IM COCKPIT.

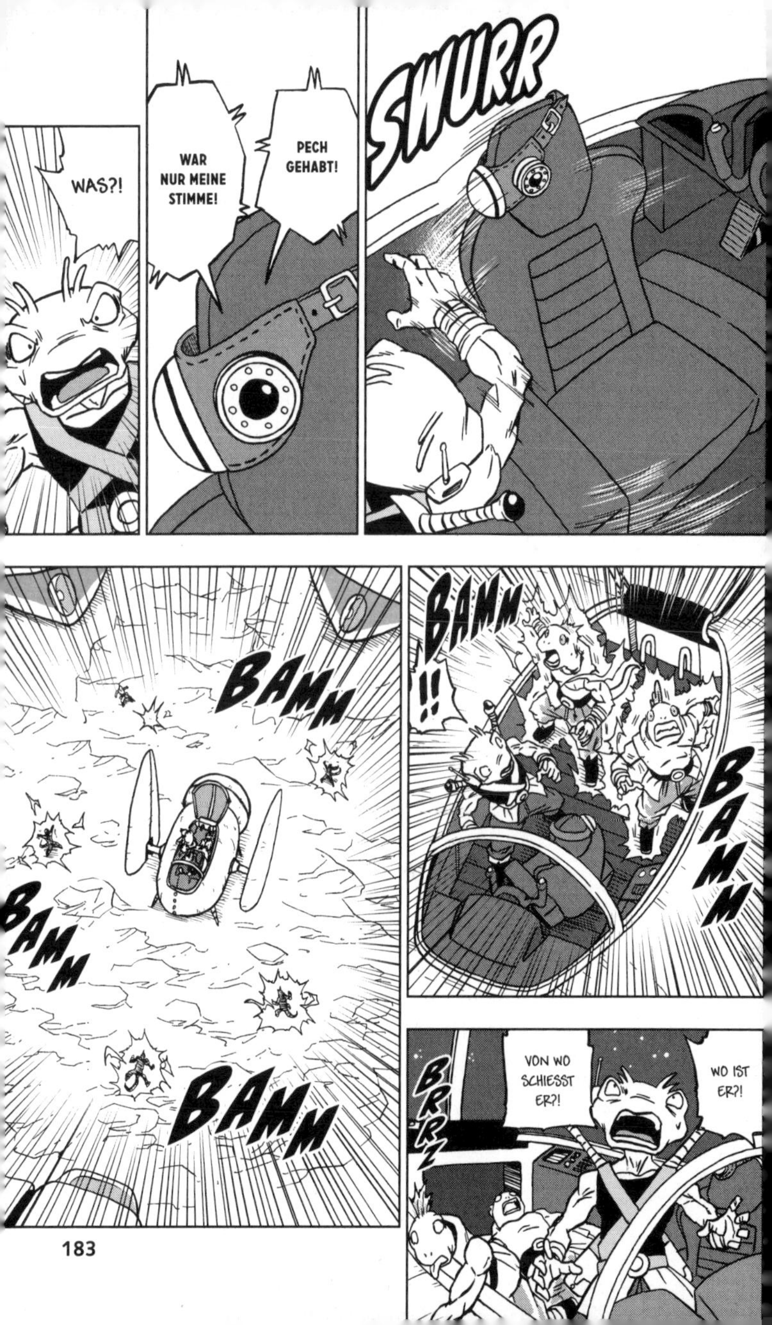
WAS?!
WAR NUR MEINE STIMME!
PECH GEHABT!
SWURR
BAMM
BAMM !!
BAMM
BAMM
BAMM
BAMM
BRRZ
VON WO SCHIESST ER?!
WO IST ER?!

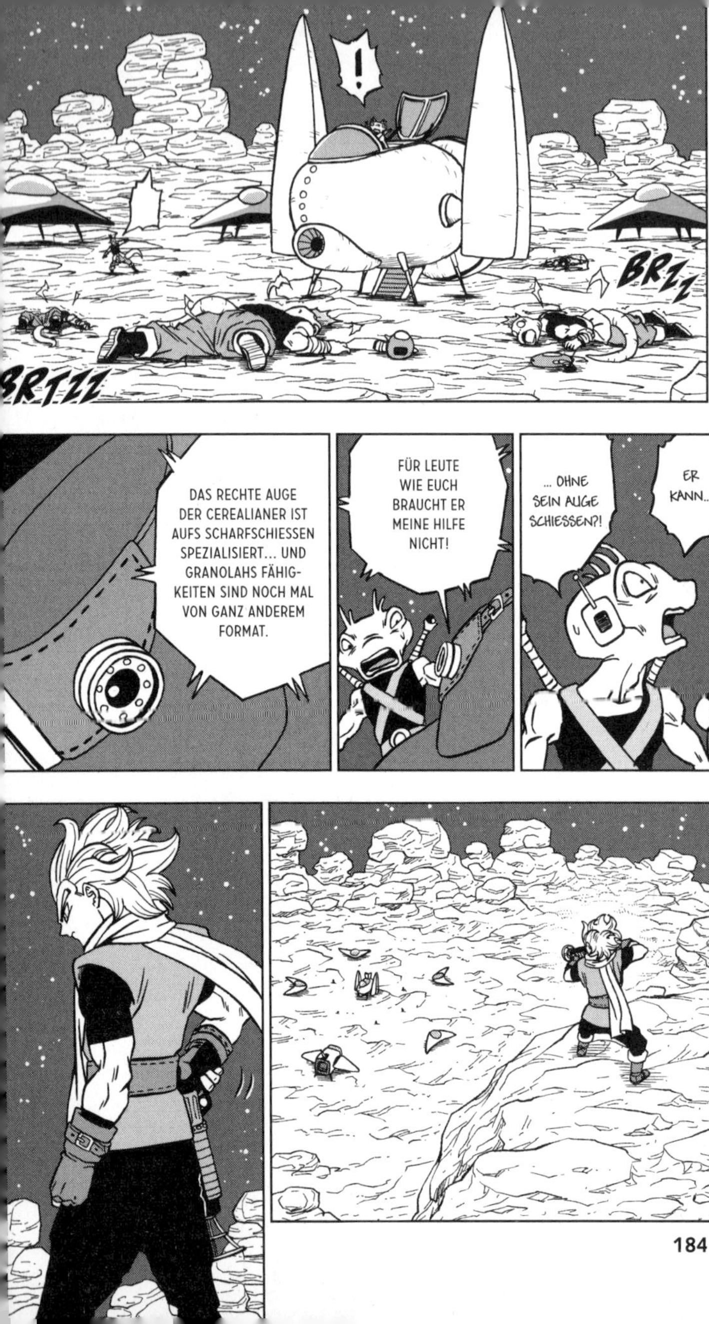
!
BRZZ
BRTZZ
ER KANN...
... OHNE SEIN AUGE SCHIESSEN?!
FÜR LEUTE WIE EUCH BRAUCHT ER MEINE HILFE NICHT!
DAS RECHTE AUGE DER CEREALIANER IST AUFS SCHARFSCHIESSEN SPEZIALISIERT... UND GRANOLAHS FÄHIGKEITEN SIND NOCH MAL VON GANZ ANDEREM FORMAT.

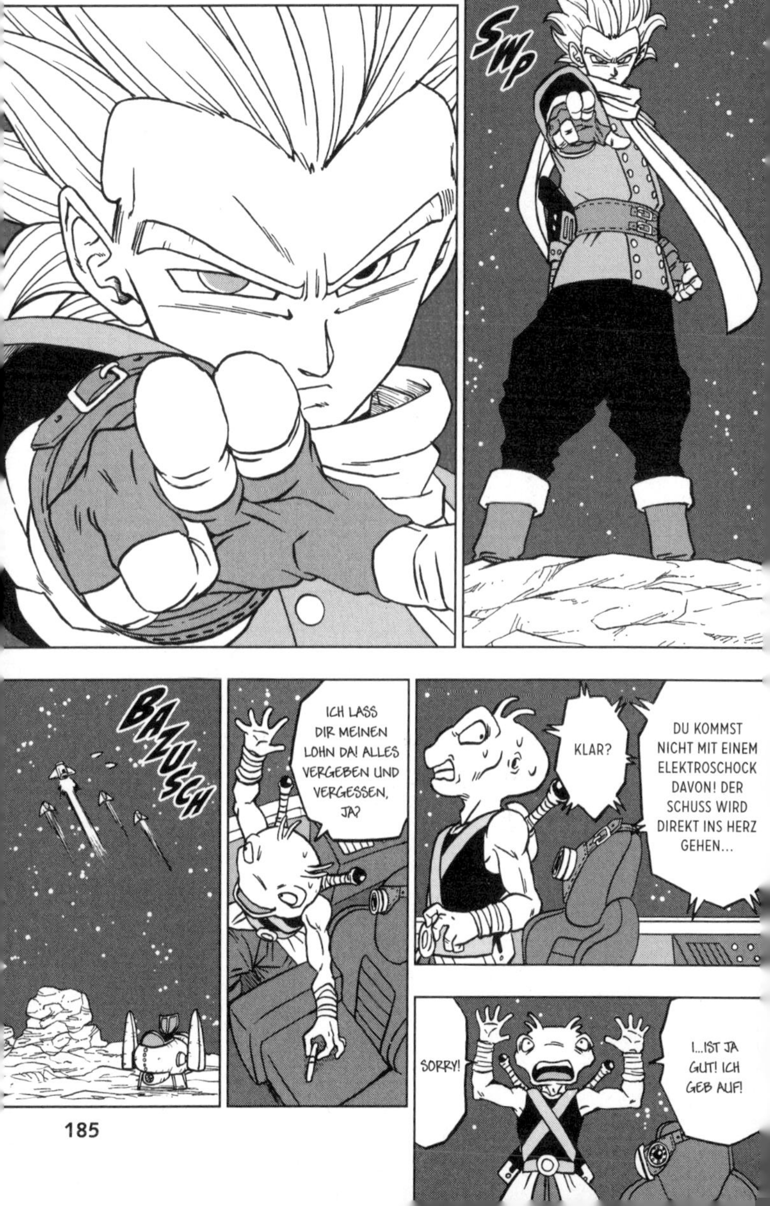
SWP
DU KOMMST NICHT MIT EINEM ELEKTROSCHOCK DAVON! DER SCHUSS WIRD DIREKT INS HERZ GEHEN…
KLAR?
I…IST JA GUT! ICH GEB AUF!
SORRY!
ICH LASS DIR MEINEN LOHN DA! ALLES VERGEBEN UND VERGESSEN, JA?
BAZUSCH

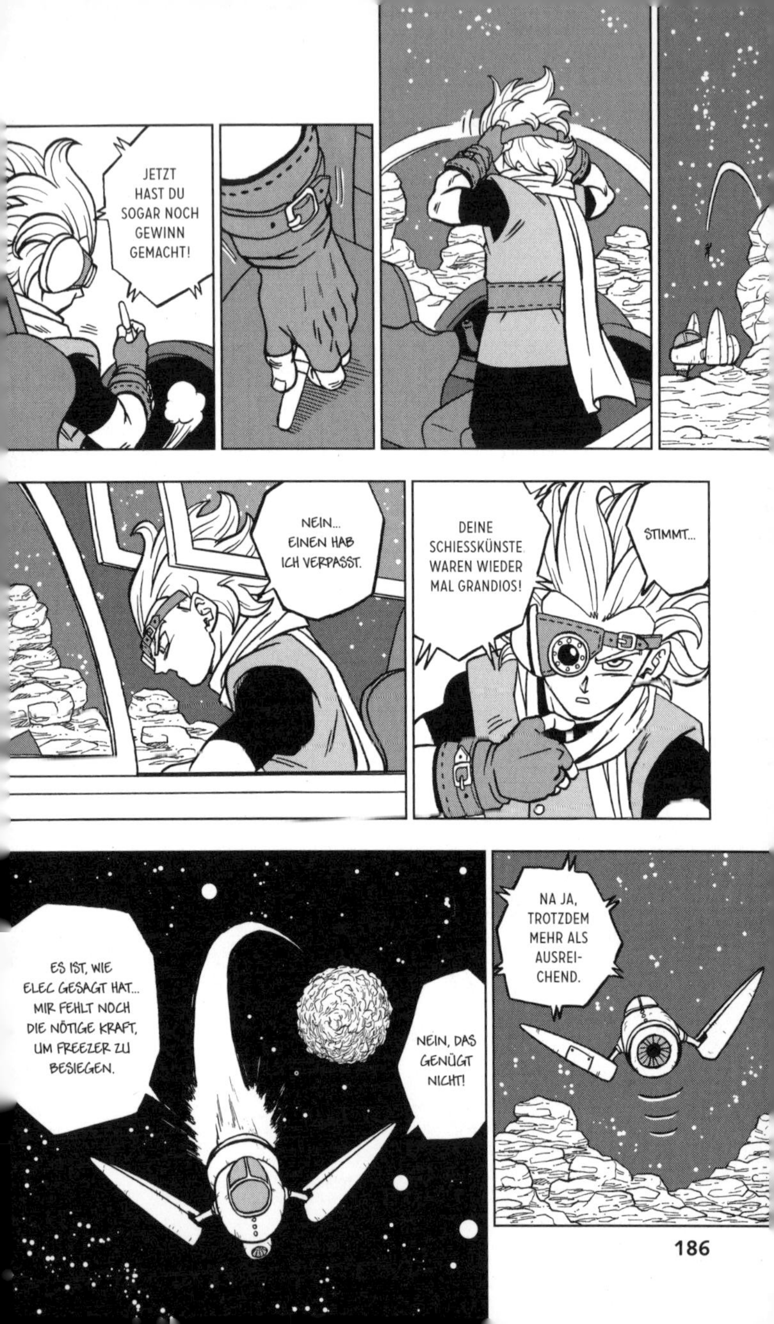
JETZT HAST DU SOGAR NOCH GEWINN GEMACHT!
STIMMT...
DEINE SCHIESSKÜNSTE WAREN WIEDER MAL GRANDIOS!
NEIN... EINEN HAB ICH VERPASST.
NA JA, TROTZDEM MEHR ALS AUSREI-CHEND.
NEIN, DAS GENÜGT NICHT!
ES IST, WIE ELEC GESAGT HAT... MIR FEHLT NOCH DIE NÖTIGE KRAFT, UM FREEZER ZU BESIEGEN.

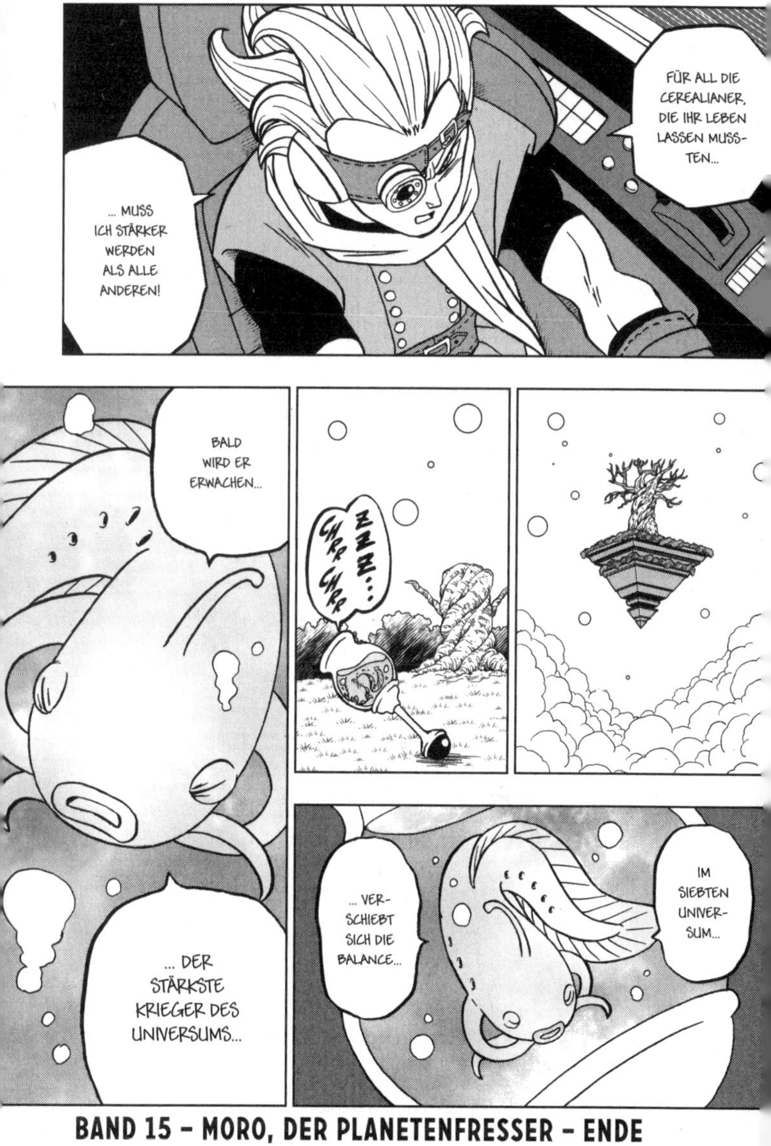

BAND 15 – MORO, DER PLANETENFRESSER – ENDE

DRAGON BALL SUPER

DER NEUE STORYARC:

DER ÜBERLEBENDE GRANOLAH

BONUSSEITEN ZUM ERSTEN KAPITEL DES NEUEN STORYARCS!

Der Galaktische-Patrouillen-Storyarc ist vorbei, und zur Feier des neuen Arcs, der nun anbricht, kommt hier eine Vorstellung der neuen Charaktere!

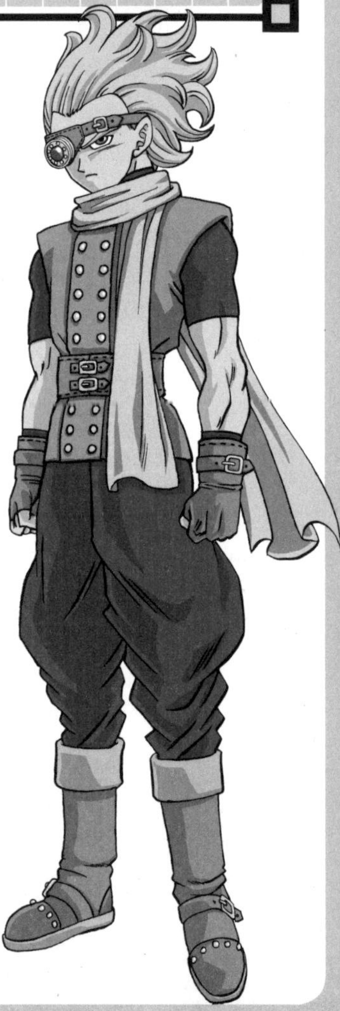

GRANOLAH

Der einzige Überlebende der Cerealianer. Verdient sich seinen Lebensunterhalt als Kopfgeldjäger. Er trägt die traditionelle Kleidung seines Volkes.

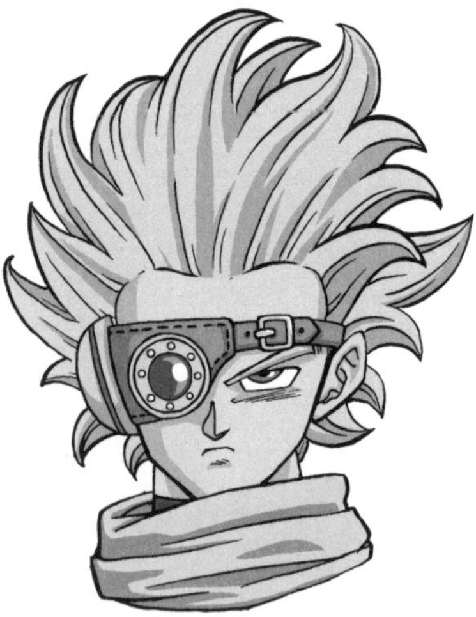

DIE HEETERS

Eine Organisation, die aus vier Geschwistern besteht und vom ältesten Bruder Elec angeführt wird. Sie ziehen im Universum hinter den Kulissen die Fäden. Für sie arbeiten Kopfgeldjäger, Auftragskiller und andere Söldner.

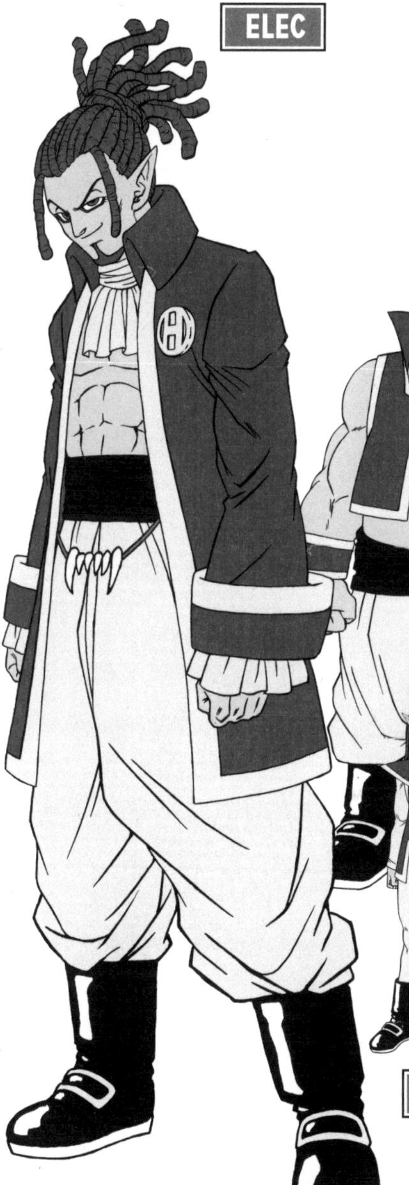

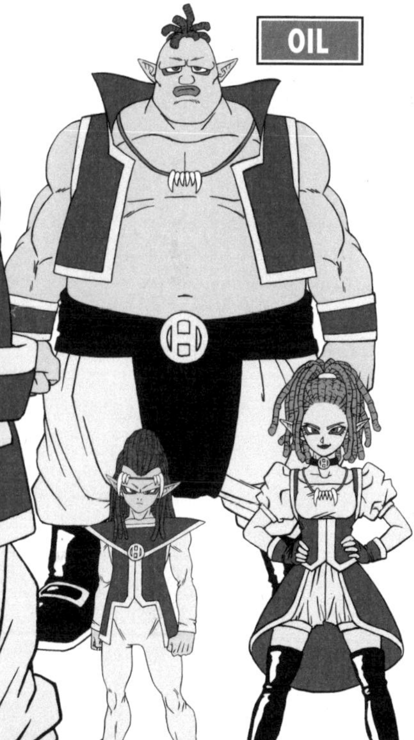

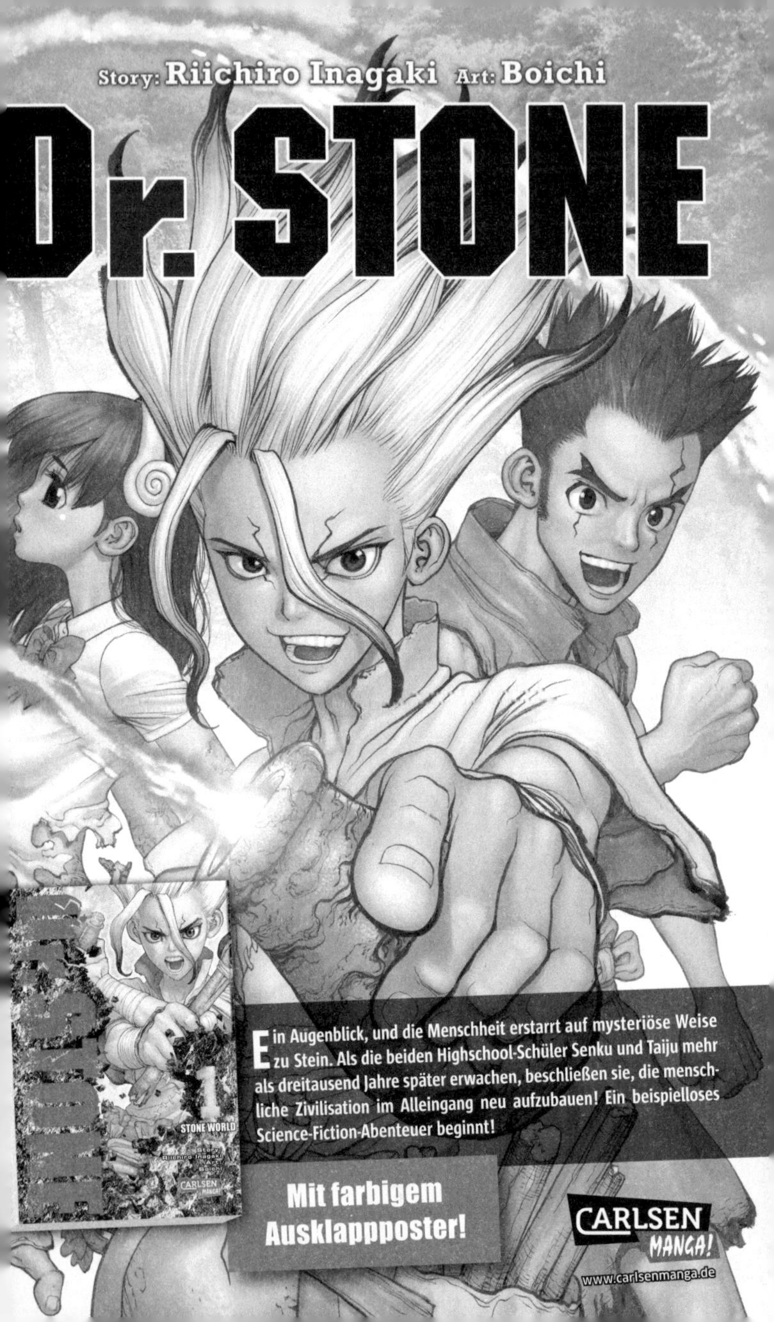
Story: Riichiro Inagaki Art: Boichi
Dr. STONE
STONE WORLD
Ein Augenblick, und die Menschheit erstarrt auf mysteriöse Weise zu Stein. Als die beiden Highschool-Schüler Senku und Taiju mehr als dreitausend Jahre später erwachen, beschließen sie, die menschliche Zivilisation im Alleingang neu aufzubauen! Ein beispielloses Science-Fiction-Abenteuer beginnt!
Mit farbigem Ausklappposter!
CARLSEN MANGA!
www.carlsenmanga.de

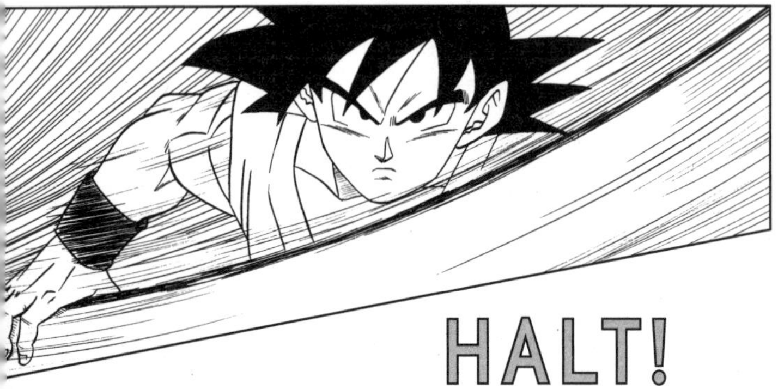

HALT!

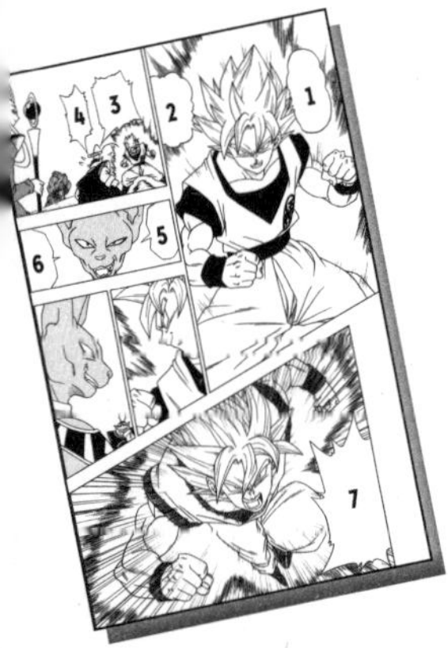

DRAGON BALL SUPER ist eine japanische Serie, und in Japan wird von hinten nach vorn und von rechts nach links gelesen. Man schlägt diesen Manga also hinten auf und blättert ihn nach vorn durch. Auch die Bilderfolgen und der Erzähl- bzw. Lesefluss funktionieren auf den Seiten von rechts oben nach links unten – wie in der kleinen Grafik hier gezeigt.

Habt eine Menge Spaß mit
DRAGON BALL SUPER!

arlsen Manga! News – jeden Monat neu per E-Mail!
ww.carlsenmanga.de | www.carlsen.de

MIX
Papier | Fördert gute Waldnutzung
FSC
www.fsc.org
FSC® C083411

ARLSEN MANGA | Deutsche Ausgabe/German Edition
)22 Carlsen Verlag GmbH, Völckersstraße 14-20, 22765 Hamburg
us dem Japanischen von Cordelia Suzuki

rst published in Japan in 2015 by SHUEISHA Inc., Tokyo.
erman translation rights in Germany, Austria, Luxembourg
nd German-speaking Switzerland
rranged by SHUEISHA Inc. through VME PLB SAS, France.
edaktion: Petra Lohmann | Textbearbeitung: Steffen Haubner
rafik: Sonnenfisch Production – Laura Bartels
erstellung: Wiebke Düsedau
lle deutschen Rechte vorbehalten | ISBN: 978-3-551-71235-6

Wir produzieren nachhaltig

- Klimaneutrales Produkt
- Papiere aus nachhaltigen und kontrollierten Quellen
- Hergestellt in Europa